Frederick Soddy

L'ARGENT, la RICHESSE virtuelle et la dette
LA SOLUTION DU PARADOXE ÉCONOMIQUE

Frederick Soddy
(1877-1956)

Chimiste anglais, lauréat du Prix Nobel de chimie en 1921

L'argent, la richesse virtuelle et la dette
la solution du paradoxe économique

WEALTH, VIRTUAL WEALTH AND DEBT
The solution of the economic paradox

Première édition, Londres : George Allen & Unwin, 1926.

Traduit et publié par
Le Retour aux Sources

www.leretourauxsources.com

© Le Retour aux Sources - 2025

DÉDIÉ À ARTHUR KITSON

Le pionnier britannique de la nouvelle économie,
L'auteur doit aux écrits de ce pionnier britannique de la nouvelle
économie son intérêt initial pour le sujet fascinant qu'est l'économie
de marché.

son intérêt initial pour les fascinants
fascinants de la richesse
et de la monnaie

"Ce qui semble être une richesse peut en réalité
n'être que l'indice doré d'une ruine profonde ; une
la poignée de pièces de monnaie d'un naufrageur glanée sur la plage
de la plage où il a attiré l'argosy ; le paquet de chiffons d'un
de chiffons déballés de la poitrine de bons soldats morts.
de bons soldats morts ; les pièces d'achat des champs de potiers
des champs de potiers, où seront enterrés ensemble
le citoyen et l'étranger".

JOHN RUSKIN, *jusqu'à ce jour*, 1862.

Avant-propos de la nation américaine

La deuxième édition de ce livre doit sa parution à la nation américaine et à l'intérêt qu'elle a porté à la Technocratie. L'auteur les remercie vivement en général, et les éditeurs américains de la première édition en particulier, d'avoir fait connaître son œuvre si opportunément en cette période de crise mondiale. Si Thorstein Veblen avait vécu un peu plus longtemps, il aurait sans aucun doute ressenti la joie de vivre à l'époque actuelle. En effet, à quelle période antérieure de l'histoire des vérités aussi dérangeantes et aussi contraires à l'ordre établi auraient-elles eu une chance d'être examinées de manière impartiale jusqu'à ce que leurs auteurs et ceux qu'elles offensent soient tous "morts en toute sécurité" ?

Depuis la parution de l'édition britannique, le système financier a subi en Amérique un autre de ces effondrements périodiques qui sont inévitables et qui constituent aujourd'hui la caractéristique la plus évidente de la soi-disant banque moderne. La nation américaine a maintenant le choix entre rendre ce type de "banque" sûr pour le banquier, conformément aux canons les plus stricts des systèmes britannique, continental et international, ou sûr pour la nation américaine.

Il ne s'agit pas de la même chose, comme le pensent si facilement les intérêts bancaires, mais de deux choses exactement opposées. Aujourd'hui, la seule façon de rendre la banque sûre à la fois pour le banquier et pour la nation, c'est que la nation soit le banquier. L'état de l'Europe à l'heure actuelle, et de ses nations autrefois fières, réduites tour à tour au chaos interne et, pour beaucoup, au désespoir, est éloquent de la règle du banquier. Ici, ce qui est dangereux pour le banquier est considéré comme trop dangereux pour que la nation soit autorisée à en discuter, et le public est soigneusement et minutieusement protégé de toute connaissance réelle de l'absurdité grotesque que l'un des objectifs de ce livre était d'élucider.

L'Amérique, presque seule parmi les nations actuelles, a la liberté de choisir ses dirigeants et le monde la considère comme son dernier espoir de détruire ce qui est devenu facilement la tyrannie la plus puissante et la conspiration la plus universelle contre la liberté économique des individus et l'autonomie des nations que le monde ait jamais connue.

On nous dit toujours, et les technocrates l'ont déjà fait, que le franc-parler est calculé pour détruire la confiance du public qui est si nécessaire au système bancaire "juste au moment où elle commence à être rétablie". On peut douter qu'un simple discours puisse avoir plus d'effet dans ce sens que le système bancaire n'en a déjà eu pour lui-même. Il est vrai qu'un système bancaire et monétaire privé ne peut fonctionner sans la crédulité du public. Mais même dans ce cas, il a certainement "touché le fond avec une bosse et la seule direction qu'il peut prendre est celle de la hausse". Espérons qu'il remontera pour de bon. Quant à la confiance du public, il n'y a pas de meilleur moyen de la rétablir que de mettre derrière un système national l'ensemble de la richesse et du crédit de la nation. Quel changement ce serait par rapport à la *réputation* d'intégrité et d'abondance qui est le fonds de commerce du banquier privé. Le reste, il le tire du public sans même avoir besoin de l'écorce d'un mûrier comme l'a fait Kubla Khan.

La science moderne peut dévoiler des secrets beaucoup plus complexes et bien cachés que ceux d'un système monétaire moderne, et lorsqu'ils sont dévoilés, il n'est pas nécessaire de faire preuve de plus de bon sens pour les percer à jour. La simple question que le scientifique pose sur les mystérieuses apparitions et disparitions de toute chose - "D'où vient-elle et où va-t-elle ?" - suffit, qu'il s'agisse de la matière, de l'eau ou de l'énergie. - suffit, qu'il s'agisse de matière, d'énergie ou d'argent. Quel que soit le volume des écrits de ceux qui ont tenté d'enseigner au public les mystères de l'argent, ces questions *ne sont pas* posées et l'on en déduit que les experts orthodoxes en matière d'argent ne peuvent pas ou n'osent pas y répondre.

Le public, cependant, n'a pas à s'inquiéter de ce qu'un système monétaire scientifique remplaçant la relique actuelle de la barbarie lui occasionnerait une ingérence dans ses affaires commerciales et domestiques. Cela signifierait qu'ils auraient alors le système que la plupart d'entre eux croient avoir aujourd'hui. Tout comme le grand public ne sait pas ou ne croit pas que des monnaies privées irresponsables créent et détruisent arbitrairement de l'argent au rythme de milliers de millions de dollars plusieurs fois par an, il ne serait pas du tout gêné dans ses activités sociales légitimes si la quantité d'argent et le niveau des prix restaient inchangés. En revanche, leur épargnerait une vaste opération de ponction secrète et insoupçonnée. Et la spéculation antisociale avec leur argent à leur insu.

Toutes les difficultés et les objections que ceux qui vivent de l'émission privée d'argent soulèvent à l'égard d'un système national sont en fait celles qui disparaîtraient avec le système actuel. L'industriel et l'agriculteur en sont les dupes et non les bénéficiaires. La seule défense jamais invoquée en public contre cette émission secrète d'argent que l'on appelle la banque est qu'elle permet de financer de nouveaux hommes et de nouvelles entreprises, d'agrandir les entreprises existantes et de soutenir l'agriculture pendant les mauvaises années aux frais et à l'insu de la communauté, et que cela ne serait pas possible si ce n'était du système bancaire privé. Cette défense est totalement absurde. En fait, dans un système national, ce serait le résultat naturel et normal, sans injustice sociale, plutôt qu'une taxe privée non autorisée prélevée sur l'ensemble des citoyens pour le bénéfice immédiat et la ruine finale d'un petit nombre de privilégiés.

Car il ne faut pas oublier que les nouveaux hommes ainsi financés, les entreprises existantes ainsi développées et les agriculteurs durement touchés ainsi "aidés" *paient maintenant des intérêts pour les prêts qu'ils sont censés recevoir*, tout comme s'il s'agissait de vrais prêts et non d'une nouvelle création d'argent aux dépens du reste de la communauté. Il n'y a pas la moindre raison pour qu'ils n'obtiennent pas ce qu'ils sont censés payer. Il y a peut-être eu des difficultés à une époque révolue où la seule monnaie était l'or et l'argent. Mais il est évident que si la nation émettait toute la monnaie nécessaire aussi rapidement qu'elle peut l'être sans augmenter le niveau des prix, c'est-à-dire aussi rapidement qu'il y a des biens et des services à échanger contre cette monnaie, il y aurait une abondance de monnaie au lieu d'une pénurie, pour prêter et emprunter aussi bien que pour dépenser et investir. C'est la conséquence naturelle d'une ère scientifique dans laquelle il n'y aurait jamais de crainte de pénurie de richesses à distribuer, si le système monétaire jouait le rôle qui lui revient dans la distribution de ces richesses. C'est là la seule vraie question : les gens doivent-ils être maintenus artificiellement dans la pauvreté par le système monétaire ou doivent-ils être autorisés naturellement à prospérer ?

Thorstein Veblen, dont le livre de 1921 "The Engineers and the Price System" n'a été connu de l'auteur que depuis la parution de la deuxième édition britannique de ce livre, a évoqué un Soviet de techniciens, qui serait l'une des sources des doctrines des technocrates. Son ironie, aujourd'hui du moins, n'a pas besoin d'être accentuée. C'est une satire pour toujours de cette époque qui n'est grande que par sa science et la science de l'homme de main !

Mais comme dans ses autres œuvres, jusqu'ici plus connues (et la critique pourrait tout aussi bien s'appliquer à toute la littérature sociologique et politique "rouge" du socialisme, du communisme et du marxisme), il n'a jamais approfondi les raisons physiques sous-jacentes de l'inversion qui a frappé le capitalisme - en commençant par reconstruire le monde avec un pouvoir inanimé, dont la "sueur du front" de l'homme n'est qu'un sous-produit insignifiant, et en finissant par tourner ce pouvoir vers la destruction de ce qu'il a créé. Ses "intérêts particuliers", le sabotage croissant de l'industrie compétitive par les "capitaines de l'industrie et de la finance" et les "grands hommes d'État" sont les expressions personnifiées d'une profonde ignorance sous-jacente des nécessités physiques que son analyse ne parvient pas à cerner. Dans ce livre, comme dans le reste de la littérature révolutionnaire, il suffit de prendre pour acquis que les capitalistes, les hommes d'affaires et les financiers - jusqu'à l'individu le plus humble du public investisseur qui essaie de "sauver" dans un monde où la richesse pourrit - sont tous des démons inhumains par nature et par nécessité, et tout le reste en découle comme la nuit le jour.

Cette critique peut sembler étrange de la part de l'auteur puisqu'il a lui-même été accusé - et par nul autre que M. H. G. Wells - de supposer la même chose à propos de la hiérarchie bancaire. Quoi qu'il en soit, il s'agit là d'un délicieux exemple de l'*argumentum ad hominen*, que l'on a traduit par "Pas d'affaire ! Abusez de l'avocat du plaignant !". Toutefois, il n'est pas inutile d'ajouter un mot pour expliquer l'apparente inhumanité de la critique scientifique.

L'attitude scientifique à l'égard de ces questions diffère totalement de l'attitude sociologique, car elle ne se préoccupe pas le moins du monde des motifs, des intentions ou des protestations, mais uniquement des conséquences. Aujourd'hui, la réforme doit littéralement se frayer un chemin dans une jungle interminable de controverses verbeuses et sans intérêt avant de pouvoir sortir à la lumière du jour.

Ceux qui veulent comprendre comment un prestidigitateur exécute ses tours devraient suivre conseil d'un prestidigitateur à un autre, et regarder l'*autre main*, et non celle vers laquelle l'attention du public est dirigée avec tant de volubilité et de persuasion. Mais en ce qui concerne l'esprit scientifiquement formé, il est heureusement sourd. Ce n'est pas tant qu'il ne croit pas à toutes les interminables protestations de motifs et d'intentions sociales élevées et altruistes des Écossais, des quakers, des juifs, des chrétiens et autres, c'est qu'il ne les entend tout simplement pas, tant il se concentre sur le *fonctionnement* du mécanisme.

Le mécanisme de la nature nous tient tous sous son emprise, comme il l'a fait depuis l'époque du premier homme, bien que l'humanité ait mis très longtemps à démêler le mécanisme des personnifications hautement pittoresques et mélodramatiques que l'homme a inventées pour expliquer sa situation. Les défenseurs et les détracteurs du capitalisme l'envisagent toujours sous l'aspect humain tout à fait démodé de dieu et de démon, mais dans ce livre, les anges et les démons cèdent la place au mécanisme sous-jacent. Le seul et unique moyen de contrôler un mécanisme n'est pas de l'édicter ou de le légiférer, mais de le comprendre. La science a engagé la civilisation sur une voie nouvelle où les anciens termes économiques de richesse et de dette, de capital, de travail, d'argent, etc. ont pris une signification nouvelle, et avant d'entamer des controverses politiques et sociologiques, il est bon de savoir que nous parlons tous le même langage.

FREDERICK SODDY.

Oxford.

11 mars 1933.

Préface à la deuxième édition

La montée en puissance presque instantanée de la nouvelle doctrine américaine de salut social et industriel connue sous le nom de Technocratie a eu pour conséquence que ce livre, paru pour la première fois en 1926, a été soudainement épuisé. Une nouvelle édition a été demandée de façon péremptoire et, pour y répondre aussi rapidement que possible, l'original a été reproduit intact, à l'exception de corrections mineures, avec une addition préliminaire expliquant sa relation avec la technocratie, telle que l'auteur la conçoit, et avec d'autres écoles de pensée apparentées. L'occasion a également été saisie de développer plus avant certains points et caractéristiques, pour le bénéfice à la fois du nouveau lecteur et de ceux qui ont déjà lu la première édition, conformément à l'expérience acquise au cours de nombreuses conférences et discussions sur le sujet. Une question particulière traitée en dernier lieu, celle de la relation entre la Théorie de la richesse virtuelle de la monnaie de l'auteur et la Théorie de la quantité de la monnaie plus ancienne, avec laquelle elle présente une ressemblance superficielle, a également été traitée de cette manière. Mais le lecteur qui lit l'ouvrage pour la première fois ne sera naturellement pas en mesure de suivre pleinement cette question tant qu'il ne se sera pas familiarisé avec la théorie plus récente telle qu'elle est exposée dans l'ouvrage original.

Il semble que les temps soient mûrs pour une grande renaissance intellectuelle synthétisant toutes les contributions partielles et dispersées en un corps de doctrine établi, fondé sur "la science encore presque inconnue de l'économie nationale et aussi éloignée de la controverse désintéressée que les propositions de la géométrie". Ce livre met l'accent sur un défaut du système monétaire plutôt que sur "un défaut du système des prix", comme l'affirme la Technocratie. Les deux attendent encore un examen et un jugement impartiaux. La conviction de l'auteur, renforcée et mûrie au fil des années, est que c'est à une erreur de comptabilité - une erreur qui, lorsqu'elle est signalée, est aussi évidente qu'une bévue d'arithmétique - qu'il faut attribuer tout le brassage d'enfer qu'est devenue la "civilisation scientifique". C'est dans cette partie inattendue, je pense, que l'on trouvera "le destin fatal qui rend la misère humaine éternelle". Mais qu'il s'agisse ou non de la solution complète, sa correction immédiate semble être un premier pas nécessaire vers un monde plus sain.

Oxford, *février 1933.*

Préface à la première édition

Le chapitre d'introduction de ce livre décrit comment il a été écrit, et le résumé à la fin présente les principales conclusions positives auxquelles il est parvenu. Bien qu'il ne s'agisse pas d'un roman, mais plutôt d'un traité sérieux sur ce que l'on appelle parfois "The Dismal Science", l'habitude de jeter un coup d'œil à la fin avant de commencer le livre n'est en aucun cas à déconseiller. Destiné à toutes sortes de lecteurs sincèrement désireux de comprendre les causes de l'agitation moderne dans la sphère politique et économique, le résumé expliquera mieux qu'une brève préface l'objectif visé par le livre. Il est bon de regarder la forêt avant de plonger dans les arbres, sinon la vue risque d'être sombre.

Il s'agit d'une tentative, rarement réalisée de nos jours, par un spécialiste d'un domaine de connaissances pour résoudre les problèmes d'un autre domaine. En science, nous reconnaissons que la frontière entre des sujets apparentés est généralement le champ le plus fructueux pour les nouvelles découvertes, et qu'il n'est pas rare que des sujets entièrement nouveaux partent et se fondent sur des avancées plus ou moins mineures dans des sujets qui n'ont apparemment rien à voir avec eux.

Cette enquête a commencé par la tentative d'obtenir une conception physique de la richesse qui obéirait aux lois physiques de la conservation et serait incapable d'imiter le comportement capricieux de l'objet de la recherche psychique. Au cours de l'enquête, une nouvelle théorie de la monnaie a progressivement pris forme et s'est imposée comme la pierre angulaire de l'ensemble de la superstructure. Parce que cette théorie, contrairement à d'autres, ne prétendait pas corréler le prix à l'état des échanges ou à la quantité de biens produits, il fut reconnu que les problèmes de stimulation de la production et d'abolition de la pauvreté et du chômage étaient distincts du problème purement monétaire. On pouvait "stabiliser la stagnation". La solution a été trouvée en temps voulu et les conditions générales ont été élaborées pour l'expansion économique progressive d'une communauté, sans changement de la valeur de la monnaie ni alternance de périodes d'expansion et de dépression. Comme on pouvait s'y attendre , la solution, une fois trouvée, s'est avérée relever du bon sens le plus ordinaire et le plus incontestable, ne nécessitant rien de plus que cela pour être prouvée.

Toute augmentation de la quantité de richesse immobilisée dans un système productif doit être payée par une abstinence de consommation. Les propriétaires, pour l'instant, de l'argent y contribuent en partie - généralement une petite partie - à leur insu. Le reste doit être couvert par un véritable abandon permanent des droits de consommation. Ces conditions respectées, le revenu de la richesse peut être élargi en permanence, dans une ère scientifique, dans une mesure presque indéfinie. C'est parce que la véritable abstinence initiale est enfouie que le système actuel est ce qu'il est. Telle est, en résumé, la solution du paradoxe économique.

Des remerciements sont dus à un plus grand nombre d'auteurs, pour leur aide matérielle dans la compréhension de ces problèmes, qu'il n'a été possible de mentionner spécifiquement dans le texte, ainsi qu'à de nombreux correspondants et amis qui ont discuté les conclusions de l'auteur et attiré son attention sur de nombreux passages importants de la littérature citée, dont il aurait pu autrement rester dans l'ignorance.

FREDERICK SODDY.

Janvier 1926.

Complément à la deuxième édition

Dédié aux juristes de la Couronne de l'Empire britannique

LA TECHNOCRATIE ET LA NOUVELLE ÉCONOMIE

La technocratie prétend que, grâce à l'utilisation de l'énergie inanimée de la nature et au moyen des machines et de la production de masse, l'homme est devenu indépendant de ses propres efforts physiques pour subvenir à ses besoins, que la soi-disant "loi d'airain de la pénurie", sur laquelle l'ancienne économie était fondée, a été abolie, que la pauvreté *et le* chômage en même temps sont aujourd'hui un horrible anachronisme, que le revenu et les dépenses moyens de l'ensemble de la nation américaine pourraient facilement être multipliés plusieurs fois avec moins d'heures de travail et plus de loisirs, et que le banquier est dépassé en tant que dirigeant d'une civilisation scientifique et technologique.

En cela, elle est similaire à la thèse développée dans les présents livres, sauf peut-être que j'étais et je suis plus conservateur en ce qui concerne l'étendue et la rapidité avec lesquelles le niveau de vie moyen peut être augmenté. Il s'agit de la doctrine qui, en Grande-Bretagne, s'appelle la nouvelle économie. Depuis la guerre, une école de pensée s'est développée, plus ou moins indépendamment des deux côtés de l'Atlantique, croyant en une nouvelle économie de l'abondance plutôt qu'en l'ancienne économie du besoin. En Grande-Bretagne, le Major Douglas, qui a lancé le mouvement de réforme du Crédit Social - qui est critiqué plutôt qu'expliqué dans ce livre - est le pionnier en ce qui concerne le changement total de perspective qu'exige le nouveau point de vue. Mais tous les nouveaux économistes considèrent Arthur Kitson, à qui ce livre a été dédié, comme le doyen du mouvement grâce à ses attaques répétées au cours des quarante dernières années contre les erreurs des systèmes monétaires modernes. L'influence des ingénieurs américains de l'efficacité, qui ont donné à la technocratie son fondement statistique distinctif, ainsi que celle de Thorstein Veblen, aujourd'hui décrit comme le "père de la technocratie", a été ressentie, mais plutôt sous forme d'échos et de réflexions que directement, cette dernière par le biais confus d'antipathies politiques et sociologiques en guerre.

Mais alors qu'en Grande-Bretagne les nouveaux économistes, à l'exception peut-être de 'école Douglas, ont été plutôt comme des voix isolées criant dans le désert, en Amérique ils ont maintenant l'oreille de la nation. Le spectacle de la misère et du désespoir, avec 13 millions de chômeurs, dans la plus riche des nations, qui nous est si familier dans le Vieux Monde, a là, comme nous l'avons toujours espéré et attendu, mis instantanément au premier plan la vaste question de savoir si la machine doit être autorisée à asservir ou à libérer l'humanité. Nous sommes si près de la "loi d'airain" et des traditions de résignation, de subordination et de sacrifice qu'elle a imposées, que les gens d'ici ne voient toujours pas de remède à ce qui a été (et doit donc toujours être !) le sort traditionnel d'une grande partie de l'humanité. Même en Amérique, probablement, il y a encore des croyants convaincus de la doctrine "Heureux celui qui attend peu, car il ne sera pas déçu".

POINTS D'UNANIMITÉ

Tous les nouveaux économistes, y compris les technocrates, sont tout à fait d'accord sur la possibilité d'améliorer considérablement le niveau de vie en dépensant beaucoup moins de temps et de "diligence" ou de "vigilance" (ne pas utiliser le terme trompeur, car obsolète, de "travail") et en gagnant les heures de "loisir" correspondantes. Certains d'entre nous pensent que ce terme est également obsolète s'il ne signifie rien de mieux pour la majorité des gens qu'il ne le fait aujourd'hui. Même ici, on pourrait probablement découvrir de grandes divergences quant à la quantité exacte de "loisirs" qui subsisterait si la majorité des gens se consacraient avec autant d'ardeur au développement de leurs aptitudes intellectuelles et culturelles (avec tout l'attirail d'universités, d'académies et autres que cela implique) qu'ils le font actuellement, dans leur temps relativement limité, pour se divertir. Nous sommes tous d'accord sur la nécessité d'une redistribution équitable de ce "loisir", par exemple entre ceux qui construisent et enseignent dans les universités et ceux qui doivent avoir le "loisir" d'y "travailler". Le système d'un milieu surchargé de travail, avec des loisirs volontaires et involontaires aux deux extrémités, doit cesser, et le plus tôt sera le mieux. Mais je suis encore probablement le seul à croire que cela s'arrangerait automatiquement si le système monétaire était honnête et ne pouvait être altéré, et j'échappe donc à la partie la plus insoluble du problème de savoir comment cette juste redistribution doit être assurée. Ce n'est pas que j'élude la question, c'est que j'estime que le problème est insoluble tant que cette première étape n'est pas franchie, et qu'il peut ensuite être traité si et comme il le faut.

En ce qui concerne ce que l'on pourrait appeler le diagnostic du problème, là encore, les nouveaux économistes sont généralement d'accord pour dire que la source se trouve indubitablement dans la nature même des systèmes monétaires modernes, tels qu'ils sont devenus. Nous considérons tous comme une absurdité intellectuelle le slogan facile de "la machine *contre l'*homme" et la théorie qu'il implique selon laquelle les hommes vivent pour travailler plutôt que de travailler pour vivre. Pour nous, d'une manière ou d'une autre, c'est "l'argent *contre l'*homme". Il est sinistre que ce qui était à l'origine le slogan des émeutiers luddites ignorants et désespérés soit de plus en plus adopté par des personnes soi-disant hautement éduquées et intelligentes. Si, en allégeant le travail de la vie, la science augmente la production au-delà de la capacité du mécanisme de distribution, c'est le mécanisme de distribution qui doit être révisé ou mis au rebut, et non le mécanisme de production, et le mécanisme de distribution d'une civilisation monétaire - par opposition aux formes antérieures de communisme patriarcal, serf, clanique, féodal - *c'est l'*argent.

POINTS DE DIVERGENCE

Sur la question de savoir si le système monétaire devrait (1) être supprimé, (2) considérablement amplifié et étendu, ou (3) simplement corrigé pour subsister à ce pour quoi il a été inventé, c'est-à-dire distribuer ce qu'il y a à consommer et à utiliser, indépendamment de la quantité, les plus grandes divergences d'opinion se révèlent. Il semblerait, en effet, que le moment soit venu pour les représentants autorisés des divers systèmes de les expliquer et de répondre à toutes les questions pertinentes qui se posent à un jury *désintéressé* et *formé* d'éminents penseurs, habitués à traiter avec la pensée abstraite et scientifique, et de leur laisser le soin d'indiquer laquelle des voies devrait être expérimentée en premier lieu. Elles doivent être considérées comme des alternatives, non pas complémentaires mais mutuellement exclusives, et toute tentative de compromis et de combinaison de certaines d'entre elles aboutirait presque certainement à un désastre. Il est notoire que dans ces questions, ceux qui ont tiré des conclusions définitives et promulgué des projets concrets ne peuvent pas apprécier à leur juste valeur d'autres propositions qui se détruisent mutuellement. En même temps, l'auteur de chaque projet devrait avoir le droit de contester tout membre individuel du jury comme n'étant pas désintéressé ou suffisamment familiarisé avec les habitudes générales de pensée nécessaires pour comprendre les implications de ses propositions. Il serait tout aussi absurde de juger l'affaire devant un jury composé de personnes dont la conduite fait l'objet d'une révision et dont pourrait être nécessaire de se passer, que de personnes habituées uniquement à tourner des mots et n'ayant aucune connaissance des réalités.

Des trois classes susmentionnées, les technocrates (bien que l'auteur n'ait qu'une connaissance de seconde main de la proposition et ne la comprenne pas) sembleraient se placer dans la première par leur attaque contre le "système des prix" et leur proposition d'éliminer l'argent et d'utiliser des "certificats d'énergie". Le monde extérieur, en tout cas, attend toujours des informations précises sur ce qui est exactement proposé et sur la manière dont les produits de l'industrie et de l'agriculture seront distribués aux individus dans le cadre de ce système, et il serait inutile, à l'heure actuelle, de les anticiper par des critiques prématurées.

L'ÉCOLE DOUGLAS

L'école Douglas en Angleterre, par sa proposition de vendre les marchandises au-dessous du prix de revient et de compenser la différence pour le fabricant et le vendeur par une émission de "Crédit Social" (qui, d'après ce que j'ai compris, est de l'argent nouveau), semble d'abord être étroitement alliée aux technocrates. Mais, pour autant que je comprenne les propositions qui ont été avancées, elles semblent plutôt appartenir à la deuxième classe - à savoir, une grande amplification et une extension du système de création d'argent sous forme de crédits, mais au consommateur plutôt qu'au producteur.

Jusqu'à un certain point, le remède est facile à comprendre. La grande surproduction de capital, bien que ce qui existe déjà soit en grande partie inactif, est évidemment dans une certaine mesure imputable au système existant, par lequel les producteurs, en déposant des garanties et en payant des intérêts, peuvent faire créer temporairement de l'argent pour leur permettre de produire aux dépens de l'ensemble de la communauté. Mais dans les systèmes monétaires modernes, il n'y a pas de création de monnaie, ni même de mécanisme régulier de création de monnaie, pour la distribution.

Tous ceux qui étudient le sujet savent aujourd'hui qu'il est tout aussi nécessaire de fournir de l'argent aux consommateurs pour leur permettre de consommer qu'aux producteurs pour leur permettre de produire, et le fait de mettre toujours l'argent frais du côté du producteur est un facteur indéniable qui fait que la production est supérieure à la distribution.

Mais ce n'est pas là le véritable fer de lance de ces deux doctrines, qui ont pénétré, du moins pour le moment, dans la citadelle même du "capitalisme". Selon l'une, du fait que de moins en moins de travailleurs produisent des quantités de plus en plus grandes de marchandises , "le pouvoir d'achat distribué par l'industrie devient de plus en plus insuffisant pour distribuer les produits de l'industrie". Ou bien, comme l'affirme l'autre, avec le développement technique de la production, la méthode traditionnelle de distribution par les salaires, etc. s'est effondrée, et c'est une pure illusion de penser qu'elle pourra jamais être restaurée. Pas la moitié des chômeurs américains ne seraient réabsorbés par un retour au pic de prospérité antérieur, et nous approchons rapidement du moment où la majorité d'entre eux seront sans travail. Tous deux condamnent le système actuel des salaires ou des prix comme étant déjà impraticable et comme étant finalement absurde. En cela, je suis la cause de la tristesse, sinon de la colère, de mes frères de la nouvelle économie, car ma position est beaucoup plus proche de celle de l'ancienne économie que de la nouvelle.

Ma propre objection au système Douglas est en partie une question de degré, quant à la quantité d'argent frais nécessaire, en gardant à l'esprit l'impossibilité de retirer à nouveau l'argent *donné*, contrairement à ce qui est possible lorsqu'il est seulement *prêté*. Mais il existe une division plus profonde, qui découle du thème exposé dans ce livre - la théorie de l'énergie de la richesse, et la nature réelle du Capital qui en découle comme dette collective plutôt que comme richesse. D'où la nécessité de déduire de la production possible de richesse distribuable tout le capital produit en tant que perte sèche. Il s'agit d'une soustraction plutôt que d'une addition au flux. Le théorème A+B de l'école Douglas, qui a fait l'objet de nombreuses discussions, semble considérer le capital comme une richesse plutôt que comme une dette, et si c'est le cas, il réduit la proposition pratique d'émettre du crédit social (ou de la nouvelle monnaie) à l'échelle apparemment envisagée à une simple inflation. On m'a dit qu'une organisation berlinoise qui étudie le problème a recueilli environ deux mille projets de ce genre.

Dans cette deuxième catégorie, il faut également classer tous les projets de réforme bancaire, en conservant comme aujourd'hui le pouvoir de création et de destruction de l'argent dans des mains privées, mais en modifiant les méthodes et l'objectif ostensible, ou, alternativement, en nationalisant les banques et en les laissant continuer à peu près comme aujourd'hui, comme je le dirais, à détruire le socialisme comme elles ont presque détruit l'individualisme. Il est clair qu'il serait encore plus vain pour moi d'essayer d'expliquer ces propositions que celles de Douglas.

LE PROJET DE L'AUTEUR

La troisième méthode, qui consiste à corriger le système monétaire pour qu'il distribue, c'est-à-dire à recréer un mécanisme de distribution, puisque la *raison d'être* de tous les systèmes monétaires est désormais absente du nôtre, est celle que j'ai préconisée dès le départ dans ce livre et dans d'autres.[1] Elle ne peut prétendre être soutenue par aucune "école", bien qu'elle ait ses propres convertis. En gros, elle part de la conclusion que l'ensemble des avantages censés être conférés à la communauté par le système monétaire, quels qu'ils aient pu être autrefois, ne sont plus qu'une illusion et sont aussi malhonnêtes que la manipulation des poids et des machines à peser. Avec la distinction croissante entre l'*acquisition de* la richesse et sa création - entre Démosthène et l'évêque Berkeley - toutes ces manipulations de la quantité de monnaie en prétendant la prêter et la créer, en prétendant se la faire rembourser et la détruire, apparaissent tout d'abord comme n'ayant aucune signification physique réelle du point de vue national. Elle n'aboutit qu'à ce que certains acquièrent aux dépens et à l'insu des autres. En second lieu, elle rend impossible la distribution des richesses à prix constant, voire à tout niveau de prix. Les avantages supposés qu'il

---

[1] Comparez, *Money versus Man* (Mathews et Marrot, Londres, 1931).

avait autrefois - stimulation de la production par opposition à la consommation - sont maintenant un désavantage, mais on peut sérieusement douter qu'il en résulte quelque conséquence et non pas, tout compte fait, un mal du point de vue de la nation dans son ensemble. S'il y a des famines et de vastes cataclysmes naturels ou humains, tels que les guerres et la peste, il préférable d'y faire face *sans* la catastrophe supplémentaire et tout aussi dévastatrice d'une unité monétaire variable, qui ne fait que donner du poids à un groupe de personnes et de l'embonpoint à un autre - la goutte d'eau qui fait déborder le vase en matière d'"assistance".

Elle reviendrait au but pour lequel la monnaie a été inventée et à l'axiome relatif à son émission dans toutes les civilisations monétaires antérieures à celle-ci. Elle détruirait totalement, sans laisser la moindre échappatoire, le pouvoir des particuliers de créer et de détruire de la monnaie à leur guise. Elle lui substituerait un système monétaire national scientifique, en laissant tout le reste en l'état, et elle prétend que la guérison du patient serait rapide et complète. Comme dans le cas du dernier tsarévitch, ce sont les médecins appelés qui provoquent la maladie en prévision de l'appel, et la maladie elle-même peut être décrite comme l'administration secrète d'une drogue qui laisse sa victime inconsciente de ce qui l'a détruite.

LA RICHESSE, LE CAPITAL ET L'ARGENT

Bien que, dans ce livre, la contribution positive au sujet du point de vue de la politique pratique immédiate soit contenue dans la suggestion de revenir à un système monétaire pour la distribution de tout ce que la science et la diligence humaine sont capables de faire à partir de l'énergie et des matériaux bruts du globe, le lecteur peut être averti à l'avance que l'analyse de l'impasse dépend de conceptions de la richesse, du capital et de l'argent tout à fait différentes de celles que les économistes, les sociologues, les hommes d'affaires ou les hommes politiques ont tenues ou avouées auparavant ou de celles qui sont à la base des controverses entre le capitalisme, le socialisme et le communisme. Personnellement, il est extrêmement intéressant et flatteur que le point de vue concernant la richesse et le capital semble avoir été adopté par - ou, du moins, avoir eu une certaine influence sur - le travail indépendant des technocrates, mais en ce qui concerne l'argent, bien que le temps fasse des merveilles, je pense que je peux encore l'appeler mon propre point de vue.

Le lecteur trouvera dans les premiers chapitres une théorie énergétique de la richesse développée qui n'appelle pas ici de développement supplémentaire. Mais il doit garder à l'esprit la nature du Capital (*Agents de production* tels que définis) qui en découle, de la richesse déjà consommée, et - puisque la richesse, pas plus que le carburant, ne peut réellement être consommée deux fois de la manière normale - le Capital est une perte irrécupérable et une dette communale plutôt qu'une richesse communale. La situation actuelle des chemins de fer en Grande-Bretagne, qui n'ont pas encore été achetés ou payés par les descendants qui ont hérité de créances dérivées de ceux qui se sont abstenus de consommer pour permettre à ceux qui les ont produites de consommer, en est une très bonne illustration. Aussi controversée que soit la de l'identité des individus qui se sont abstenus de consommer, il n'y a pas de véritable controverse sur l'abstinence. En revanche, les autoroutes, dont la construction a été financée par une taxe excessive sur les automobilistes, quatre fois plus élevée que dans n'importe quel autre pays du monde. Cela donne à penser que la Grande-Bretagne, qui a le plus longtemps souffert de l'illusion que le capital était une richesse collective plutôt qu'une dette, est toujours à la tête du monde, au moins dans ses croyances intuitives, si ce n'est dans ses attitudes déclarées. Il est donc très significatif que les mêmes idées soient maintenant fermement enracinées en Amérique, à en juger du moins par les comptes rendus de la technocratie et de ses principes qui nous sont parvenus, illustrés par de nombreuses illustrations frappantes de la fécondité de la *dette* plutôt que de la richesse.

LE CAPITAL COMME RICHESSE DÉJÀ CONSOMMÉE

Quant aux économistes orthodoxes les plus éminents (tous les économistes orthodoxes sont nécessairement éminents, sinon ils seraient incroyables), ils semblent encore dans la position malheureuse de tout savoir sur l'impossibilité de consommer un gâteau deux fois, au moins intuitivement, mais de croire encore aux vertus vertigineuses de l'intérêt composé. C'est maintenant plutôt chez les nouveaux économistes (dans les propositions de Douglas, et le théorème A+B) que ces idées fausses semblent perdurer dans la sphère de l'économie nationale. Si l'on peut obtenir de nouvelles richesses pour le capital, en obtenant qu'un autre individu qui le désire l'accepte en échange, cela ne doit pas nous faire oublier qu'une nation ne peut pas retransformer ses richesses en capital en richesses consommables, ni manger ses charrues si elle manque de pain.

Un critique de la première édition de ce livre, avec un humour clairvoyant, citant la préface selon laquelle la solution du paradoxe économique était "le plus ordinaire et incontestable bon sens ne nécessitant rien de plus que cela pour le prouver", a prophétisé qu'elle serait rejetée par tous les étudiants en économie. Cependant, il a lui-même fourni l'indice. Il a déclaré que Marshall, qui "dans son grand ouvrage a défini l'économie comme la manière dont un homme obtient son revenu et l'utilise", caractérisait la distinction entre "biens de consommation" et "biens de production" (distingués dans cet ouvrage comme richesse pour la consommation et l'utilisation et Capital, ou comme Richesse I et Richesse II) comme "vague et peut-être de peu d'utilité pratique" - une distinction sans différence, en fait, tout comme J. Stuart Mill a traité de la même question. C'est tout à fait vrai lorsque l'on considère la manière dont un individu obtient son revenu, , mais pas lorsque l'on considère la manière dont une nation l'obtient. Une fois ce point fondamental compris, l'agitation de la controverse politique et sociale actuelle sur le capital apparaît presque dénuée de sens.

LA RICHESSE DANS LES TUYAUX

Cependant, en raison de cette différence de point de vue, les économistes orthodoxes semblent avoir commis une erreur de comptabilité qui vicie tous leurs efforts pour expliquer le système monétaire et pourquoi il se comporte de manière si erratique et spasmodique. Lorsque l'on passe de la conception de la richesse comme "montant réalisé" à la conception plus élégante de la richesse comme "réception périodique" ou flux - et dans le cadre de la théorie de l'énergie, il s'agit bien entendu de flux - il ne faut pas omettre de comptabiliser correctement ce que l'on peut appeler la richesse dans les tuyaux, c'est-à-dire la quantité totale de richesse partiellement produite dans l'existence correspondant à un taux donné de livraison ou de revenu ("volume des échanges"). Ainsi, la grande industrie pétrolière américaine[2] utilise 100 000 miles de pipe-lines, qui contiennent en permanence trois quarts de milliard américain (1 000 millions) de

---

[2] *Nature*, 19 avril 1930, p. 589.

gallons de pétrole. La *quantité de* trois quarts de milliard de gallons de pétrole doit être introduite, mais ne sort pas, bien que le pétrole le fasse.

Nous pouvons dire que cette quantité de pétrole n'est pas brûlable, bien que le pétrole le soit - que, bien que le pétrole passe toujours de la production à la combustion, trois quarts de milliard de gallons sont *comme gaspillés tant que l'offre est maintenue.*

Un certain taux de circulation de la richesse de la production à la consommation exige une certaine quantité "dans les tuyaux" à l'état semi-fabriqué ou partiellement cultivé, et si nous voulons augmenter le flux, nous devons augmenter proportionnellement cette quantité perdue.

Parce que le taux de production, contrairement à cette fiction commode qu'est la "vitesse de circulation de l'argent", dont nous allons parler, dépend de choses telles que le temps de semence et la récolte et leurs équivalents industriels, plutôt que des banquiers qui font semblant de prêter de l'argent.

Si cette quantité n'est pas comptabilisée honnêtement par quelqu'un qui s'abstient de consommer dans une mesure équivalente, elle se comptabilise elle-même malhonnêtement, par l'astuce de la monnaie quelque chose pour rien, et diminue la valeur de l'argent de chacun en changeant la valeur de chaque unité. En omettant de le faire, il est parfaitement inutile d'essayer de maintenir l'indice constant. En ces temps d'incrédulité à l'égard des miracles physiques, la preuve suffisante est qu'il n'y a *pas d'autre endroit d'où ils puissent provenir.*

Le banquier, tel qu'il est devenu, affecte de considérer la quantité de richesse consommable qui n'est pas consommable, et qui est nécessaire pour remplir les tuyaux, comme richesse consommable, simplement parce qu'elle peut être drainée pour le rembourser, disloquant ainsi tout le service. Mais ce n'est pas suffisant.

Ce point peut paraître trivial, mais il est la clé de tout le problème qui consiste à maintenir constante la valeur de l'argent tout en augmentant au maximum le taux d'écoulement de l'état de civilisation. Son examen dans le Cap. XI, avant le traitement plus complet de la nature réelle de l'accumulation du capital dans le Cap. XII, auquel s'appliquent des considérations identiques en ce qui concerne l'abstinence irrémédiable, peut causer au lecteur, s'il n'est pas mis sur ses gardes, des difficultés inutiles.

CIVILISATIONS MONÉTAIRES

Les civilisations monétaires sont nées des communismes antérieurs et les ont supplantés parce qu'elles permettaient un plus grand degré de liberté économique individuelle aux hommes, mais pas aux femmes. Les civilisations monétaires sont, du moins jusqu'à présent, des civilisations essentiellement masculines. Elles peuvent échouer ou avoir besoin d'être révisées sur ce dernier point, mais il suffit de les pratiquer pour garantir le premier sans revenir au communisme.

Ce que nous connaissons est tombé, ou risque de tomber, avec un retour à l'ancien type, simplement parce que l'argent moderne ne joue pas le jeu.[3] La règle essentielle est que quiconque, dans le cadre des affaires, reçoit de la richesse contre de l'argent - lui-même désormais sans valeur intrinsèque - doit en restituer l'équivalent, ce qui est tout simplement garanti par le fait que, dans la transaction précédente, il a cédé l'équivalent de la richesse contre de l'argent sans valeur intrinsèque. Mais cela n'est pas *et ne peut pas être* observé avec la monnaie de crédit, faussement appelée ainsi, lors de la première émission de nouvelle monnaie, et comme résultat direct, toute la civilisation scientifique a été amenée aussi près de la ruine qu'il est possible pour elle de l'être.

Ce n'est qu'en ce qui concerne sa *première* émission (et sa destruction finale, si jamais elle est détruite) que l'argent moderne est le moins difficile à percevoir. Lors du *premier* échange de monnaie nouvelle contre de la richesse, l'émetteur, quel qu'il soit, obtient quelque chose pour rien, *et ne peut s'empêcher d'obtenir quelque chose pour rien*, à moins que la communauté ne doive faire tous les efforts inutiles pour incorporer quelque chose de précieux, comme de l'or, dans le jeton de monnaie. En ce qui concerne les billets de banque, il a pu y avoir autrefois quelque vraisemblance dans la croyance que c'était le crédit de la banque qui les faisait circuler, mais aujourd'hui on peut difficilement imaginer un État si corrompu que son crédit ne soit pas largement supérieur à celui de n'importe quelle société. Mais lorsqu'il

---

[3] Ces points sont excellemment mis en évidence dans un livre récent de D. W. Maxwell, *The Principal Cause of Unemployment* (Williams and Norgate, 1932).

s'agit de l'argent créé pour prêter et détruit lorsque l'argent est remboursé, les utilisateurs de cet argent ne savent ni qui l'a créé ni comment il a été créé. Il *ne* diffère de tous les autres *que* par la *première* opération où il s'échange contre de la richesse, et la *dernière* où il est décrété, et d'ailleurs, à quoi se résume "tous les autres" ?

KINGSHIP

L'argent moderne est un jeu avec des pions qui ne peut commencer que lorsque chaque individu verse une richesse réelle pour les pions dans un fonds commun, et *il n'y a pas d'autorité nationale commune en charge de ce fonds*. À l'époque des souverains absolus, ce fonctionnaire indispensable était représenté par l'effigie du souverain sur chaque jeton pour indiquer qu'il était "authentique". En effet, en temps de paix au moins, la principale justification de l'autorité centrale était justement cette nécessité de protéger le moyen d'échange de la nation contre ceux qui voudraient le multiplier par de fausses imitations et de maintenir la confiance entre les débiteurs et les créanciers en gardant la valeur de la monnaie conforme à l'étalon. Les Américains n'ont peut-être pas encore besoin de rois, mais, tout comme les pays qui en ont, ils ont un besoin tout aussi urgent de quelqu'un de responsable pour s'occuper du pool. Bien que certains des premiers rois anglais aient pu trahir cette confiance, en Grande-Bretagne, depuis un siècle, la royauté présente un bilan uniforme de dévouement consciencieux au service public, et la famille royale travaille probablement plus dur dans l'intérêt public que la plupart des citoyens. Il semblerait naturel ici de renforcer la prérogative de la Couronne sur l'émission de monnaie, que le système des chèques a rendu caduque.

UN HÔTEL DES MONNAIES NATIONAL

Presque toutes les propositions qui ont été faites dans ce domaine visent à étendre la pratique de l'émission et de la destruction de la monnaie aux banques municipales, aux sociétés de secours mutuel et autres, ou à nationaliser les banques sans modifier le moins du monde le défaut existant dans le système monétaire, mais plutôt en l'exagérant et en le multipliant jusqu'à l'absurde. La proposition de ce livre est de rétablir la Monnaie Nationale comme ayant le contrôle de l'émission ou de la destruction de toute la monnaie, c'est-à-dire de la monnaie légale, et, si nécessaire, de procéder contre tous les substituts en les rendant spécifiquement illégaux. Le taux des nouvelles émissions serait contrôlé par un groupe de statisticiens, présidé par le chef suprême du royaume, qui aurait un statut similaire à celui du pouvoir judiciaire et des fonctions analogues à celles des institutions officielles d'essai qui normalisent les poids nationaux et les mesures. En Grande-Bretagne, le taux moyen d'émission d'argent frais (c'est-à-dire l'excédent des "prêts" sur les "remboursements") a été de 1 000 livres sterling par heure, à chaque heure du jour et de la nuit, au cours des 226 dernières années. Le taux moyen actuel est probablement au moins trois fois plus élevé. Il appartiendrait à l'autorité statistique de dire à quel rythme les nouvelles émissions devraient être faites pour maintenir l'indice des prix inchangé. Aujourd'hui, la tendance serait uniformément dans le même sens, la baisse des prix par la production dépassant la distribution.

Les émissions passées en Grande-Bretagne sont de l'ordre de deux milliards de livres.

Il faudrait la richesse de deux mille millionnaires pour rembourser aux citoyens ce qu'ils ont cédé au pool des compteurs d'argent, ce que j'ai appelé en premier lieu dans ce livre la Richesse virtuelle de la nation. Mais, hélas ! la "richesse" des millionnaires s'avère, à l'examen, être virtuelle, sinon virtuelle, et consister principalement en des prétentions à la richesse comme celles des citoyens eux-mêmes. Il est difficile d'imaginer comment des individus ou des sociétés peuvent assumer l'entière responsabilité de la monnaie d'une nation, ou ce qu'ils peuvent faire d'autre que nuire, surtout dans une civilisation telle que la nôtre est devenue. En fait, l'historien retiendra probablement comme l'une des raisons les plus importantes de la mainmise sur l'industrie et le développement économique des nations que nous connaissons, l'incapacité totale des individus ou des banques, aussi "riches" ou dignes de confiance soient-ils, d'assumer la responsabilité de la monnaie nationale. C'est comme si l'on essayait de financer un système national d'électricité centrale à partir d'une caisse d'épargne à un centime et que l'on n'obtenait rien de mieux que ce que l'on a aujourd'hui.

LA DÉMOCRATIE ET LA QUESTION DE L'ARGENT

Pourtant, comme le président Wilson l'a appris trop tard en 1916, "une grande nation industrielle est contrôlée par son système de crédit : "Une grande nation industrielle est contrôlée par son système de crédit - notre système de crédit est concentré. La croissance de la nation et toutes nos activités sont entre les mains de *quelques hommes [...] qui peuvent refroidir, contrôler et détruire notre liberté économique"*.

S'il avait appelé un chat un chat, et si au lieu de parler d'un "système de crédit", il avait révélé ce que ce terme cache, et s'il avait parlé de la "création et de la destruction de notre monnaie", même un enfant intelligent n'ayant qu'une connaissance scolaire de l'histoire aurait pu le comprendre.

Ainsi s'achève la démocratie, prise en étau par quelques inconnus ! Nous avons au moins le droit de savoir qui sont vraiment nos dirigeants, même si cela signifie qu'ils doivent déterrer tout l'or qu'ils ont enterré à nouveau et qui leur rapportera des couronnes. En les cherchant, on ne trouve personne qui ressemble le moins du monde au type de personne qu'un grand empire ou une grande république scientifique aurait volontairement choisi pour les diriger, mais un certain nombre de reliques pétaradantes et de banquiers à la petite semaine qui passent la serpillière et la tondeuse sur l'or ! Qu'ils s'en aillent ! Laissons les grandes nations faire leur travail.

LA LOI !

Mais comment ? Une révolution ne nous rapprocherait pas de but, mais nous en éloignerait. Il est désormais du pouvoir absolu des citoyens de mettre fin à ces pratiques néfastes de la manière la plus simple et la plus inattendue : en invoquant la loi ! Il suffit qu'un nombre suffisant de personnes importantes se réunissent et refusent de payer leurs impôts au motif qu'en raison des émissions privées d'argent à une échelle colossale, une grande fraction de l'ensemble des impôts est fausse, pour faire table rase de toutes les toiles tissées pour piéger l'humanité par les magiciens qui ont découvert comment obtenir quelque chose à partir de rien et, en outre, faire en sorte qu'il porte un intérêt perpétuel. Les Law Officers de la Couronne ne peuvent pas poursuivre indéfiniment le misérable faussaire d'un faux billet pour haute trahison plutôt que pour vol et fermer les yeux sur l'escroquerie du contribuable par les mêmes moyens pour un montant annuel de plus de cent millions de livres. Mais le droit anglo-saxon étant ce qu'il est, il n'est pas du tout souhaitable qu'un individu tente de le faire, sans au moins un soutien financier très complet et adéquat, car une défaite prématurée pourrait créer un précédent qui réglerait l'aspect juridique de la question jusqu'à la fin des temps.

LE FONCTIONNEMENT DU SYSTÈME

En supposant que la première étape nécessaire soit accomplie en toute sécurité - et c'est, comme pour tous les problèmes monétaires, la première étape qui compte - il y aurait alors l'intérêt de quelques milliers de millions par an pour l'allégement de la fiscalité, plus l'augmentation annuelle de la quantité de monnaie, qui s'élève maintenant à plusieurs dizaines de millions par an, et l'avantage supplémentaire que le paiement à perpétuité de l'intérêt sur ces augmentations annuelles serait également évité.

Après la longue période de déflation que nous avons traversée, il naturel d'introduire ces nouvelles émissions dans le système du côté du consommateur, de sorte que le premier échange - le seul qui compte - élimine une partie des excédents de richesse dans le système.

Comme le passage de l'oxygène au sang dans les poumons, où chaque cellule reçoit la part qui lui revient, la nouvelle monnaie conférerait ainsi un nouveau pouvoir d'achat à chaque membre de la communauté au prorata de sa participation au pool, et aucun système ne pourrait être plus juste ou plus équitable que celui-là. Le terme même utilisé par les représentants orthodoxes de la science monétaire - la *politique monétaire* - suffit à les condamner. En effet, quiconque parlerait d'une *politique de poids et mesures*, ou penserait qu'il est juste de dire "ce pauvre homme est un cas méritant, donnez-lui vingt onces pour sa livre, et ce coquin n'aura qu'à en avoir douze pour que ce soit juste".

Plus tard, si les appétits dépassent l'offre et qu'il devient nécessaire de stimuler la production, ils seront plus naturellement placés du côté du producteur, comme, par exemple, en rachetant la dette nationale permanente et en libérant ainsi une nouvelle richesse à dépenser dans une nouvelle production de capital, sans oublier la "richesse dans les tuyaux" déjà prise en compte. C'est aussi comme avant, puisque les citoyens sont sauvés pour toujours après avoir payé de nouveaux intérêts sur la dette détruite. En fait, la nation "économise" pour payer le coût du nouveau capital, une nécessité que l'application de l'économie individuelle aux nations n'a jamais prévue ni même permise.

REMBOURSEMENT DU CAPITAL

La première étape franchie, la seconde, le remboursement progressif de la dette du capital communal, expliquée dans le Cap. XIII, n'appelle pas d'autre commentaire, si ce n'est pour dire qu'à mon avis (compte tenu de l'estimation conservatrice, par rapport aux technocrates, que je fais du taux possible d'expansion technologique utile), je pense que ces deux mesures suffiraient pour une longue période à venir. Mais il est peut-être bon d'en exposer un peu plus les raisons.

Le système de remboursement rend en effet tous les titres résiliables après une durée déterminée et avec le retour d'une somme totale nettement supérieure à celle investie en fonction du taux d'imposition, comme n'importe qui peut le calculer à partir des tableaux donnés. Une fois que l'on a bien compris que le capital est une richesse déjà consommée et qu'il n'a, au mieux, qu'une durée de vie limitée, le vrai problème est de décharger les épaules de la nation de la dette morte, non pas pour décourager mais plutôt pour encourager l'engloutissement de la richesse dans la production de capital frais. Il est vrai que si quelqu'un veut construire une usine de soie de rayonne capable, presque sans que personne n'y travaille (ce qui semble impossible même du point de vue de la nouvelle économie), de fournir plus de soie artificielle que le monde n'en veut, c'est son affaire. La norme du nombre d'indices, en vertu de laquelle les biens non désirés perdent de leur valeur par rapport à ceux qui sont désirés comme maintenant, est tout ce qu'il faut pour mettre fin à une telle folie. Mais si les loisirs doivent être autre chose que de la paresse et de l'oisiveté, à mon avis, même le système de production scientifique aura fort à faire pour répondre à ses besoins infiniment divers. Certains chiffres des technocrates semblent pertinents.

"Dans la société américaine actuelle, seuls 7 % de l'énergie produite sont consacrés à la subsistance. Quatre-vingt-treize pour cent sont utilisés pour faire fonctionner notre système social".[4]

---

[4] *L'A.B.C. de la technocratie*, Frank Arkright, 1933. Hamish Hamilton, Londres.

Tel est donc le plan de l'auteur pour le salut et la régénération, pour ne pas dire le rajeunissement, de la civilisation scientifique, et ceux qui liront le livre ne devraient pas avoir beaucoup de mal à en comprendre les fondements théoriques. Bien sûr, il peut être décoré et brodé pour satisfaire les fantaisies de n'importe quelle partie du public sans que cela n'affecte le moins du monde sa puissance, tant que les décorateurs et les brodeurs comprennent qu'il y a un principe de base sur lequel il n'est pas possible de faire des compromis. C'est le principe de l'argent lui-même : personne ne peut le recevoir dans le cadre d'une activité commerciale sans renoncer à l'équivalent de la richesse en échange. Abandonnons notre croyance dans les tours de passe-passe, si ce n'est lors des fêtes de Noël, du moins dans le monde des affaires et de l'économie, où l'on essaie vraiment d'obtenir quelque chose pour rien. Jouons au jeu de l'argent avec une piscine ouverte et un croupier responsable, si ce n'est un vrai roi.

LÉGISLATION NATIONALE SUR LA VIEILLESSE

Avec la réalisation plus vraie de la nature précise de la richesse et de l'accumulation du capital que donne la théorie énergétique de la richesse, leur capacité de nuisance disparaît en grande partie. On peut même espérer qu'elle neutralise ce "principe de mort" que Trotter a reconnu comme étant jusqu'à présent inhérent à la nature même de la civilisation, diagnostiqué ici comme étant le conflit entre les instincts innés d'acquisition (plutôt pour la sécurité future que pour des raisons avares ou ostentatoires) et l'impossibilité physique d'accumuler des richesses.

Il reste également à ajouter peu de choses sur l'aspect international au-delà de ce qui a déjà été dit. Si chaque nation affronte et résout ces problèmes à l'intérieur, le problème international et extérieur disparaîtra également. Mais la simple union des Etats autonomes sous la domination mondiale du banquier peut tout au plus l'écarter pour un moment et menace d'une éclipse de la liberté économique non pas dans un Etat mais dans tous. Comme précédemment, ni le monde entier, ni même l'univers entier ne sont capables "d'apaiser une soif infinie". L'artifice mathématique inventé par les mathématiciens hindous pour faciliter le calcul a fait dérailler la civilisation, tout comme la racine carrée de cet artifice entraîne aujourd'hui la physique et l'astronomie dans une poursuite sans fin de l'absurdité. Nous pouvons être reconnaissants à l'ingénieur de nous avoir permis de garder au moins un pied sur terre. Mais nous devons garder les deux pieds sur terre si nous voulons que les nations aient une économie qui leur permette de vieillir et de vivre.

LA THÉORIE DE LA QUANTITÉ DE MONNAIE OPPOSÉE À LA THÉORIE DE LA RICHESSE VIRTUELLE

Il est aussi injuste pour l'auteur d'une théorie de la monnaie de critiquer une théorie rivale de manière destructrice que pour un fabricant de décrier les produits d'un autre. Il est psychologiquement plus subtil, quoique moins instructif, de proclamer ce que ses propres produits ne feront pas, comme dans le cas du célèbre savon qui "ne lave pas les vêtements". Mais il faut faire face à l'odieux par souci de clarté.

La théorie de la quantité de monnaie[5] tente d'établir une relation entre le pouvoir d'achat de la monnaie, c'est-à-dire la quantité de biens que l'unité de monnaie permet d'acheter, ou *sa réciproque*, le *prix*, c'est-à-dire la quantité de monnaie qui doit être payée pour une quantité unitaire de biens, et trois autres grandeurs - à savoir la quantité de monnaie en circulation, la vitesse de circulation et la quantité de biens échangés, ou "volume des échanges". La relation est que les prix doivent varier proportionnellement à la quantité de monnaie en circulation et à la vitesse de circulation, et inversement aux quantités de biens échangés.

En réalité, dans la pratique, le prix signifie l'indice du niveau des prix.[6] La quantité de monnaie en circulation est une expression vague, car la seule quantité définie est celle qui existe, dans la propriété de quelqu'un, sans, bien sûr, compter les quantités en copropriété comme plus d'une quantité.

La vitesse de circulation est plus vague. Elle est définie comme le nombre de fois où "la quantité en circulation" est échangée contre des marchandises en un an. Mais en multipliant ces deux dernières quantités, les imprécisions se neutralisent et nous obtenons la quantité

---

[5] *Vide* Irving Theory, *The Purchasing Power of Money* (p. 18) (Macmillan and Co., New York, 1922).

[6] Les références renvoient à ce livre.

bien définie de marchandises échangées contre de l'argent en un an ou le volume des échanges. Cette quantité, ainsi que l'indice des prix et la quantité de monnaie existante, sont définis, bien que l'on puisse difficilement dire aujourd'hui que cette dernière puisse être vérifiée de manière indépendante.

La soi-disant équation de l'échange, "La somme des produits des quantités de biens échangés multipliés par leurs prix respectifs" égale "l'argent total échangé contre des biens", ou "le volume des échanges" égal "le produit de la quantité d'argent en circulation multiplié par la vitesse de circulation" semble être ce que le mathématicien appellerait une identité comme "deux fois deux" égale "quatre", puisque les hypothèses faites en considérant la quantité d'argent en circulation doivent nécessairement affecter de manière inverse la vitesse de circulation. Ainsi, seule la première équation est réelle, à savoir que la somme de tous les biens achetés multipliée par leurs prix respectifs est égale au total de l'argent échangé contre des biens.

Si cela est exact, il n'est pas surprenant que les études statistiques aient confirmé la théorie de la quantité avec un degré de précision très élevé, car il serait impossible de faire autrement. Il est vrai que si la quantité d'argent disponible pour acheter une certaine quantité de biens est modifiée, le prix, en tant que quotient de l'argent par les biens achetés avec cet argent, doit changer avec la quantité d'argent. Bien que toutes les implications douloureuses de ce principe ne soient généralement comprises qu'après une longue et amère expérience, il s'agit simplement d'une définition du prix déterminé par le nombre d'indices. Puisqu'il est physiquement impossible d'augmenter la quantité de biens existants en augmentant la quantité d'argent disponible pour les acheter, toute augmentation des biens disponibles étant nécessairement retardée d'au moins le temps minimum nécessaire à leur production, ce qui précède doit être vrai pour *toute* théorie de l'argent.

PRIX

Le prix est essentiellement une relation entre deux quantités, l'une étant une quantité d'argent et l'autre une quantité de richesse. Dans ma théorie, la double relation qui fait intervenir le facteur psychologique et le facteur physique est obtenue en considérant le prix non seulement comme la quantité d'argent nécessaire pour acheter des marchandises, mais aussi comme la quantité de marchandises dont les propriétaires (pour le moment) de l'argent sont prêts à se passer ou à renoncer uniquement de leur propre volonté (sans intérêt ni autre incitation que leur propre commodité et leurs propres besoins).

La théorie de la quantité tente simplement de surmonter la difficulté que rencontre toute théorie dans ce domaine, à savoir relier une *quantité* totale de monnaie existante à un *taux de* distribution de la richesse (volume des échanges), comme dans les tentatives antérieures, je pense, en tenant compte du temps nécessaire à la circulation de la monnaie. Mais ce que l'on appelle la vitesse de circulation", définie comme le nombre moyen de fois que l'argent change de mains au cours d'une période donnée, est plus aléatoire que l'ancien temps de circulation.

VITESSE DE CIRCULATION

Comme nous l'avons développé au chapitre XI, du point de vue de l'économie nationale, le cycle économique proprement dit se résume à deux opérations *imbriquées*, les paiements par les producteurs à leurs employés et à eux-mêmes pour produire de nouvelles richesses, et ensuite le paiement du même argent par les mêmes personnes et d'autres consommateurs pour sortir les richesses du système de production *une fois qu*'elles ont été produites. Tous les simples échanges de biens finis n'ont qu'une importance individuelle. Il importe peu que A ou B, C, D... possède le cheval de course, le domaine, l'usine, les actions, ou quoi que ce soit d'autre. La vitesse de circulation de l'argent peut être énormément influencée par des gens qui, dans une bourse, s'empressent d'acheter et de vendre des actions et de les racheter *à l'infini*, sans aucun effet direct sur les périodes de semence et de récolte et leurs équivalents industriels, ou sur le rythme auquel de nouvelles richesses peuvent être produites pour être distribuées, ce qui détermine le destin des nations.

Ces activités spéculatives spectaculaires et, à l'échelle nationale, profondément regrettables, ne font que répartir l'*argent* et le *capital* entre les individus et ne créent pas de nouvelles richesses, sauf en cas de rebond. Il est très important de savoir dans quelle mesure ce que l'on appelle le commerce, en particulier sur les marchés étrangers et internationaux, appartient à une catégorie similaire, n'ayant pas grand-chose à voir avec la production et la distribution véritables et résultant d'un simple changement de propriétaires spéculatifs.[7] Un si grand nombre des difficultés actuelles proviennent des facilités que les spéculateurs et les *entrepreneurs* possèdent actuellement pour faire créer de l'argent pour eux et le détruire à nouveau lorsqu'ils en ont fini avec lui, que ce serait une perte de temps que d'en tenir compte dans un système supposé fonctionner avec une véritable monnaie nationale permanente d'une valeur constante en biens, et dans lequel chaque transaction dans laquelle elle changerait de mains connaitrait un échange correspondant de richesses équivalentes.

C'est en effet la clé de voûte du traitement de la monnaie dans cet ouvrage. L'objectif est de trouver les conditions dans lesquelles un système monétaire distribuera tout ce qu'il y a à utiliser et à consommer sans essor ni ralentissement et à un niveau constant de débiteur-créditeur de monnaie. Il ne s'agit pas de suivre les caprices du système actuel, qui présentent aussi peu d'intérêt scientifique que le comportement d'un instrument dont quelqu'un trafiquerait sans cesse le calibrage pour le faire lire à la hausse ou à la baisse.

Pour terminer au moins par ce qu'elle ne fera pas, la théorie de la richesse virtuelle de la monnaie ne prétend pas, en soi, établir une relation entre la quantité de monnaie et le "volume des échanges". Mais à l'aide d'un autre principe, celui de la conservation (véritable boussole du navigateur lorsqu'il s'agit de réalités) - en fait, par la simple considération que la simple existence d'une quantité quelconque de richesse est la preuve que quelqu'un l'a produite (et a probablement été payé en richesse consommable pour cela), et que personne ne l'a encore consommée - il est possible d'établir les conditions qui doivent être observées pour que le revenu de la richesse d'une communauté soit augmenté par les progrès scientifiques *sans que* le niveau des prix *ne soit* modifié. La richesse virtuelle s'occupe d'elle-même. La quantité d'argent, qui varie de manière indépendante, doit la suivre et rester en phase avec elle, si l'on veut que le niveau des prix ne change pas. Si l'analyse présentée ici, "basée sur le bon sens incontestable ", ou ce qui a été appelé ici "la richesse dans les tuyaux", est correcte, il ne faut rien d'autre que les pouvoirs que l'État a maintenant de remettre ou d'imposer des impôts pour émettre et détruire de l'argent et donc pour

---

[7] Comparez *The Principal Cause of Unemployment*, D. W. Maxwell (Williams and Norgate, 1932).

maintenir le nombre d'indices constants. Si l'on empêchait l'émission et la destruction privées de la monnaie, le facteur le plus important à l'origine de sa variation actuelle serait éliminé et sa régulation serait une tâche relativement facile. Je n'ai pas encore été convaincu que ce n'est pas tout ce qui serait nécessaire pour une longue période à venir.

CHAPITRE I

INTRODUCTION

La science, le ferment du monde

Qu'est-ce qui ne va plus dans le monde ? Dans les affres de la Grande Guerre, beaucoup ont découvert pour la première fois qu'ils vivaient dans une civilisation scientifique, et les hommes de science eux-mêmes ont réalisé la différence entre le levain de la théorie et son aspect pratique dans un monde en pleine ébullition. La science est alors presque sortie de sa réclusion ésotérique pour devenir un culte - du moins, quelque chose qui mérite d'être cultivé, à des fins professionnelles. Indispensable en temps de guerre, elle semblait curieusement insignifiante parmi les services publics en temps de paix. Heureusement pour la science, le danger est passé. Il existe des professions scientifiques, beaucoup d'entre elles, mais la science n'est pas une profession. C'est une quête. Qu'est-ce qui ne va pas dans le monde ? Suivons la quête.

Le moment est opportun. Une grande partie de ce qui a été attribué à notre destin inévitable - la supériorité de caractère, l'esprit inextinguible, l'invincibilité de l'objectif et d'autres qualités humaines - prend une nouvelle valeur avec la découverte que nous vivons dans une ère scientifique. On pourrait en dire autant des vertus attribuées à la démocratie et aux institutions politiques libres, ou encore du système capitaliste, fier d'un Empire sur lequel le soleil ne se couche jamais et des phénomènes de haine de classe et de bidonvilles sur lesquels le soleil ne se lève jamais. La science a changé la nature de notre vie économique, et les anciens systèmes basés sur un mode de vie différent sont, de l'avis général, en train de fonctionner très dangereusement, quand ils ne sont pas déjà devenus impossibles. Ils ne subsistent que parce qu'il n'y a rien de constructif pour les remplacer et sont conventionnellement défendus par crainte de l'anarchie et du chaos qui résulteraient de leur répudiation ouverte.

Tout dans le monde est aujourd'hui si délicat - ce qui n'est qu'une autre façon de dire que personne ne semble vraiment comprendre comment le système économique fonctionne ou pourquoi il fonctionne si dangereusement - que la politique de tous les partis semble être plutôt de supporter les maux que nous avons que de s'envoler vers d'autres dont nous ne connaissons pas l'existence. A cet égard, les gens ont franchement perdu tout espoir de voir les gouvernements, quelle que soit leur couleur, , trouver une solution, ne serait-ce qu'à l'un des problèmes pratiques immédiats de l'heure, et il s'agit d'une période où l'on marque le pas. La Grande Guerre elle-même est perçue non pas comme un événement historique distinct, mais de plus en plus comme une conséquence inévitable de la même cause ultime. L'accession soudaine du monde occidental à une position de grandeur et de puissance matérielles dominantes, les dangereux et multiples problèmes sociaux insolubles qui l'ont accompagnée et qui menacent aujourd'hui notre époque, et le phénomène de la guerre moderne à l'échelle du monde auquel nous venons de survivre, sont tous maintenant plus généralement considérés comme dus principalement aux changements introduits dans l'économie de la vie par les découvertes d'une poignée de pionniers scientifiques en possession d'une méthode nouvelle et fructueuse d'acquisition de connaissances naturelles, et à l'incapacité des sciences humaines plus anciennes à faire face à la nouvelle situation.

D'une part, une classe plus nombreuse que jamais a atteint un niveau de vie plus élevé, plus de loisirs et de possibilités de se cultiver, entraînant avec elle une foule de serviteurs et de personnes à charge qui veillent à leur confort et à leur luxe et partagent, dans une certaine mesure, leur prospérité. Mais les travailleurs des industries plus fondamentales et essentielles - telles que l'agriculture, les mines et les manufactures - ont été dévalorisés par la concurrence des machines plutôt qu'ils n'en ont bénéficié et, pire encore, ils sont de plus en plus nombreux à être privés de leurs moyens de subsistance habituels. Pour les masses sans propriété, s'il y a eu une amélioration quelconque du niveau de vie moyen, elle est si faible qu'elle est douteuse et - en comparaison avec le progrès général de la production de richesses - méprisable. Le sort des masses est certainement devenu plus pénible et plus incertain, car elles ne sont jamais à l'abri du spectre du chômage et de la submersion dans la misère et la dégradation qui s'ensuit. Ainsi, à l'autre extrême, une classe plus nombreuse que jamais, *en raison de l'*accroissement de la richesse mondiale, vit dans des conditions de pauvreté et de servitude économique qui auraient choqué à une époque plus pauvre.

En négligeant les changements intervenus dans la science de la production au cours du siècle dernier, il est possible de soutenir que le sort de la majorité est aujourd'hui un peu meilleur ou tout au plus un peu moins bon qu'il ne l'était. Mais là n'est pas la vraie question.

Nous devons plutôt nous demander comment il se fait que la science qui, sans épuisement économique, a fourni le nerf de la guerre pour le conflit le plus colossal et le plus destructeur de l'histoire, avec la puissance humaine des nations engagées dans le service militaire, n'a pas encore aboli la pauvreté et les conditions de vie dégradantes de notre milieu dans les temps de paix qui s'annoncent. Il est impossible pour ceux qui prétendent comprendre l'économie et le gouvernement d'échapper à l'accusation de ne rien savoir de ces sujets tant que la pauvreté et le chômage existent à une époque de brillantes réalisations scientifiques. Jamais fatigués d'attribuer aux autres des hérésies économiques, l'état du monde entier est la preuve monumentale de leurs propres hérésies.

Le Glasgow de James Watt et d'Adam Smith

Il est significatif de penser que Glasgow, qui a produit James Watt, l'inventeur qui a amené la machine à vapeur à un succès pratique, était la ville d'Adam Smith, le père du système d'économie politique sous lequel l'ère scientifique s'est développée. Tandis que le premier, en 1774, perfectionnait un moteur destiné à arracher les hommes à la pénibilité du travail animal et à établir dans le monde entier un nouveau mode de subsistance, le second, en 1776, érigeait en système théorique les conditions dans lesquelles les hommes avaient *jusqu'alors* assuré leur subsistance économique. Le monde aurait pu assimiler soit la machine à vapeur, soit l'économie, mais il est difficile de comprendre comment il aurait pu digérer simultanément deux productions aussi incompatibles l'une que l'autre. Depuis lors, le monde s'efforce d'évoluer dans deux directions opposées en même temps - vers un niveau de vie plus élevé pour les uns et plus bas pour les autres.

Le Glasgow de James Watt et d'Adam Smith était une ville de 28 000 habitants, à peine moins provinciale que Kirkcaldy, le lieu de naissance de l'auteur de *La richesse des nations*, et le lieu où l'on retrouve la plupart de ses réflexions sur le sujet.

Le Glasgow de James Watt et d'Adam Smith est aujourd'hui une ville de plus d'un million d'habitants, la deuxième de l'Empire britannique. C'est un monument qui témoigne autant du travail de l'un que de l'autre, étant, d'une part, le centre de la grande industrie maritime de Clydebank et, d'autre part, de la révolution sociale contre les loyers, les intérêts et les profits, encouragée par le chômage, la pénurie de logements et le coût élevé de la vie - célèbre pour ses navires et ses orateurs de rue dans tous les coins du monde.

Le paradoxe économique

Ce livre ne traite pas des progrès futurs de la science, qui pourraient être sensationnels, mais il s'agit plutôt, à l'origine, d'un retour aux problèmes actuels à partir d'une anticipation qui date maintenant d'une génération et qui concerne la découverte de l'énergie atomique. Bien que l'on ne s'en doute guère en temps normal, les expériences révélatrices de la Grande Guerre ont montré qu'un grand nombre des conséquences qu'il était naturel d'anticiper à la suite de la maîtrise de pouvoirs physiques supérieurs à ceux que nous possédons aujourd'hui se sont déjà produites avec les pouvoirs dont nous disposons actuellement.

Ensuite, pour la première fois dans l'histoire, nous avons vu la science utilisée sans restrictions financières artificielles à des fins de destruction. Un degré de libéralité et d'unité d'objectif a prévalu, ce qui n'est jamais le cas pour les tâches moins spectaculaires mais plus nécessaires de la construction Année après année, les nations industrialisées produisaient un flot toujours croissant de munitions de guerre, alors que la fleur de leur force humaine était retirée de la production. Il ne semblait pas y avoir de limite physique à la mesure dans laquelle une nation, secouée dans ses habitudes préconçues de pensée économique par le péril imminent qui la guettait, pouvait produire les nécessités matérielles de son existence.

Alors que nous sommes revenus à la paix et à la misère, à des usines inactives et à des fermes retournant à l'herbe, nous sommes revenus, en tant que nation, aux conditions d'avant-guerre engendrant une race C3, avec un million et quart de travailleurs sans emploi, incapables de se nourrir et de se vêtir convenablement selon les normes militaires, et incapables même de construire des maisons pour y vivre dans le cadre du système économique existant. Pourtant, nous avons la même richesse en ressources naturelles, la même science et la même inventivité, avec des conditions de production beaucoup plus saines et favorables, et une armée de forces vives inutilisées et démoralisées par l'oisiveté forcée ! Le sensationnalisme du prophète scientifique pouvait difficilement imaginer quelque chose d'aussi sensationnel. Une nation dotée de tout ce qui est nécessaire à une vie abondante est trop pauvre pour distribuer ses richesses, elle est oisive et se détériore non pas parce qu'elle n'en a pas besoin mais parce qu'elle ne peut pas l'acheter. Ce livre tente d'analyser de manière originale les causes sous-jacentes à cette surprenante contradiction.

La perspective

Comme il arrive souvent en ces temps de changements rapides, même en ce qui concerne la science pure, les nouveaux sujets et domaines de découverte dépassent leur période de croissance la plus active avant d'être acceptés comme une partie normale et permanente de notre héritage social et d'entrer dans les ruminations des philosophes ou dans les programmes d'études des universités. En ce qui concerne les applications de la science les plus importantes sur le plan économique, la production en masse de toutes sortes de marchandises par l'énergie mécanique, les nouveaux modes de transport et de communication, et de loin la plus grande partie des inventions par lesquelles les sciences physiques ont été attelées au char de la vie pour accomplir un travail utile et rentable, nous assistons simplement aujourd'hui à la pleine fructification d'une compréhension des lois et des processus de la nature obtenue il y a assez longtemps. Contrairement à ce que l'on croit souvent, ces développements ne sont pas inépuisables. Une invention mécanique, telle qu'une bicyclette, après une période initiale rapide de conception toujours changeante, atteint son expression finale, et il en va de même en général pour le grand groupe des sciences mécaniques appliquées fondées sur la perfection de la machine à vapeur dans un premier temps, et, en général, sur la bonne compréhension des lois de l'énergie et de sa transformation, qui est le prélude nécessaire à la maîtrise des forces naturelles. Il semblerait qu'en temps voulu, quelque chose comme une fin puisse être atteinte pour les développements majeurs. Même dans le groupe plus jeune des sciences électriques, la même tendance peut déjà être observée. Il est vrai qu'il y a eu de grands progrès dans les sciences pures de la physique et de la chimie, mais la plupart d'entre elles sont encore incommensurablement au-delà de toute application pratique. Il est donc probable qu'un interrègne se produise en ce qui concerne les progrès pratiques substantiels. Les domaines les plus anciens seront probablement exploités avant que les plus récents ne soient effectivement ouverts. Les biologistes affirment déjà que ce siècle sera leur siècle, comme le siècle dernier a été celui des sciences physiques en matière de découvertes révolutionnaires, et il faut espérer qu'en temps voulu, ils tiendront leur promesse.

Chez les plus réfléchis, les profonds doutes quant à la direction que les applications de la science ont déjà prise et continuent de prendre pour la civilisation assombrissent naturellement les perspectives d'avenir. Elles sont très différentes, dans leur conception et leur esprit, de celles qui caractérisaient l'*Erewhon* de Butler et d'autres satires à l'emporte-pièce des Victoriens, mais elles sont d'une tendance quelque peu similaire. Avons-nous obtenu la domination des principales puissances de la nature pour devenir les victimes de notre propre machinerie et, en fin de compte, être détruits par elle ? Notre civilisation doit-elle finir par engendrer des Robots et des *rentiers*, et sombrer dans des conflits de classes à l'intérieur et des guerres fratricides à l'extérieur ? Est-il utile de multiplier par un million les pouvoirs déjà conférés par la science si l'usage que nous faisons de ceux que nous possédons déjà suffit à mettre en péril l'avenir de la civilisation ?

Il y a une différence entre la critique d'aujourd'hui et le dénigrement plus intéressé et professionnel auquel la science était soumise à l'époque victorienne. Aujourd'hui, personne n'est disposé à blâmer la science ou les travailleurs scientifiques pour l'état des affaires sociales que leurs découvertes et inventions ont engendré.

Quels que soient les autres bénéficiaires, les scientifiques eux-mêmes n'en ont pas profité. Personne ne voit aujourd'hui le mal qu'il y a à mieux connaître et maîtriser les forces de la nature, ni les fruits matériels de ces connaissances qui allègent le travail de la vie et procurent en abondance les nécessités matérielles et le confort. Le fanatique le plus aigre et le plus jaloux d'aujourd'hui pourrait difficilement soutenir qu'une nourriture bonne et nourrissante, un combustible suffisant, des vêtements et des maisons, des moyens efficaces et rapides de locomotion, de transport et de communication et les intérêts multiples de la vie moderne sont en eux-mêmes un mal. Le mal vient plutôt de ce que ces choses, que la science fabrique avec tant de prodigalité, ne sont pas plus universellement accessibles. Le médecin vous dira précisément ce qui est essentiel au maintien et à la préservation d'un corps sain. Ce que la théologie victorienne attribuait au péché et au diable, la science médicale d'aujourd'hui l'attribuerait à la pauvreté et à la maladie.

Le fait qu'un auteur ait récemment qualifié son arrière-grand-père, responsable de la loi anglaise sur les pauvres, de "non pas le diable inhumain que ses œuvres laisseraient supposer, mais un Anglais victorien douloureusement consciencieux et épris de son devoir" est une indication du recul qui s'est produit par rapport aux normes élevées des terribles Victoriens.[8]

Sciences physiques et humaines

Il y a toujours une tendance à traiter les complémentaires comme des adversaires. Si nous partons de prépositions monistes, selon lesquelles la nature est une harmonie divine et exprime une super-loi unique, la philosophie est confrontée à la tâche très difficile d'essayer de reconstituer au moins trois puzzles qui ont été délibérément mélangés.

Ni la mécanique, ni la biologie, ni les sciences humaines ne peuvent à elles seules résoudre les problèmes de l'humanité, mais chacune peut apporter sa contribution. En mécanique, les progrès rapides accomplis depuis les grandes généralisations jusqu'aux réalisations pratiques sont dus à l'absence totale de l'élément perturbateur de la vie dans les problèmes qu'elle traite. On pourrait penser que c'est une politique de désespoir que de chercher dans cette étude l'aide nécessaire pour résoudre des problèmes qui, jusqu'à présent, n'ont pu être résolus par les humanistes. Cependant, la vie obéit à des lois physiques. Ses méthodes sont aux antipodes de celles de l'ingénieur, mais elle ne peut pas faire de miracles mécaniques.

La physique lui est complémentaire, et la vie fonctionne selon les principes des sciences physiques, et non contre eux.

En effet, on peut se demander si, à proprement parler, aucun autre aspect de la vie n'a encore fait l'objet d'une enquête scientifique

---

[8] *La révolution par la raison*, John Strachey, 1925.

précise. La vie elle-même est une expérience qui n'a pas encore trouvé les méthodes d'investigation appropriées. C'est pourquoi les sciences biologiques s'intéressent presque exclusivement à la physico-chimie des processus vivants plutôt qu'à la vie. La biologie menace de nous donner des enfants sans parents par ectogenèse, tout comme la chimie nous donne, par synthèse, de l'indigo dépourvu de tout lien avec l'indigotier.[9] Mais malgré ces imitations, il y a toujours quelque chose d'infiniment plus intéressant et difficile à comprendre dans les processus naturels. Ce n'est pas rien de s'assurer que la vie coopère avec les lois physiques naturelles et ne les viole pas, tout comme l'ingénieur obtient ses triomphes en comprenant plutôt qu'en défiant les puissances qu'il contrôle. Ni les individus ni les communautés ne peuvent échapper aux lois de la matière et de l'énergie, même s'les appliquent à leurs propres fins.

Dans ce pays, en particulier, il y a eu un long divorce entre la connaissance naturelle et la connaissance humaine. Le boycott de la science et son contrôle par des intérêts hostiles sont encore des caractéristiques très remarquables pour une époque qui ne se distingue que par sa science. Les universités et les écoles publiques fixent ainsi les normes et les modes de l'éducation populaire , et nous n'échapperons pas à la légère à la sanction de ces politiques obscurantistes.

Leur effet sur l'économie, qui est essentiellement un sujet ayant les relations les plus étroites avec le monde des faits et des réalités physiques, a été singulièrement désastreux, et la confusion désespérée dans laquelle les affaires du monde ont été laissées s'explique en grande partie par l'absence d'une reconnaissance claire des principes physiques qui sous-tendent ce sujet.

Les premiers économistes français connaissaient les connaissances naturelles de leur époque. Mais, bien que cela n'ait jamais été aussi nécessaire que dans l'ère scientifique qui allait suivre, les fondements physiques du sujet ont été de plus en plus négligés, au profit d'idées conventionnelles dérivées d'attitudes juridiques à l'égard des droits de propriété et de l'interdépendance des êtres humains.

---

[9] *Daedalus*, J. B. S. Haldane, 1923.

Mais il ne s'agit là que d'un seul exemple. Partout, l'idée que les quelques milliers, tout au plus, de créateurs actifs dans le domaine de la science peuvent réellement exercer une influence importante sur le destin des grandes nations et que, sans eux et le ferment qu'ils ont introduit, la civilisation actuelle ne serait probablement pas différente de celle des époques précédentes, n'a pas encore reçu la reconnaissance politique qui lui est due.

Quant aux chercheurs scientifiques, ils sont pour la plupart trop préoccupés par leurs recherches hautement spécialisées et abstruses pour consacrer du temps aux problèmes sociaux. Leurs activités règlent de plus en plus automatiquement les principes qui s'appliquent aux affaires normales du corps politique, mais elles sont aussi complètement dissociées de la conscience de la société que la respiration l'est de la volition. Ils s'estiment capables de faire un meilleur travail en laboratoire que dans les affaires. Ils reconnaissent que la capacité d'apporter la plus simple et la plus petite contribution au stock de connaissances exige de nombreuses années de préparation et d'étude sérieuses, de nombreux résultats purement négatifs et infructueux, et qu'en fin de compte, les découvertes faites ne seront probablement pas celles recherchées, mais les sous-produits, pour ainsi dire, d'une vie de quête incessante vers l'inconnu.

Ils se doutent probablement que quelque chose d'analogue s'applique à tout autre domaine d'investigation, et notamment aux confusions de la politique. Ils se rendent ainsi compte que leurs propres opinions politiques ne sont généralement pas plus originales que celles d'autres personnes et qu'elles ne sont pas du tout susceptibles d'être plus utiles.

Le parcours de l'auteur, des sciences physiques à l'économie.

Certains seront peut-être intéressés de savoir comment l'auteur en est venu à s'éloigner à ce point des limites de son propre sujet et à s'exposer aux abus qui passent pour des arguments dans les affaires qui touchent la poche plutôt que l'esprit ou l'âme.

Au moins, pour sa défense, il peut affirmer qu'il a ainsi vu des choses claires et entières qu'il n'aurait pas pu voir autrement, même s'il ne parvient pas à transmettre cette vision à ses lecteurs.

À la fin du siècle dernier et au début de celui-ci, la découverte de la radioactivité et son interprétation en fonction des connaissances existantes ont révélé l'existence de réserves d'énergie potentielle dans les atomes des éléments radioactifs, de l'ordre d'un million de fois plus importantes que toutes celles connues auparavant. Ces réserves étaient et restent impossibles à exploiter à des fins physiques pratiques, et sont libérées à des taux très lents dans un processus purement naturel de transmutation des éléments radioactifs en plomb et en hélium. Leur existence dans ces éléments ne fait aucun doute, et l'existence de réserves similaires dans d'autres éléments a été légitimement déduite, bien qu'elle n'ait pas encore été prouvée expérimentalement. En suivant le raisonnement très connu qui s'applique à la chimie, il semble certain que tout processus de transmutation artificielle serait capable de libérer ces réserves et de les rendre disponibles comme l'est actuellement l'énergie du charbon et du carburant. De nombreuses déductions purement spéculatives dans le même sens ont été faites depuis lors à partir de la théorie de la relativité, et c'est vers l'énergie atomique, en premier lieu, que les physiciens et les astronomes se tournent aujourd'hui pour expliquer le maintien de la chaleur du soleil et des étoiles, et en général de l'énergie vivante de la nature, sur des périodes de temps cosmiques. Il n'est pas nécessaire d'aller plus loin dans ce domaine, car peu de découvertes scientifiques ont suscité autant d'intérêt que la radioactivité, ou ont été interprétées de manière plus complète au profit du public non scientifique. Les noms de Becquerel, M. et Mme Curie, Rutherford, J. J. Thomson, Ramsay, Joly, Bragg et d'autres pionniers dans ce domaine sont connus de tous.

Il était naturel de se demander quel serait le monde si l'énergie atomique devenait un jour disponible. Pour comparer un tel monde à celui d'aujourd'hui, il était nécessaire d'opposer ce dernier au monde d'avant l'aube de l'histoire et de l'art d'allumer un feu. De même que les sauvages mouraient de froid sur le site des mines de charbon actuelles, et périssaient de faim dans les champs de maïs aujourd'hui alimentés par les engrais produits à Niagara, de même, semblait-il, nous menions une existence étouffante, nous battant les uns contre les autres comme des bêtes sauvages pour une part des réserves d'énergie quelque peu négligées accordées par la nature, alors que tout autour de nous existaient les potentialités d'une civilisation telle que le monde n'avait même pas imaginé possible à l'époque.

Le rôle de l'énergie dans l'histoire de l'humanité.

C'est ainsi qu'une certaine conception du rôle de l'énergie dans l'histoire de l'humanité a commencé à se dessiner et que le progrès dans le domaine matériel est apparu non pas tant comme une maîtrise successive des matériaux utilisés pour la fabrication des armes - comme la succession des âges de la pierre, du bronze et du fer, honorée par la tradition - mais plutôt comme une maîtrise successive des sources d'énergie de la nature, et leur asservissement aux exigences de la vie. L'ensemble des réalisations de notre civilisation - en quoi elle se différencie des progrès lents et incertains enregistrés par l'histoire - apparaît comme dû à la maîtrise de l'énergie du feu atteinte avec l'avènement de la machine à vapeur. Si donc il existe, non seulement dans les étoiles lointaines, mais à nos pieds, une source illimitée d'énergie de l'ordre d'un million de fois plus puissante que toutes celles qui sont connues, quelles formidables conséquences sociales attendent la découverte de la transmutation artificielle !

Mais jusqu'à quel point la société humaine n'est-elle pas en mesure de se voir confier de tels pouvoirs en toute sécurité ? Si la découverte était faite demain, il n'y a pas une nation qui ne se jetterait pas corps et âme dans la tâche de l'appliquer à la guerre, tout comme elle le fait actuellement dans le cas des armes chimiques nouvellement développées pour la guerre au gaz toxique. Dans *The World Set Free*, M. H. G. Wells, juste avant le déclenchement de la Grande Guerre en 1914, s'est consacré à la question avec son brio et sa perspicacité habituels, et en a dépeint les conséquences probables de façon si vivante qu'il serait superflu pour toute personne moins douée de poursuivre le sujet, du moins jusqu'à ce que la réalisation pratique de ce rêve troublant se rapproche. Car il s'agit là d'un des développements les plus récents de la science pure, dont on a déjà dit qu'il était encore incommensurablement au-delà de l'application pratique. Il se peut qu'il arrive rapidement ou qu'il n'arrive jamais. À l'heure actuelle, on ne sait même pas comment commencer. Si elle devait se produire dans les conditions économiques actuelles, elle signifierait la *réduction à l'absurde* de notre civilisation scientifique, un anéantissement rapide au lieu d'un effondrement qui ne tarderait pas à se produire.

"Si ce que vous nous dites est vrai", fit remarquer un collègue scientifique, l'un des professeurs d'ingénierie, à Rutherford à Montréal en 1902 , "alors nous devrions tous, semble-t-il, abandonner le travail que nous faisons et concentrer notre attention sur la solution de ce problème". Il est possible que beaucoup aient eu la même pensée depuis. Pourtant, dans la recherche scientifique, rien n'est moins probable que le découvreur découvre ce qu'il cherche à découvrir. La Salle a entrepris de découvrir la Chine en naviguant vers l'ouest à partir de l'Europe. Lachine n'est pas en Chine, mais au milieu de la province de Québec, à une distance de tramway de Montréal, sur la grande route moderne du C.P.R. vers l'Orient. Mais le nom rappelle encore la dérision avec laquelle la tentative pionnière de La Salle) a été accueillie par ses contemporains. La découverte scientifique peut enregistrer des épisodes aussi étranges. Pasteur, en étudiant la fermentation, a découvert l'importante propriété de l'isomérie optique - qui est devenue presque une science en soi - en passant par la reconnaissance du rôle joué par les bactéries. Mais la partie la plus importante de son travail ne concerne ni la brasserie ni la saccharométrie. Il a révolutionné la chirurgie et des millions de personnes lui doivent la vie.

La découverte scientifique est une croissance plutôt qu'un voyage à planifier. Le voyage peut faire vers l'ouest pour découvrir l'est, et c'est à travers le brouillard et par repérage que l'on met des lieux sur une carte plutôt que de les en extraire. On peut s'attendre avec confiance à ce que la transmutation soit un jour possible et à ce que l'ère du charbon et du pétrole cède la place à l'ère atomique, mais personne ne peut deviner quand, et si, dans le cycle de cette civilisation.

Le vrai capitaliste une plante

Il manquait encore un élément pour expliquer l'explosion phénoménale d'activité qui a suivi dans le monde occidental l'invention de la machine à vapeur, car on ne peut l'attribuer simplement à la substitution d'une énergie inanimée au travail des animaux. Les anciens utilisaient le vent pour la navigation et la force hydraulique de manière rudimentaire. Le changement profond qui s'est alors produit semble plutôt dû au fait que, pour la première fois dans l'histoire, les hommes ont commencé à puiser dans un grand capital d'énergie et ont cessé d'être entièrement dépendants des *revenus de l'*ensoleillement. Tous les besoins des hommes pré-scientifiques étaient satisfaits grâce à l'énergie solaire de leur époque. La nourriture qu'ils mangeaient, les vêtements qu'ils portaient et le bois qu'ils brûlaient pouvaient être considérés, en ce qui concerne le contenu énergétique qui leur confère une valeur d'usage, comme des réserves de lumière solaire. Mais en brûlant du charbon, on libère une réserve de soleil qui a atteint la terre il y a des millions d'années. Dans la mesure où il peut être utilisé pour les besoins de la vie, l'échelle de vie peut être augmentée, *dans presque toute la mesure nécessaire*, en dépit des idées primitives des peuples de Kirkcaldy et de Judée.

C'est alors qu'est apparue l'idée étrange du carburant considéré comme une réserve de capital, dont la *consommation a permis* à toute notre civilisation, dans la mesure où elle est moderne, de s'édifier.

On ne peut pas le brûler et l'avoir encore, et une fois brûlé, il n'y a aucun moyen, du point de vue thermodynamique, d'en extraire un intérêt pérenne. De tels mystères font partie des lois inexorables de l'économie plutôt que de la physique. Avec la doctrine de l'évolution, le véritable Adam s'avère avoir été un animal, et avec la doctrine de l'énergie, le véritable capitaliste s'avère être une plante. L'ère flamboyante que nous traversons n'est pas due à nos propres mérites, mais au fait que nous avons hérité de les accumulations d'énergie solaire de l'ère carbonifère, de sorte que la vie a pu, pour une fois, vivre au-delà de ses revenus. Si elle l'avait su, l'époque aurait pu être plus joyeuse ! Ainsi, si l'énergie atomique est un jour exploitée, il se produira une explosion de l'activité humaine telle que les triomphes de notre époque paraîtront dérisoires et que la lutte de l'humanité primitive pour l'énergie ne sera plus que le souvenir fantastique d'un rêve épouvantable.

La science est-elle maudite ?

Mais que gagne-t-on simplement à grossir une échelle ? Une reproduction agrandie de l'époque actuelle satisferait-elle une âme humaine ? Ces questions embarrassantes appellent une réponse. Avec toutes ces nouvelles richesses, la pauvreté de nos ancêtres n'a pas été abolie, mais elle est revenue sous une forme monstrueuse. Une armée croissante de chômeurs, sans moyens de subsistance, hante un monde capable de produire beaucoup plus qu'il ne consomme, de sorte qu'en un sens, nouveau dans l'histoire, les pauvres sont devenus soumis aux riches, ne serait-ce que pour obtenir la permission de gagner leur vie. La science est-elle maudite ? Quel est le génie maléfique qui pervertit même la réalisation de nos espoirs et de nos travaux les plus sains, et qui fait que le progrès ressemble plus à une ascension cauchemardesque sur des pentes glissantes de plus en plus raides, qu'à la marche en masse de l'humanité le long d'une grande route, rendue droite et lisse par l'accroissement des connaissances, de l'ordre et de la loi ? Il est vain d'aspirer à une civilisation plus dangereusement élevée tant que l'on n'aura pas étendu à l'économie des hommes un peu de la précision et de la certitude qui caractérisent l'économie d'un moteur à essence. Ainsi, le besoin criant n'est plus de disposer d'une puissance physique toujours plus grande, mais de savoir comment s'assurer les fruits de ce que nous possédons déjà. Les forts continuent de piller les faibles, les nations comme les individus, alors que le développement des connaissances pourrait rendre le monde entier gentil. Mais cela ne peut se produire tant que nous ne comprenons pas ce qui ne va pas et tant que nous n'attribuons pas à un système économique des pouvoirs mystérieux dont un physicien se moquerait.

Sciences appliquées et sciences racinaires

Ainsi, alors que nous revenons au présent après avoir, pour ainsi dire, anticipé par télescopage un avenir lointain, les voix du marché tombent d'une manière ou d'une autre dans des oreilles qui entendent avec une certaine différence. Les hommes de science ne sont pas, par tempérament, adaptés aux tâches gouvernementales, mais ils pourraient apporter une contribution technique précieuse aux problèmes plus vastes des transports, d'une meilleure utilisation de nos ressources naturelles, d'une formation plus efficace de la main-d'œuvre. L'azote de l'air pourrait être associé à l'esprit de la chute d'eau pour fertiliser notre sol en temps de paix, afin que nous puissions produire plus d'hommes, et encore, pour fabriquer des explosifs puissants en temps de guerre afin de faire sauter le surplus, véritable *condition sine qua non* de la civilisation moderne. Ou encore, dans le domaine de l'agriculture, la science pourrait aider à sélectionner de meilleures marques de blé, à fabriquer un Burgoyne's Fife qui surpasserait le traditionnel Square Head's Master et résisterait mieux au climat. Dans le développement de l'Empire également, avec sa richesse en possessions tropicales inhabitables par l'homme blanc, la science seule peut espérer faire face au fléau de la malaria et atténuer les ravages de la maladie du sommeil, et si nos fonctionnaires étaient des pathologistes, au lieu d'étudiants morbides de la pathologie de la nature humaine, beaucoup de choses pourraient être accomplies. De même, si l'on considère ce qu'est un gouvernement et comment les actions des peuples peuvent être influencées par des experts qui font appel à leurs sentiments et à leur enthousiasme, la psychologie, la plus jeune des sciences, pourrait être mise à contribution pour sortir l'humanité du bourbier dans lequel elle a été précipitée par la croissance trop rapide des connaissances. Tandis que, comme le ressac de la vie, se brisant sur les obstacles qui l'entravent, un avertissement incessant se fait entendre religieusement sur l'esprit scientifique et sa recherche de la vérité pour elle-même, sans laquelle il ne peut y avoir d'espoir de régénération pour la société.

Science et gouvernement

Sommes-nous plus près de la racine du problème ? Ce livre ne traite d'aucune de ces questions. Il ne nie pas leur portée et leurs possibilités à notre époque d'éducation universelle et de croissance des intérêts intellectuels , si la civilisation perdure. Il s'intéresse plutôt à la différence qui s'opère entre ce qui est familier et ce qui est vu d'un point de vue nouveau. La contribution d'un scientifique physique à partir du point de départ de la science physique n'a rien à voir avec la technologie ou l'ingénierie, avec la psychologie ou l'inculcation de l'esprit scientifique, mais avec le problème du gouvernement dans sa forme la plus élevée ! De même qu'en biologie, le matérialisme s'est révélé fructueux et le vitalisme stérile dans la conquête de nouvelles connaissances, non pas du tout parce que les organismes ne sont que des machines, mais parce que, quoi qu'ils soient, ils obéissent aux lois vérifiables de la physique et de la chimie, de même, dans les tâches de gouvernement, il semblerait qu'une grande clarification puisse résulter de l'application à leur élucidation de conceptions physiques communes qui sont un truisme dans le monde inanimé.

Le thème, à différents stades de développement, a déjà fait l'objet de nombreuses conférences et discussions publiques et de deux brochures.[10] La validité de l'argumentation et des déductions qui en découlent, bien que suffisamment stimulante, n'a jamais été contestée publiquement. Mais certains ont souhaité un traitement plus complet et moins elliptique.

La tentative d'y répondre a conduit l'auteur beaucoup plus loin dans le sujet qu'il n'avait jamais espéré ou espéré pouvoir pénétrer, et finalement, selon sa propre estimation, à la solution définitive du

---

[10] *Économie cartésienne : The Bearing of Physical Sciences on State Stewardship*, 1922, et *The Inversion of Science and a Scheme of Scientific Reformation*, 1924. Hendersons.

paradoxe économique de l'époque. Il s'est retrouvé un peu comme Saul de Tarse converti en Saint Paul, se mettant à persécuter les économistes et finissant, sinon par en devenir un - ils ne sont peut-être pas aussi indulgents que premiers chrétiens -, par espérer une réconciliation finale. Au moins a-t-il désormais un respect plus vif pour les pièges subtils dont le sujet regorge et pour l'impossibilité de les éviter tous sans une boussole de marin telle que la loi de conservation du physicien. Derrière et à l'écart de la bousculade des membres individuels de la communauté, chacun préoccupé par ses propres affaires, il existe une science presque inconnue de l'économie nationale, aussi éloignée de la controverse désintéressée que les propositions de la géométrie, et aussi simple, relativement, que les lois sur les gaz auxquelles obéissent tous les gaz en commun, par contraste avec l'infinie complexité des lois qui régissent le comportement des molécules qui les composent. Dans ce domaine vital au moins, il ne devrait plus y avoir, à notre époque, de place pour les querelles.

Les hommes de science ont été à maintes reprises invités à coopérer à la recherche de solutions aux problèmes qui menacent notre époque. Il s'agit d'une contribution non autorisée et individuelle à un sujet qui est habituellement tabou pour eux. Il ne doit pas être considéré comme représentant autre chose que les études originales de l'auteur sur le sujet. Il serait dommage qu'il soit considéré comme reflétant de quelque manière que ce soit la réputation de vision et de noblesse de pensée dont la science contemporaine a hérité grâce au travail de ses premiers pionniers - après qu'ils soient morts en toute sécurité.

CHAPITRE II

LES DÉCOUVERTES DE LA VIE

Découverte, subconscient et conscient

Le mot d'ordre de l'époque est la découverte, et la vie elle-même est une découverte. Une fois la découverte faite, d'innombrables générations peuvent l'utiliser et en vivre sans en appréhender consciemment la nature, sans modifier davantage leur mode de vie et, en fait, en la considérant comme la seule façon possible de vivre. Une autre découverte les remplace, et une nouvelle espèce avec de nouvelles fonctions apparaît dans le schéma de l'évolution. Comme pour l'origine des espèces, il en va de même pour l'économie de la vie des sociétés modernes, bien que le premier processus soit infiniment lent alors que le second est aujourd'hui d'une rapidité alarmante.

"L'origine des espèces dans la communauté reflète la croissance subconsciente apparemment irrationnelle de l'organisme individuel. Elle est inhérente et indépendante de la volonté. Les individus naissent dans le mystère, se développent avec une fidélité de mouton jusqu'à l'âge adulte, respirent, font circuler leur sang, digèrent leur nourriture et sécrètent des enzymes et des hormones complexes, dont la nature exacte déconcerte les chimistes les plus compétents, indépendamment de leur faculté de raisonnement et généralement dans l'ignorance totale des principes les plus simples des sciences dont ils sont des exemples si étonnants. L'origine des espèces est tout aussi déconcertante.

Les hommes se sont apparemment développés à partir de l'ordre inférieur des animaux, de manière tout à fait inconsciente, et n'en ont été informés que récemment.

En revanche, si l'on considère les étapes successives de découvertes et d'inventions par lesquelles l'ère scientifique s'est développée à partir de son précurseur, il en va tout autrement.

L'évolution de la machine à vapeur et de l'automobile à partir de la diligence, avec un nombre incalculable d'inventeurs réfléchissant à chaque petite étape et quelques uns réussissant, semble aussi différente que possible de la façon dont, par exemple, les amphibiens ont d'abord envahi la terre ferme et y ont apporté la vie.

Pourtant, si nous adoptons un point de vue plus large, plus parallèle à ce qui, après tout, à cette époque lointaine, doit être celui d'un biologiste essayant de rendre compte de l'origine des espèces, y a-t-il vraiment une si grande différence ? James Watt se voyait-il, comme ses biographes l'ont vu, en train de tendre la main vers le puissant levier qui devait soulever la civilisation ? L'homme moyen est-il même vaguement conscient de la direction qu'il prend ? Il peut être profondément conscient d'un *malaise* dans la constitution sociale, peut-être comme de nombreux chaînons manquants dans l'évolution des espèces qui se sont sentis déphasés par rapport à leur environnement avant de disparaître. Pendant tout un siècle après les découvertes qui allaient changer la vie économique du monde , les plus virulents sont non seulement restés presque inconscients, mais ont nié qu'un changement réel s'était produit.

Les théories antérieures les plus rudimentaires sur l'origine des espèces, selon lesquelles elle était due aux différences infinitésimales qui se produisent entre les individus d'une espèce, sous l'effet purement impersonnel et externe de la loi de la survie du plus apte, conduisant par un processus de sélection naturelle à l'origine de nouvelles espèces, ne sont probablement plus défendues par les biologistes modernes. Il est clair que tant que nous ne disposerons pas d'une théorie intelligible de la croissance normale des individus, nous ne pourrons guère espérer qu'elle rende compte des écarts importants et apparemment discontinus par rapport à la normale qui ont donné naissance à de nouvelles espèces. La sélection peut favoriser de nouvelles croissances mais ne peut les expliquer. Parallèlement à ce point de vue et à son reflet évident, nous avons la théorie selon laquelle le progrès humain, depuis le sauvage primitif jusqu'aux races hautement intellectuelles et puissantes d'aujourd'hui, a été une suite d'étapes infiniment petites imposées à l'attention de l'humanité par une nécessité extérieure, et que c'est quelque chose comme un pur hasard qui, parmi les masses, se trouve faire le premier pas et donc faire la découverte. Une telle conception du progrès et du génie humain ne s'applique certainement pas aux découvertes scientifiques de l'époque actuelle, elle est contraire à l'expérience de tous les enseignants, elle ne pourrait pas s'appliquer à l'art, à la littérature ou à la musique, et n'est probablement pas vraie du tout pour le progrès humain.

Le découvreur, même s'il ne sait pas comment il fait une découverte, sait que ces philosophes en savent moins. Il s'insurge amèrement contre l'idée que le grand public se fait des découvertes, à savoir qu'elles sont les fruits normaux du progrès, alors que le progrès est au contraire le fruit de la découverte, et que la découverte n'est pas un événement normal, mais un événement exceptionnel. Les découvreurs anonymes de l'art de fondre le bronze et de tremper l'acier ne se sont sans doute pas sentis mieux utilisés. En attendant une explication plus complète de l'origine des espèces, nous pouvons étendre notre sympathie aux singes les plus semblables à l'homme.

Si nous concentrons notre attention sur les faits, plutôt que sur les théories qui semblent effacer les faits, nous constatons, tant dans l'histoire biologique que dans l'histoire humaine, non pas une continuité, mais une succession de grandes découvertes - qu'elles soient faites graduellement ou lentement, par la force de la croissance inhérente ou de la raison - qui, une fois faites, modifient brusquement toute l'évolution et tout le mode d'existence futurs. Si l'on regarde en arrière, avec yeux d'historiens et d'économistes qui n'ont jamais fait de découverte, ou de biologistes qui n'ont pas encore créé une nouvelle espèce, toutes les étapes sont floues, les intermèdes ennuyeux et sans histoire s'estompent, et bien que l'on parle d'un progrès continu et régulier, la réalité n'a été qu'une série irrégulière de surprises. Si l'on se tourne vers l'avenir, la découverte revêt beaucoup plus le caractère d'une croissance subconsciente, semblable à celle qui est à l'origine des espèces, et aussi indépendante de la conscience de la société que la digestion l'est de la volonté. Que la nature saute ou non, la vie le fait indubitablement.

Le flux ininterrompu d'énergie du monde inanimé du monde inanimé à la vie

La chlorophylle, si elle n'a pas été la première découverte de la vie, a dû en être une très précoce. Il est douteux que la vie que nous connaissons aujourd'hui, et qui a été étudiée scientifiquement, puisse survivre si cette découverte était anéantie. Car cette matière colorante verte de la végétation est la porte par laquelle l'énergie entre dans le monde vivant. Le règne végétal détient toujours la seule clé de la source originelle d'énergie naturelle, le soleil, et tout ce qui vit puise dans le règne végétal les moyens de vivre par l'intermédiaire du colorant chlorophylle qui agit comme un transformateur de l'énergie solaire.

On sait depuis près d'un siècle, mais on oublie souvent les implications de cette connaissance, que, à quelques exceptions près et sans importance économique, l'ensemble de l'énergie qui permet au monde de fonctionner provient du soleil. L'énergie interne de l'organisme vivant n'est ni créée par l'organisme, ni fournie par la Providence ou l'usure. Elle est fournie par le corps des plantes et des animaux qui, à leur tour, se nourrissent de plantes, et provient du soleil sous forme de rayonnement.

L'utilisation interne et externe de l'énergie

Il est commode et pratique de faire une distinction entre l'énergie interne de la vie, qui maintient le métabolisme, et l'énergie externe qu'un animal ou une plante peut utiliser pour travailler sur son environnement, la plante pour vaincre la résistance à la croissance de ses racines et à la propagation de ses branches, et l'animal pour la locomotion et d'autres mouvements. Dans le cas des bovins de trait et des hommes, une grande partie de l'énergie totale de la nourriture consommée peut être consacrée à l'accomplissement d'un travail extérieur. Une grande partie de cette énergie peut être utilisée simplement pour vaincre une résistance morte, se transformant ainsi en chaleur, comme l'ont montré les expériences classiques du comte Rumford en 1798, sur l'ébullition continue de l'eau pendant le perçage des canons par des machines actionnées par des chevaux, et comme l'ont découvert la plupart des peuples primitifs, avant le contact avec la civilisation, en s'en servant pour allumer le feu. Mais lorsque le travail est effectué contre une résistance active, comme lorsqu'on soulève des poids contre la gravité, il peut être stocké ou accumulé en tant que travail sous forme potentielle, récupérable à nouveau, en tant que travail, par exemple, en laissant le poids tomber. De même qu'une horloge doit être remontée et dotée d'une réserve d'énergie disponible avant de fonctionner, de même un homme doit être remonté avant de pouvoir remonter une horloge, et l'économie de la vie traite principalement des façons dont la nature remonte l'homme. La tendance naturelle de l'énergie à se dégrader à un moment donné en chaleur sans valeur doit être contournée de manière à ce qu'il en résulte quelque chose d'utile, c'est-à-dire quelque chose qui, à volonté, peut être transformé en travail et utilisé dans la vie.

En ce qui concerne l'énergie interne de la vie, bien qu'il n'y ait pas d'obstacles théoriques à une synthèse artificielle des aliments qui la fournissent - à partir de matériaux et de forces entièrement inanimés tels que, par exemple, le graphite et l'eau, et l'énergie d'un moulin à vent - dans la pratique, tout passe encore par la plante. La vaste extension de notre approvisionnement alimentaire, qui nous permet aujourd'hui de nourrir une population au moins cinq fois plus nombreuse qu'à l'époque pré-scientifique, a été *indirectement* réalisée par les machines motrices purement inanimées utilisées à la fois pour transporter les produits de pays lointains et pour remplacer le travail humain et animal, au sens technique du travail physique, dans les exploitations agricoles. En outre, les sources d'énergie hydraulique en voie d'épuisement ont été exploitées et une partie de leur énergie a été stockée par des processus chimiques pour donner des engrais qui augmentent la productivité du sol. Certains de ces engrais apportent à la plante de l'azote déjà énergétisé, qu'elle ne peut pas produire elle-même, mais dont elle dépend soit de parasites bactériens, soit du maigre apport naturel de l'air produit par l'action des éclairs et des rayons du radium.

Ici, comme souvent, nous suivons un seul fil, parce qu'il est continu - le flux d'énergie dans la nature et la façon dont la vie l'utilise. Cela ne signifie pas que les autres facteurs sont sans importance ou négligeables, mais simplement que, si nous suivons ce fil ininterrompu, certaines conclusions physiques se dégagent, qui sont indépendantes de toute autre considération et auxquelles la vie doit toujours se conformer. Dans le cas présent, par exemple, une part importante et croissante du mérite de l'augmentation de l'offre alimentaire est due au travail des biologistes dans la sélection de nouvelles variétés de blé.

Il est possible que les races futures d'hommes alimentent leurs feux internes de la même manière que nous accomplissons le travail externe, avec de l'énergie inanimée. Mais jusqu'à ce que des découvertes entièrement nouvelles soient faites, l'agriculture reste encore l'industrie clé de la vie. Tout ce que la science a pu faire n'a été qu'une aide indirecte. Fondamentalement, l'agriculture reste inchangée, en tant que collecte de la lumière solaire par l'intermédiaire de la chlorophylle et sa transformation en énergie chimique des denrées alimentaires, soit directement, soit par l'intermédiaire des animaux. La dépression qui l'a frappée dans ce pays a une signification locale plutôt que mondiale. Ce n'est pas dans ce domaine, mais uniquement en ce qui concerne l'énergie externe de la vie, que la science passe aujourd'hui si largement à côté de la vie et puise directement dans l'énergie purement inanimée telle qu'elle se trouve dans la nature, sans qu'il soit nécessaire de la faire passer par des corps vivants. Certes, les hommes sont encore nécessaires, bien que leur nombre diminue d'année en année, car les tâches routinières sont de plus en plus exécutées automatiquement par des machines. Mais la fonction a changé. Le travailleur n'apporte plus qu'une partie insignifiante du travail demandé à son propre corps. Il est plutôt là pour apporter son intelligence. D'ouvrier, il est devenu directeur d'un processus artificiel, contournant la tendance naturelle de l'énergie à se gaspiller par la diligence plutôt que par la force.

Les origines de l'énergie disponible

La doctrine de l'énergie enseigne que, bien que l'énergie soit conservée dans tous les processus et qu'elle ne soit jamais ni créée ni détruite, elle a une tendance naturelle à passer immédiatement à la forme inutile et indisponible qui est la fin ultime de toute énergie cinétique, à savoir la chaleur de la même température que l'environnement. La vie n'est pas le seul processus d'importance économique par lequel cette tendance est contournée, mais c'est de loin le plus important. A cet égard, les machines ne sont que des imitations de la vie, car elles possèdent toutes une réplique de l'intelligence pour exécuter un cycle artificiel d'opérations choisies en premier lieu par le cerveau du concepteur.

Aujourd'hui, le processus de la plus grande importance économique par lequel le revenu de l'énergie solaire est transformé en une forme utile ou "disponible" sans l'intervention de la vie est celui par lequel l'énergie hydraulique prend naissance. Une infime partie de l'énergie qui tombe sur l'océan échappe à la dégradation totale en chaleur inutile et fait s'évaporer l'eau. Par un processus naturel - très semblable, cependant, à celui que l'on fait se produire artificiellement dans la machine à vapeur - la vapeur d'eau s'élève et subit un "refroidissement et une expansion adiabatiques". Elle effectue ainsi un travail utile sur elle-même en s'élevant contre la gravité. Elle se refroidit à mesure qu'elle monte, jusqu'à ce qu'elle se condense à nouveau sous forme de pluie, s'accumule dans les rivières, qui entraînent des roues hydrauliques et des turbines dans leur course vers l'océan. L'énergie éolienne, dont l'importance économique était autrefois plus grande dans le domaine la navigation, de l'irrigation et de la mise en valeur des terres au moyen de moulins à vent, appartient précisément à une catégorie analogue.

Il s'agit cependant d'une partie relativement insignifiante du revenu solaire, qui échappe à la vigilance de la vie dans un premier temps qui lui offre une seconde chance. L'origine de l'énergie pétrolière est douteuse, et nous y reviendrons. L'énergie marémotrice fait partie de la catégorie exceptionnelle des énergies qui ne sont pas dérivées du rayonnement. Elle est fournie par l'énergie de la révolution de la lune autour de la terre et de la rotation de la terre sur son axe. C'est pourquoi la période du jour et du mois lunaire augmente lentement sur des périodes séculaires et, à terme, le jour terrestre doit devenir identique à l'année terrestre, tout comme le jour lunaire est déjà identique au mois lunaire.

L'énergie des volcans et des sources chaudes provient de la chaleur interne de la terre, mais son origine est douteuse au même titre que l'origine de l'énergie pétrolière, et nous y reviendrons plus tard.

La physico-chimie du métabolisme

Passons maintenant aux principales sources d'énergie de la nature rendues disponibles pour la vie par l'action de la vie. La partie du rayonnement solaire qui tombe sur des objets opaques se transforme instantanément en chaleur et, rapidement après , par conduction, en chaleur de température uniforme par rapport à l'environnement. Sous cette forme, il s'agit de l'énergie de mouvement des molécules ultimes dont la matière est constituée. En tant qu'énergie cinétique, elle existe encore en quantité intacte, mais elle est inutile. Les mouvements en question sont distribués dans toutes les directions, ou parfaitement décoordonnés, alors que l'énergie mécanique est essentiellement de l'énergie dirigée dans une direction déterminée de l'espace. Il est impossible de coordonner à nouveau la direction sans faire plus de travail que ce que l'on gagne, bien que, si la chaleur est à une température plus élevée que son environnement, on puisse utiliser sa tendance naturelle à s'écouler vers des objets plus froids pour en reconvertir une petite partie en énergie mécanique.

Mais lorsque l'énergie solaire tombe sur la chlorophylle de la végétation, elle n'est pas transformée en chaleur, mais en énergie chimique. Parmi ceux qui ont fait l'expérience de la fraîcheur du soleil en entrant dans une forêt dense, rares sont ceux qui réalisent que cette fraîcheur est due à quelque chose de plus qu'à une simple ombre. La forêt est l'une des unités du transformateur primaire de la nature, dont l'efficacité et l'ampleur font paraître insignifiants tous les travaux de l'homme. Le soleil n'est plus dégradé en chaleur en luttant contre une résistance opaque, mais il est, bien que dans une faible mesure, transformé en une réserve d'énergie potentielle dans le bois, récupérable à nouveau lorsque le bois est brûlé.

Par un processus tout à fait mystérieux, mais purement physique, la chlorophylle réunit l'énergie des ondes lumineuses et la matière du dioxyde de carbone et de l'humidité de l'air, produisant à partir d'eux de l'oxygène et des hydrates de carbone - formaldéhyde, et les nombreuses variétés de sucre, dextrine ou gomme, amidon et cellulose, énumérées par ordre de complexité moléculaire croissante. Comme l'indique le nom "hydrate de carbone", ils sont tous constitués de carbone et d'eau. Autrefois, on aurait considéré qu'il s'agissait d'une synthèse chimique effectuée par l'organisme vivant lui-même et dépendant de lui. Aujourd'hui, on sait qu'elle est due à un processus que les chimistes appellent la catalyse, dans lequel une réaction qui peut avoir lieu sans désobéir aux lois de l'énergie, mais qui ne se produit pas, peut avoir lieu en présence d'une quantité infime d'une substance, appelée catalyseur, qui ne réagit apparemment pas elle-même et qui reste inchangée. Buchner, en 1897, a constaté qu'un extrait de levure, dans lequel toute trace des cellules vivantes de la levure avait été effacée, continuait à faire fermenter le sucre en alcool comme la plante vivante. L'action est due à un catalyseur, ou enzyme, comme on l'appelle généralement en biochimie, *sécrété par l'organisme*, mais qui n'est pas lui-même organisé ou vivant. Les substances purement minérales, telles que le platine finement divisé et d'autres métaux, possèdent des pouvoirs similaires dans les réactions inorganiques. Bien que l'action de la chlorophylle soit probablement catalytique, c'est-à-dire que sa présence permet à d'autres substances de réagir, ce qui n'est pas le cas en son absence, il existe dans ce cas une caractéristique supplémentaire, , qui donne au processus son importance exceptionnelle, à savoir que la réaction chimique ne peut avoir lieu qu'avec l'apport continu d'énergie fourni par la lumière. La chlorophylle réalise en fait le mariage de l'énergie et de la matière. C'est un catalyseur photochimiquement actif, sécrété par la plante vivante, mais qui n'est lui-même qu'une substance, ni organisée, ni vivante.

Lorsque l'on brûle du carburant ou que l'on consomme des aliments dans le métabolisme, la réaction qui se produit est exactement l'inverse de celle produite par la chlorophylle sous l'effet de la lumière du soleil. Les hydrates de carbone sont brûlés en dioxyde de carbone et en eau par l'oxygène de l'air, et de l'énergie sous forme de chaleur est dégagée. Pour que le dioxyde de carbone et l'eau redeviennent des hydrates de carbone et de l'oxygène, l'énergie libérée lors de la combustion doit être restituée. C'est ce que fait la plante. L'énergie du soleil, en présence de chlorophylle, réintègre les produits morts de la combustion et du métabolisme, l'oxygène est libéré dans l'air et les composés de carbone et d'eau formés sont stockés dans les tissus de la plante.

Un monde né, comme le nôtre, d'une planète rejetée par le soleil parent au cours de son évolution à partir d'une nébuleuse, peut être considéré comme ayant été bien "brûlé" dans un premier temps. Au moment où elle est devenue propice à la vie, on peut supposer que tout le carbone s'est combiné à l'oxygène. La question de l'origine de la vie se pose donc sous un nouvel angle. Comment la chlorophylle peut-elle apparaître si ce n'est par la vie, et comment la vie peut-elle se maintenir si ce n'est par la chlorophylle ? En effet, la chlorophylle est un composé de carbone extrêmement complexe, provisoirement considéré par les chimistes comme composé de 55 atomes de carbone, 72 d'hydrogène, 4 d'azote, 5 d'oxygène et un de magnésium. Il n'a pas encore été fabriqué artificiellement et la nature de sa structure moléculaire - qui est toujours une étape préliminaire nécessaire dans toute synthèse artificielle - reste très incertaine. On peut difficilement considérer que ce composé particulier puisse exister naturellement sans vie, et pourtant son existence telle que nous la connaissons est essentielle au processus de la vie. Des variétés brunes de ce composé sont connues comme dans les algues brunes, qui, chimiquement, ne se distinguent pas des vertes.

On peut supposer que la vie a commencé avec des catalyseurs photochimiquement actifs plus simples que la chlorophylle, et qu'elle a peut-être même utilisé dans un premier temps des substances purement minérales comme catalyseurs. Mais aussi loin que nous ayons remonté l'origine de la vie, celle-ci utilise déjà une substance extrêmement complexe et particulière pour obtenir l'énergie dont elle a besoin à partir de la lumière du soleil par ce qui est essentiellement un type d'action très remarquable et, en fait, presque unique. L'ensemble de la chimie et de la biochimie n'offre guère de parallèle. Aucun produit chimique n'est fabriqué industriellement par un procédé analogue aux méthodes naturelles de fabrication de l'amidon et de la cellulose.

Nous entendons si souvent parler des triomphes pratiques de la chimie que le lecteur pourrait surpris par le fait qu'aucun chimiste ne dispose encore de la théorie la plus rudimentaire sur les raisons pour lesquelles un changement chimique se produit. L'affirmation selon laquelle les produits de la combustion sont décomposés en hydrates de carbone et en oxygène par l'énergie de la lumière solaire, en présence d'un catalyseur photochimiquement actif, la chlorophylle, est une description et non une explication.

Nous en sommes cependant arrivés à *soupçonner* qu'avant qu'*un* changement chimique puisse avoir lieu, un processus préliminaire d'"activation", comme on l'appelle, des molécules qui réagissent doit se produire, et que le rayonnement, en général, est l'agent qui transforme la molécule chimiquement inactive normale en une molécule qui réagira avec une autre, lorsqu'elle croisera son chemin. Le rayonnement solaire se situe au milieu de la longue gamme de rayonnements, qui s'étend des ondes utilisées dans les transmissions sans fil, du côté long de la longueur d'onde, aux rayons X de Röntgen et aux *rayons Y* du radium, du côté court. Nous avons tendance à oublier que toutes les substances connues sont chaudes, dans le sens où un corps froid est un corps dépourvu de toute énergie thermique - c'est-à-dire un corps dont la température se situe au zéro absolu, inaccessible, de -273° C. Tous, comme le soleil, rayonnent de l'énergie. À température ordinaire, la quantité est très faible et la longueur d'onde des rayons se situe du côté long de la région de la lumière visible. En d'autres termes, le rayonnement est constitué de rayons de chaleur sombre jusqu'à ce que nous atteignions la température de la chaleur rouge visible. Mais ce rayonnement est toujours en cours, et certaines théories modernes du changement chimique font appel à ce rayonnement de chaleur sombre comme agent activateur qui précède même les réactions chimiques les plus courantes et les plus spontanées. Si ce point de vue s'avère fondé, toute réaction chimique devient analogue à celle effectuée par la plante. Ce thème illustre à lui seul la manière dont la vie parvient intuitivement à des découvertes que la raison ne fait que tardivement et avec la plus grande difficulté.

Charbon et pétrole

Auparavant, nous disent les géologues, la vie est née dans la mer et, de là, a envahi la terre. Bien avant que l'évolution animale ne soit très avancée , la végétation s'est développée en abondance sous la forme de fougères arborescentes géantes, dont les restes fossilisés fournissent aujourd'hui nos mesures de charbon. À cette époque, le carbonifère, la température devait être plus élevée et la quantité de dioxyde de carbone et de vapeur d'eau dans l'air plus importante qu'aujourd'hui. C'est dans ces conditions que les immenses réserves d'énergie dont dépend presque entièrement la civilisation moderne ont été déposées et accumulées. Cette accumulation est entièrement l'œuvre de la vie. Pour autant que l'on sache, rien de tel ne se produit aujourd'hui, et le développement humain, tel que nous le connaissons, dépend entièrement d'une concaténation favorable d'événements biologiques et géologiques survenus il y a des temps immémoriaux.

L'origine des huiles minérales est incertaine. Elles sont essentiellement constituées de composés de carbone et d'hydrogène, ou hydrocarbures. Il existe, en gros, deux origines probables, qui peuvent toutes deux avoir fonctionné. En raison de la présence fréquente de traces d'organismes marins dans les huiles naturelles, on a supposé qu'elles pouvaient provenir de la décomposition, puis de la transformation sous l'effet de la chaleur et de la pression, de restes de poissons qui, à une époque antérieure, auraient peuplé les mers en plus grande abondance qu'aujourd'hui. Sans insister spécialement sur son origine animale, il est tout à fait concevable que des restes végétaux, comme le charbon, rencontrent dans la terre des conditions favorables à leur transformation en pétrole. Un procédé technique moderne, encore au stade expérimental, connu sous le nom de "berginisation" du charbon, transforme le charbon en poudre, mélangé à du goudron, en huile en le chauffant avec de l'hydrogène sous forte pression à une température élevée.

En revanche, une origine purement inorganique est suggérée par les travaux de Moissan sur les carbures métalliques, qui sont produits à la température du four électrique en chauffant des métaux ou leurs oxydes avec du carbone. Ainsi, le carbure de calcium, obtenu par chauffage de la chaux et du coke, est universellement connu comme la source, au contact de l'eau, de l'hydrocarbure gazeux acétylène. D'autres carbures métalliques donnent d'autres hydrocarbures de la même manière, et le carbure d'uranium a permis d'obtenir un mélange d'hydrocarbures liquides très semblables, par leur caractère et leur constitution, au pétrole naturel. Il est presque certain que, dans les profondeurs de la terre, il existe des conditions de haute température et de haute pression qui entraîneraient la formation de ces carbures à partir de leurs éléments constitutifs s'ils étaient présents. Si tel est le cas, on peut légitimement en déduire la production de pétrole par l'infiltration ultérieure d'eau.

Énergie solaire et atomique

Ce point présente un certain intérêt car, selon la première théorie, l'origine de l'énergie du pétrole est la lumière du soleil, et selon la seconde, la chaleur interne de la terre. Selon les anciennes théories, cette dernière était considérée comme faisant partie de l'héritage originel de la chaleur solaire lorsque la terre a été expulsée d'un soleil encore gazeux. Mais selon les conceptions modernes, développées par Joly, la chaleur interne de la terre est maintenue en permanence par le processus de radioactivité. Si tel est le cas, le pétrole, selon la seconde théorie de son origine, tire son énergie de l'atome. Son utilisation représente donc une première étape dans l'émancipation de la vie de l'entière dépendance à l'égard de l'énergie solaire. Il en va de même pour les petites utilisations de la chaleur interne de la terre que l'homme a probablement toujours pratiquées, tout comme les Maoris de Whakarewarewa utilisent aujourd'hui les sources d'eau chaude pour tous leurs besoins domestiques. Les habitants de en Islande cultivent même des légumes, que le climat ne permettrait pas autrement, grâce à leur aide. L'industrie du borax en Toscane, où la vapeur des *suffioni* est utilisée pour évaporer l'eau des sources chaudes contenant du borax, en est un autre exemple.

En effet, l'utilisation à grande échelle de cette énergie pour la production d'électricité a été envisagée pendant la guerre, en raison de la cherté du charbon en Italie. Il a même été suggéré, de façon pas tout à fait chimérique, qu'en cas de défaillance du charbon, la chaleur interne de la terre pourrait être exploitée à grande échelle en forant des puits suffisamment profonds, en y faisant circuler de l'eau sous pression et en la convertissant ainsi en vapeur.

En ce qui concerne l'énergie du soleil lui-même, il semble y avoir peu de raisons de douter qu'elle soit également due à l'énergie atomique. Il est vrai que la radioactivité et les processus connus de désintégration des atomes sont beaucoup trop particuliers et limités pour fournir des quantités aussi considérables. D'autre part, la théorie de la relativité a introduit une nouvelle conception de la relation entre l'énergie et la matière qui, bien qu'elle n'ait pas encore fait l'objet d'une vérification expérimentale, est considérée comme la seule explication possible du maintien, au cours des époques cosmiques, de l'évolution prodigieuse de l'énergie provenant du soleil et des étoiles. Cette théorie fusionne les lois de conservation de l'énergie et de la matière en une seule, en ce sens que la matière n'est conservée que si son énergie est inchangée et que l'énergie n'est conservée que si la masse est inchangée. Toute perte d'énergie d'un système s'accompagne d'une perte effective de masse, bien qu'infinitésimale et encore totalement invérifiable par l'expérience. L'annihilation de la matière, si elle pouvait se produire, se traduirait par l'apparition d'une énergie égale à deux fois la masse perdue en se déplaçant à la vitesse de la lumière. La perte de masse est trop faible, par rapport à l'énergie produite , pour qu'elle ait pu être mise en évidence jusqu'à présent, même dans les changements les plus énergiques connus. On suppose que l'énergie cosmique peut être la conséquence d'un lent processus d'annihilation de la matière.

La spectroscopie stellaire montre que les étoiles commencent leur carrière incandescente sous forme d'hydrogène et d'hélium, et que ce n'est que plus tard que les éléments plus lourds font leur apparition. On en déduit que les éléments plus lourds se forment par condensation à partir des éléments plus légers. Si nous prenons un cas, du point de vue des vues modernes sur la structure atomique, et supposons que le gaz hydrogène subit, dans l'économie stellaire, une condensation en hélium, de sorte que quatre atomes du premier coalescent pour faire un atome du second, le processus à lui seul expliquerait en grande partie l'origine de l'énergie cosmique. En effet, en se condensant en hélium, les quatre atomes d'hydrogène subiraient une perte de masse d'environ trois parties sur quatre cents, le poids atomique de l'hydrogène étant de 1,0075, alors que celui de l'hélium est de 4,000. C'est à une telle source que le cosmogoniste moderne fait appel. Les *premiers* stades de l'évolution des éléments - comme le dernier stade, la décomposition des éléments les plus complexes dans la radioactivité - peuvent être considérés comme produisant de l'énergie plutôt que d'en nécessiter.

La civilisation cherche à contrôler le flux d'énergie au plus près de sa source

Après avoir traité brièvement des sources d'énergie dans la nature et de la manière dont elles deviennent disponibles pour la vie, les étapes suivantes ne présentent aucune nouveauté. L'ensemble du règne animal se distingue du règne végétal par son incapacité totale à utiliser l'énergie naturelle inanimée dans son métabolisme interne. Celle-ci doit d'abord être stockée dans les tissus des plantes, dont se nourrissent les herbivores. Les carnivores s'éloignent encore un peu plus de la source originelle et les omnivores, comme les hommes, ont deux cordes à leur arc. De la chasse et de la traque, l'homme a évolué de plus en plus vers la domestication des animaux, non seulement pour la nourriture, mais aussi pour la laine, le cuir et les matières premières de l'habillement. En des temps plus sédentaires, la même tendance a conduit à l'agriculture et à la culture consciente des plantes naturelles, à la fois pour l'alimentation et pour les matières premières. Du point de vue énergétique, le progrès peut être considéré comme une maîtrise et un contrôle successifs de sources d'énergie de plus en plus proches de la source originelle.

Nous pouvons tenter de traduire les faits saillants de cette enquête de la manière suivante.

Le diagramme représente le flux d'énergie dans la nature, de gauche à droite. La ligne qui va de l'énergie solaire à l'homme est la ligne que la vie a intuitivement développée par la propriété inhérente à sa propre croissance. Les lignes pointant de droite à gauche indiquent les directions dans lesquelles l'homme s'est consciemment efforcé d'augmenter et de contrôler les approvisionnements, et la tendance du progrès à court-circuiter de plus en plus la vie hors du système économique.

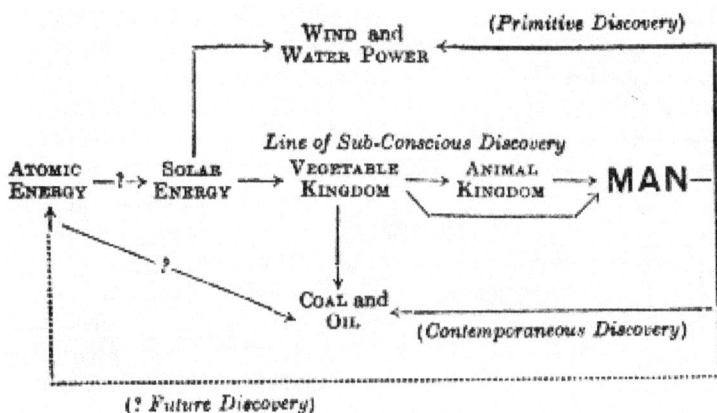

CHAPITRE III

LA BASE DE L'ÉCONOMIE NATIONALE

La lutte pour l'énergie.

Bien que cela n'ait pas été compris il y a un siècle, et bien que les applications de ces connaissances à l'économie de la vie ne soient pas encore généralement réalisées, la vie dans son aspect physique est fondamentalement une lutte pour l'énergie, dans laquelle découverte après découverte amène la vie dans de nouvelles relations avec la source d'origine. L'évolution a été parasitaire, des organismes de plus en plus élevés apparaissant et obtenant les réserves d'énergie nécessaires en se nourrissant des organismes inférieurs. Mais avec l'homme et le développement de la raison consciente, ce processus est en train de s'inverser en ce qui concerne l'énergie. Peu à peu, l'échafaudage sur lequel il s'est élevé est mis au rebut et il remonte consciemment de plus en plus loin vers les sources originelles d'énergie pour sa vie. Au stade actuel, au vingtième siècle, la plupart des travaux extérieurs de la vie peuvent être mieux accomplis par des machines alimentées en combustible. Dans cette direction, le développement est encore rapide, bien qu'il ait probablement dépassé sa période la plus active. Tant que l'approvisionnement en combustible se maintient, il n'y a littéralement aucune limite à la production des produits nécessaires à la vie qui peuvent être fabriqués de cette manière, comme nous l'avons mentionné dans le premier chapitre, si les restrictions financières sont rendues inopérantes, comme elles l'ont été pendant la guerre. Compte tenu de l'abondance du bois et des matières premières similaires, cette catégorie d'articles manufacturés couvre la plupart des accessoires et des articles de luxe nécessaires à la vie, depuis les maisons et les meubles jusqu'aux automobiles et aux appareils de radiotéléphonie. Elle comprend pratiquement tous les outils, bâtiments et installations nécessaires à la production, au transport et à la communication. C'est à ces *agents production* que le terme caméléon de "*capital*" est limité dans la suite.

En ce qui concerne les denrées alimentaires et les matières premières d'origine biologique, l'extension de la productivité, bien que pratiquement énorme et à peine moins importante que dans les autres catégories, n'est qu'indirectement favorisée par la nouvelle étape. Les denrées alimentaires sont encore essentiellement produites par le processus agricole d'origine. Il en va de même pour les matières premières d'origine végétale et animale, bien que nombre d'entre elles puissent être remplacées par des substituts artificiels d'un type ou d'un autre, si les produits naturels ne sont pas disponibles.

Les grands enseignements de la thermodynamique

Rappelons brièvement les grandes généralisations du début du siècle dernier en matière d'énergie, qui s'appliquent non seulement aux machines mais aussi, avec la même rigueur, aux êtres vivants et à la vie des communautés. Elles sont généralement appelées première et deuxième loi de la thermodynamique, le nom rappelant leur origine. Elles ont d'abord été reconnues pour les relations entre la chaleur et le travail, ou entre l'énergie thermique et l'énergie mécanique. Mais les principes sont d'application universelle entre la chaleur et toute forme d'énergie. Le langage ne dépasse que très tardivement les idées, et les idées précèdent, dans le temps, les étiquettes linguistiques qui les désignent. Les définitions formelles des lois de la thermodynamique ne transmettraient aucune idée de leur caractère à ceux qui ne la possèdent pas déjà, tandis que les énoncés descriptifs manquent de la précision et de l'universalité de l'idée générale. Ces lois sont essentiellement, en premier lieu, des expressions de l'expérience, testées après leur appréhension de manière complète et exhaustive par l'expérimentation dans des domaines nouveaux et encore non testés, mais elles ne sont pas telles qu'elles puissent encore être simplement déduites de principes premiers.

L'impossibilité des machines à mouvement perpétuel ou des hommes

La première loi est facile à comprendre et n'est rien d'autre que l'énoncé de la loi de conservation de l'énergie. Elle nie la possibilité d'une machine à mouvement perpétuel, dans laquelle tout moteur principal - machine, système moléculaire ou homme - peut continuer à fournir du travail à partir de rien, sans qu'une quantité équivalente d'énergie ne soit fournie. Une voiture fonctionnant sans essence ou un homme vivant sans nourriture en sont des exemples. Les formes que prend l'énergie physique sont nombreuses, mais toutes peuvent être converties et mesurées en tant qu'énergie thermique, tout comme n'importe quel compte, à des fins de comptabilité, peut être transformé en £ sterling, quelle que soit la monnaie d'origine. L'unité scientifique de l'énergie thermique est donc la calorie.[11] La calorie est la quantité de chaleur nécessaire pour élever un kilogramme d'eau de 1 degré Celsius (ou 1 livre d'eau de 1,023 degré Fahrenheit). L'unité britannique de travail ou d'énergie mécanique est le pied-livre, et l'unité métrique le kilogramme-mètre. Elles représentent le travail effectué pour soulever le poids sur la distance spécifiée, ou l'énergie cinétique possédée par ce poids lorsqu'il est tombé librement sous l'effet de la gravité à partir de cette distance. L'unité de puissance, appelée cheval-puissance, est la puissance nécessaire pour soulever 550 livres d'un pied en *une seconde*, ou 1 livre de 550 pieds en une seconde, ou 1 livre d'un pied en 1/550e de seconde. Le cheval-vapeur-heure est le travail effectué par un cheval-vapeur en une heure et représente environ deux millions de pieds-livres. Si le travail est effectué contre une résistance morte et est donc entièrement converti en chaleur, sans qu'aucune partie ne soit stockée sous une forme potentielle, comme dans le cas du soulèvement d'un poids, 653,6 calories sont produites à partir d'un cheval-vapeur chaque heure. Ou encore, un cheval-puissance-heure équivaut à 653,6 calories. De la même manière, il est possible d'évaluer l'énergie des denrées alimentaires nécessaires à l'entretien d'un homme adulte moyen pendant un an. Elle est d'environ un million de calories.

---

[11] Lorsqu'il est orthographié avec un petit *c*, une unité mille fois moindre est indiquée.

Cette quantité de chaleur est restituée si la nourriture est brûlée. Consommé par un homme, une petite partie peut être restituée sous forme de travail et de locomotion, mais la plus grande partie apparaît toujours sous forme de chaleur corporelle. En tant que mécanisme de travail, l'homme peut être très efficace du point de vue de la part de la valeur énergétique de sa nourriture qui apparaît sous forme de travail. Cette efficacité dépasse parfois 30 %, et les meilleures machines à vapeur s'en approchent rarement.

La première loi, en tant que loi de conservation de l'énergie, est essentiellement quantitative. Elle n'exprime rien quant à la qualité ou à l'utilité des différentes sortes d'énergie. En soi, elle n'affirme ni ne nie la possibilité physique de manger un gâteau et de le conserver, car à la place de l'énergie de la nourriture, lorsque celle-ci est mangée, nous avons un équivalent d'énergie thermique.

C'est le domaine de la deuxième loi, qui prend en compte le sens naturel dans lequel l'énergie tend à se transformer, de l'énergie alimentaire en énergie calorifique perdue par consommation ou décomposition, et non de l'énergie calorifique perdue en énergie alimentaire, ce qui serait un processus non naturel. Un processus contre nature dans ce sens n'est pas nécessairement physiquement impossible, mais il est toujours économiquement impossible comme moyen d'économiser du travail, c'est-à-dire d'utiliser deux fois la même énergie, ou, plus généralement, d'arriver à un *mobile perpétuel* en employant la même énergie encore et encore indéfiniment.

Dans sa signification pratique, l'énergie elle-même n'a pas d'importance. C'est le flux d'énergie d'une forme à une autre et d'un endroit à un autre qui est le seul à avoir de l'importance. Ce flux se produit toujours dans une direction naturelle, et il ne peut être inversé que si l'on fait en sorte qu'il y ait plus d'énergie qui vers le bas que vers le haut, pour ainsi dire. Comme le suggère cette analogie, un flux d'énergie présente certaines des caractéristiques d'une rivière et, en effet, les lois de la thermodynamique ont été élaborées à l'origine sur la base de la conception alors dominante de la chaleur comme un véritable fluide. Lorsque, plus tard, le point de vue cinétique - selon lequel la chaleur est due à l'énergie décoordonnée de l'agitation des molécules individuelles de la matière - s'est généralisé, la deuxième loi de la thermodynamique est devenue moins facile à déduire des premiers principes, au lieu de l'être davantage.

Exemples de processus physiques

Il est facile d'imaginer un processus dans lequel des poids, par exemple, sont amenés à s'élever contre la gravité par la chute de poids plus lourds. A peu près au moment où la machine à vapeur est devenue d'usage courant, on a découvert une méthode d'exécution du travail humain beaucoup plus efficace que toutes les autres. Elle a été utilisée pour la construction de certaines des fortifications de Paris et, sans la machine à vapeur, elle serait probablement devenue très répandue aujourd'hui. L'ouvrier travaille en montant une volée de marches et en descendant par une corde à laquelle est attachée la charge qu'il doit soulever et qui n'est que légèrement inférieure à son propre poids. De cette manière, il peut effectuer beaucoup plus de travail qu'avec une brouette ou avec n'importe quelle autre méthode plus ancienne.

La facilité avec laquelle toutes les autres formes d'énergie tendent à se transformer en énergie thermique va de pair avec la difficulté d'inverser le processus. La chaleur a tendance à s'écouler d'une région à température élevée vers une région à température plus basse, tout comme l'eau a tendance à s'écouler vers le bas. Inverser le processus revient à faire remonter l'eau - un processus artificiel qui nécessite, en *plus d'*un appareil mécanique, respectivement une pompe ou une installation frigorifique, *une dépense de travail.* Il est facile de comprendre pourquoi il faut travailler pour pomper de l'eau vers le haut, car on peut récupérer le travail lorsque l'eau pompée vers le haut est autorisée à couler vers le bas. Sous une forme modifiée, il en va de même pour un flux de chaleur. Une machine à mouvement perpétuel de la deuxième sorte, comme on l'appelle, ne contreviendrait pas à la première loi de conservation, mais à la deuxième loi d'utilité. Une telle machine serait l'équivalent d'un homme mangeant de la nourriture et la transformant en dioxyde de carbone, en eau et en chaleur, puis réinjectant l'énergie thermique gagnée dans le dioxyde de carbone et l'eau et refaisant la nourriture. La plante ne le fait pas avec de l'énergie thermique usée, mais avec de l'énergie fraîche de rayonnement, et la chaleur rayonnante d'un corps à haute température, bien que similaire en nom à l'énergie thermique, est une forme d'énergie de très haute qualité et très disponible, à l'opposé de l'énergie thermique à basse température en laquelle elle est naturellement dégradée.

Dans la machine à vapeur, la tendance naturelle de la chaleur à passer d'une température élevée à une température plus basse est utilisée pour réaliser le processus non naturel de conversion de la chaleur en travail. Tout processus naturel - qu'il s'agisse de l'écoulement de l'eau vers le bas, du flux de chaleur d'un corps chaud vers un corps plus froid ou de l'écoulement d'un gaz d'une pression plus élevée vers une pression plus basse - peut, du moins en théorie, être dirigé et exécuté de manière à convertir une partie au moins du flux d'énergie en énergie mécanique ou en travail. Mais la quantité d'énergie qui peut être ainsi convertie diffère selon les types d'énergie. En dehors des pertes accidentelles dues aux imperfections de tout mécanisme réel (frottement, résistance, etc.) et qui peuvent être réduites indéfiniment par des dispositifs meilleurs et plus "idéaux", certains flux d'énergie sont entièrement convertibles en travail et d'autres seulement en partie. Un moteur électrique convertira complètement l'énergie électrique qui lui est fournie en énergie mécanique , à l'exception des pertes accidentelles mentionnées ci-dessus, et, même dans la pratique, des rendements très élevés, supérieurs à 90 %, peuvent être atteints. Mais un flux de chaleur ne peut jamais, même dans des circonstances "idéales", être plus que partiellement converti en travail. En négligeant, comme précédemment, toutes les pertes accidentelles dues aux imperfections mécaniques pratiques, la proportion maximale de tout flux de chaleur capable d'être convertie en travail est indiquée par la deuxième loi sous sa forme quantitative comme suit : [12]

Dans le flux de chaleur qui va d'une température plus élevée, T1° A., à une température plus basse, T2° A., sur chaque unité de chaleur T1, les unités T2 ne sont pas convertibles et doivent rester inchangées en tant que chaleur, quel que soit le processus considéré ; mais il y a la *possibilité* - jamais facile et souvent pratiquement impossible à réaliser - de convertir les unités T1 - T2 au maximum en énergie mécanique au moyen d'appareils mécaniques et autres adéquats. Ainsi, dans la pratique, une machine à vapeur qui est alimentée en vapeur vive à 200° C. (473° A.) et qui rejette la vapeur au condenseur à 40° C. (313° A.), ne peut - abstraction faite de toutes les pertes dues aux frottements et autres résistances et imperfections - jamais convertir en travail plus de 160/473, soit environ un tiers, de

---

[12] Note sur l'échelle de température absolue : Le zéro réel ou absolu de la température, exprimé dans l'échelle centigrade, est de -273 °C. En d'autres termes, à cette température, la matière ne possède aucune énergie thermique. L'échelle absolue de température est dérivée de l'échelle centigrade en ajoutant simplement 273°. Ainsi, 15° C. correspond à 288° A.

l'énergie calorifique qui lui est fournie. Le moteur à combustion interne, dans lequel l'énergie thermique est fournie par l'explosion de mélanges gazeux, à des températures proches de la chaleur blanche (2000° A.), est thermiquement beaucoup plus "efficace" que n'importe quel moteur à vapeur.

Comme exemple de processus pratique dans lequel le flux naturel d'énergie est inversé - à des fins pratiques particulières - nous pouvons prendre la réfrigération, qui consiste essentiellement à pomper la chaleur d'un corps froid dans un corps plus chaud, ce dernier étant généralement à la température de l'air ambiant. Dans ce processus, il est aussi nécessaire de dépenser du travail que pour pomper de l'eau d'un puits jusqu'au niveau du sol. Dans la pratique, la réfrigération est effectuée en utilisant d'abord le travail à effectuer pour comprimer un gaz, ce travail étant converti en chaleur (sens naturel du flux d'énergie), de sorte que le gaz s'échauffe. Le gaz chaud comprimé est refroidi à la température de l'environnement (là encore, le sens naturel du flux d'énergie).

Ensuite, le gaz comprimé est autorisé à se dilater et à effectuer un travail, ce qui est l'inverse du premier processus. Le gaz est refroidi au-dessous de la température ambiante parce que le travail qu'on lui fait accomplir lui est enlevé au détriment de son énergie thermique. De cette façon, paradoxalement, le travail est d'abord converti en chaleur pour avoir la possibilité, à un stade ultérieur, de convertir la chaleur en travail. Mais si le travail n'est pas d'abord consacré à la compression du gaz, contre sa tendance naturelle à se dilater, nous ne pourrons pas plus tard utiliser cette tendance naturelle des gaz à se dilater pour surmonter la répugnance naturelle de la chaleur à se transformer en travail.

Bien que la chaleur ne soit pas un fluide matériel, la deuxième loi correspond à ce qu'elle serait si elle l'était, et si la température de la chaleur au-dessus de son environnement correspondait à la hauteur du fluide au-dessus du niveau. Pour extraire de l'eau d'un puits, il faut du travail, et pour réfrigérer une substance, il faut du travail. Convertir en travail la chaleur-énergie perdue d'une température uniforme de revient à essayer d'obtenir de l'énergie hydraulique de l'océan. Le zéro absolu du niveau de l'eau serait le centre de la terre, et le zéro absolu de la température ou du niveau de chaleur serait -273°C. Mais les sorties vers le centre de la terre et les condenseurs au zéro absolu ne sont pas possibles, et dans chaque cas, le niveau zéro pratique est bien au-dessus, étant le niveau de la mer dans un cas et la température de la terre dans l'autre.

La richesse en tant que forme ou produit de l'énergie
Sa productibilité illimitée

Nous arrivons donc à la conclusion que toute forme de mouvement perpétuel est impossible.

Un flux continu d'énergie fraîche est nécessaire pour le fonctionnement continu de tout système, qu'il soit animé ou inanimé. La vie est cyclique en ce qui concerne les substances matérielles consommées, et les mêmes matériaux sont utilisés à plusieurs reprises dans le métabolisme. Mais en ce qui concerne l'énergie, elle est unidirectionnelle, et aucune utilisation cyclique continue de l'énergie n'est même concevable. Si nous disposons d'énergie, nous pouvons maintenir la vie et produire tous les matériaux nécessaires. C'est pourquoi le flux d'énergie devrait être la préoccupation première de l'économie. Dans un monde qui dispose de quantités suffisantes d'énergie, de connaissances scientifiques et d'inventions pour l'utiliser, et d'une main-d' œuvre capable et désireuse d'accomplir les tâches et les services nécessaires, la pauvreté et la misère sont des institutions purement artificielles, dues à l'ignorance des principes de gouvernement, activement, sinon délibérément, encouragées à des fins de classe par des conventions juridiques qui confondent la richesse avec la dette. Dans tout système de gouvernement scientifique, elles disparaîtraient comme la variole et la malaria, au moyen de mesures préventives plutôt qu'amélioratives ou curatives.

Il est bien sûr parfaitement compris par ceux qui ont étudié le sujet, que la richesse consommable n'est pas comme l'or, l'argent, le radium ou d'autres éléments qui n'existent qu'en petites quantités dans la terre et qui ne peuvent pas encore être fabriqués artificiellement. L'attrait de ces substances en tant que mesures de la richesse, sur lesquelles fonder la valeur monétaire, réside, bien entendu, dans le pouvoir sur le débiteur qu'elles mettent entre les mains du créancier. En fait, l'argent devient un monopole, et ce monopole est le véritable gouvernement. La richesse, au sens de ce qui est nécessaire à la vie, peut maintenant être produite selon les besoins et n'a aucun rapport avec ces ingénieux dispositifs financiers. Son étude a été tristement négligée par l'économiste.

Bien que, pour tout le monde sauf un ingénieur ou un physicien, l'énergie semble être un élément mineur dans la production de richesse, si nous nous intéressons à ce qui est utilisé dans le processus de création de richesse, c'est l'élément le plus grand et le plus important.

Ainsi, dans le coût d'entretien d'une voiture, l'essence est un poste mineur. Jusqu'à récemment, les pneus coûtaient plus cher. Pourtant, si l'on remonte jusqu'à l'origine des pneus, on s'aperçoit qu'une grande partie de leur coût est due à une dépense d'énergie. Ils nécessitent un flux d'énergie solaire d'un climat particulier, du travail physique dans les plantations de caoutchouc, du charbon pour les chemins de fer et les navires qui transportent les matières premières depuis les tropiques, ainsi que pour les usines où elles sont transformées en pneus. Ces chemins de fer et ces navires, ainsi que tous les bâtiments et équipements nécessaires à leur fabrication, tout comme les matériaux qu'ils utilisent - le fer et les métaux, le charbon qu'il faut extraire - sont le résultat d'une dépense d'énergie physique. Les armées de gens que ces industries entretiennent doivent être approvisionnées en nourriture, en vêtements et en maisons, et l'énergie sous la direction intelligente de l'homme est la première condition requise pour l'approvisionnement de *toutes ces* choses.

Pauvreté et chômage
Une contradiction monstrueuse

Le spécialiste comprend bien sûr la plupart de ces éléments, sinon leurs implications, même si la source de la richesse ne remonte généralement pas aussi loin que l'énergie physique de la lumière du soleil. Mais de longues périodes de pénurie et d'asservissement, sous une forme ou une autre de domination préjudiciable, ont habitué les gens à considérer la richesse comme quelque chose qui, comme l'or, est essentiellement limité en quantité, de sorte que, si certains obtiennent beaucoup, d'autres doivent manquer pour combler le solde, plutôt que comme une quantité que les progrès scientifiques ont rendue capable d'une expansion presque indéfinie. Aucun des vrais problèmes du monde n'est aujourd'hui centré sur la simple fourniture de richesses. Les difficultés consistent plutôt à se débarrasser ne serait-ce que d'une petite partie de ce qui peut être produit, sans se battre pour le privilège de le produire ou de le vendre. Mais pour ceux qui considèrent la richesse non pas en termes d'énergie et d'efforts humains, mais en termes d'argent, il ne semble pas y avoir d'incongruité dans la poursuite

de la souffrance économique aiguë dans laquelle l'Europe a été plongée
, ni de preuve de l'échec de la fonction la plus élémentaire du
gouvernement dans le spectacle du chômage et de la pauvreté en même
temps.

Le passage du travail à la diligence

La discussion élémentaire des principes de la thermodynamique
qui a été tentée ne sera peut-être pas entièrement superflue si elle attire
l'attention sur ce qui est probablement la confusion la plus répandue
dans toute la pensée sociologique à l'heure actuelle, entre ce que l'on
appelle ici le travail ou l'énergie au sens purement physique et ce qui
passe pour tel dans le langage courant. Un travailleur manuel fournit
effectivement de son propre corps l'énergie du travail physique qu'il
accomplit. Une partie de sa nourriture sert à produire cette énergie. Il
est un moteur autonome. Mais un homme qui s'occupe d'une machine
peut "travailler dur" au sens ordinaire du terme sans effectuer le
moindre travail physique réel.

Sa fonction réelle a changé. Son action est ce que l'on appelle
en physique, avec suffisamment d'expressivité, "l'action de la
gâchette". L'action d'une gâchette libère une quantité d'énergie qui n'a
aucun rapport avec le travail effectué pour appuyer sur la gâchette, et il
en va de même dans le fonctionnement de tout appareil à moteur. Une
femme qui se plaint que le travail d'une femme n'est jamais terminé
veut dire que les opérations domestiques de cuisine, de nettoyage et,
d'une manière générale, de satisfaction des besoins d'un ménage,
accaparent continuellement son attention et ses activités mentales, et
que les tâches multiples de la gestion du ménage sont sans fin. Elle ne
se plaint généralement pas du travail physique et de l'effort
qu'impliquent ces tâches, mais de la longue et fatigante ronde de
vigilance perpétuelle qu'elles exigent. Dans ce domaine en particulier,
peut-être, nous avons encore une combinaison de travail physique et
d'attention mentale continue, et bien que les dispositifs d'économie de
main-d' œuvre aient fait beaucoup pour soulager la pénibilité de la
gestion de la maison, dans le domaine domestique, ainsi que dans les
services de transport et beaucoup d'autres, nous avons de bons
exemples de tâches qui exigent à la fois des soins et des efforts
individuels qu'aucun progrès de la science n'est susceptible de
supplanter complètement. Tandis que dans une usine, engagée dans une
production absolument routinière, seule une partie très petite et sans

importance du travail physique réel peut être fournie par les ouvriers, et cette quantité est susceptible d'être réduite presque indéfiniment, à mesure que les machines deviennent de plus en plus automatiques. La nécessité d'une attention constante au travail en cours demeure, bien qu'il faille moins de travailleurs. Un homme qui pourrait s'occuper confortablement d'une douzaine de machines automatiques s'ennuierait si les règles syndicales l'obligeaient à ne s'occuper que d'une seule machine.

À cet égard, en ce qui concerne les industries qui sont supposées exiger une offre de main-d'œuvre bon marché et non éduquée, ainsi que les métiers à l'aveugle qui privent les enfants de l'école et n'offrent aucune chance à un adulte de gagner raisonnablement sa vie, la question se pose de savoir s'ils ne sont pas le résultat naturel de l'abondance d'une telle main-d'œuvre. En Amérique du moins, la restriction de l'immigration a été considérée comme une menace pour l'existence de certaines industries qui dépendaient de l'approvisionnement continu en main-d'œuvre bon marché et sous-payée en provenance d'Europe. Mais l'expérience a montré que lorsque l'approvisionnement était , il était facile de réadapter les industries concernées aux nouvelles conditions. D'une manière générale, on peut douter qu'une profession, même si semble exiger un type de travailleur grossier et animal - ou les services d'une foule d'enfants et de jeunes, comme pour la livraison de journaux et d'articles ménagers - ne puisse pas mieux exercée aujourd'hui si elle était entièrement éliminée, grâce à une bonne organisation de l'entreprise et à des méthodes plus modernes.

La fonction de l'ouvrier, depuis l'introduction de l'énergie mécanique, a complètement changé dans de nombreuses industries, et ce changement n'est pas sans importance dans aucune d'entre elles. De plus en plus, il ne travaille pas au sens physique du terme, mais il dirige une source d'énergie inanimée pour qu'elle fasse ce que, laissée à elle-même, elle ne pourrait pas faire.

Dans de nombreuses industries, comme dans la production de masse des automobiles ou de tout autre type de machine qui a traversé sa rapide période d'évolution pour arriver à une forme à peu près définitive et permanente, la règle sera d'augmenter le rendement en employant de moins en moins de main-d'œuvre, à mesure que les processus en cause seront de plus en plus contrôlés automatiquement. Cependant, il n'est pas possible, même dans ce cas, de se passer entièrement du travailleur humain. Sa tâche, physiquement plus légère, devient mentalement de plus en plus monotone et inintéressante. Si l'on considère les besoins multiples du monde, depuis la gestion domestique et le transport des marchandises et des passagers jusqu'à l'exploitation minière - la source, après tout, de la nouvelle richesse - il reste suffisamment de travail dur, au sens d'une diligence continue, sinon au sens scientifique, pour occuper en permanence une grande partie de la population mondiale pendant au moins une partie de la journée.

La science, qui remplace de plus en plus le travail humain et animal, ne supplante pas le travailleur, mais tend à transformer sa fonction. Elle devrait lui donner pour une heure d'attention ce qu'il recevait auparavant pour douze heures de travail.

L'exploitation minière, la construction, la construction et l'entretien des routes, le transport et, enfin, l'agriculture sont des processus non naturels au sens de la thermodynamique. En thermodynamique, la distinction entre l'énergie inutile et l'énergie utile dépend de la direction et de la dissipation de cette direction. Une forme utile est celle qui a une direction définie dans laquelle elle tend à s'écouler. Une forme inutile est celle dans laquelle la direction est intérieurement "higgledy-piggledy", les plus petites parties possibles se déplaçant perpétuellement, en nombre égal, dans toutes les directions possibles, en même temps. Un processus contre nature consiste à orienter un flux d'énergie dans sa direction naturelle, de telle sorte qu'il ne puisse s'écouler sans accomplir une tâche utile et un travail nécessaire à la vie. C'est le troisième facteur essentiel de la création de richesse, la fonction que l'on appelait autrefois "travail", mais qu'il vaudrait mieux appeler aujourd'hui "diligence". Rares sont les exceptions, dans une civilisation digne de ce nom, où il ne vaudrait pas mieux que le simple travail physique pénible soit effectué par la force mécanique.

Curieusement, le "travailleur agricole" a toujours été beaucoup plus un tendre diligent du travail des plantes et des animaux qu'un véritable travailleur au sens physique du terme.

La guerre a montré que son travail est bien plus qualifié et irremplaçable que celui de la plupart des ouvriers employés dans les métiers dits d'ingénierie. L'entretien des machines pouvait être effectué, après un apprentissage très court, par une main-d'œuvre juvénile et non qualifiée, mais ce n'est qu'en cas de nécessité militaire extrême que les ouvriers agricoles qualifiés ont été enrôlés dans les rangs de l'armée.

Découverte, énergie naturelle et diligence - les trois ingrédients de la richesse

Ainsi, lorsque nous traitons des facteurs réels qui sous-tendent la production de richesses - sans tenir compte des questions de droit de propriété, des droits individuels de propriété et des complications introduites par les systèmes monétaires - nous pouvons les résumer comme suit : Découverte, Énergie naturelle et Diligence humaine. La première se présente sous la forme d'apports soudains et plus ou moins spasmodiques qui, une fois réalisés, modifient de façon permanente tout le cours futur de l'histoire. Mais les deux dernières doivent être fournies de manière continue et ininterrompue aussi longtemps que le temps le permet. Sous le terme Diligence, utilisé à la place de Travail, il faut comprendre non seulement les services des artisans et des ouvriers, mais aussi ceux des hommes d'affaires, des employeurs de main-d'œuvre, des gestionnaires et des calculateurs habiles, dans la mesure où ils contribuent essentiellement à la production de richesses et à leur livraison au moment et à l'endroit où elles doivent être utilisées. Dans la mesure où ces "services" n'augmentent ni la qualité ni la quantité de la richesse produite, mais simplement son prix de vente, ils n'ajoutent rien à la richesse nationale, car les gains de ces individus se font aux dépens du reste de la communauté. Bien qu'il semble encore traditionnel et habituel de considérer comme producteurs les maîtres ou employeurs du travail, et les salariés comme leurs serviteurs à gages, voire comme de simples biens meubles de l'*entrepreneur* spéculatif, ce livre ne fait guère de distinction entre les soldats et les officiers de l'armée économique. Tous les niveaux de l'organisation qui fournissent des services manuels ou intellectuels essentiels au processus de production , du directeur à l'ouvrier, sont également considérés comme des producteurs.

Confusion entre richesse nationale et richesse individuelle

Il est difficile ou impossible d'obtenir un moyen physique de mesurer la richesse - comme, par exemple, les unités d'énergie physique et de vie humaine - le temps consacré à sa production - qui soit capable de s'appliquer à toutes les nombreuses variétés de richesse : mais cette difficulté ne doit pas nous aveugler sur les absurdités palpables de l'économie conventionnelle introduites par le fait de toujours mesurer la richesse par la valeur d'échange ou le prix de l'argent. Il peut facilement en résulter que ce qui ne peut être considéré que comme une calamité nationale semble augmenter la richesse nationale, ou que ce qui est à tous égards une bénédiction nationale semble la réduire. Des intermédiaires et des spéculateurs inutiles peuvent augmenter considérablement le prix des marchandises sans que la richesse nationale s'en trouve accrue. Les groupements de producteurs et les trusts qui limitent la production et augmentent les prix peuvent réduire la richesse nationale et augmenter sa valeur monétaire, indépendamment de toute modification du niveau général des prix et des coûts de production. De tels "services", qui sont en fait des moyens d'acquérir de la richesse aux dépens du reste de la communauté plutôt que de la produire, ne sont évidemment pas du tout des ingrédients physiquement nécessaires de la richesse.

Le dilemme économique

Dans ses *Principes 'économie politique*, J. S. Mill aborde la question de manière quelque peu superficielle. Il établit une distinction entre la richesse d'un individu et celle d'une nation, mais ne précise guère dans quelle mesure ce qui est considéré comme une richesse dans l'économie conventionnelle est à la fois une soustraction et un ajout à la richesse nationale. Ainsi, dans ses Remarques préliminaires, il pose la question de savoir si, en cas de monopole de l'atmosphère, il n'en résulterait pas un accroissement de la richesse, et il dit : "Bien que l'air ne soit pas une richesse, l'humanité est beaucoup plus riche en l'obtenant *gratuitement*, puisque le temps et le travail qui seraient autrement nécessaires pour satisfaire le plus pressant de tous les besoins peuvent être consacrés à d'autres fins". Dans l'éventualité d'un monopole, il poursuit : En cas de monopole, il poursuit : "La possession de l'eau, au-delà de ses propres besoins, serait pour son propriétaire une richesse, et la richesse générale de l'humanité pourrait, à première vue, sembler augmentée par ce qui serait une si grande calamité pour elle. L'erreur consisterait à ne pas considérer que, quelle que soit la richesse du possesseur de l'air aux dépens du reste de la communauté, toutes les autres personnes seraient plus pauvres par tout ce qu'elles seraient obligées de payer pour ce qu'elles avaient auparavant obtenu sans paiement."

On pourrait s'attendre à ce qu'il aborde de la même manière les cas du loyer en tant qu'effet du monopole naturel de la terre, de l'intérêt et du profit - en dehors et en sus du paiement pour la location d'installations nécessaires et pour les services nécessaires rendus en tant que gestionnaire et autres - mais comme dans ces cas la communauté a toujours été obligée de payer, l'erreur, si c'en est une, est apparemment justifiée par la tradition.

De même, l'humanité serait beaucoup plus riche si elle pouvait obtenir *gratuitement* sa nourriture et son combustible, comme son air, puisque le temps et le travail nécessaires pour satisfaire ces besoins les plus pressants pourraient alors être consacrés à d'autres occupations, éventuellement à des loisirs pour poursuivre des valeurs peu importantes sur le marché. Dans ces conditions, il y aurait une réduction de la richesse de l'humanité par ce qui serait pour elle un si grand bienfait et une bénédiction. De simples contradictions de ce genre peuvent servir à montrer qu'en essayant d'éviter les difficultés de son sujet en le considérant simplement comme une science des échanges sur le marché, l'économiste s'est empalé sur les cornes d'un dilemme très embarrassant. On peut à juste titre se demander si c'est une science de la richesse, ou l'absence de richesse, qui conduit à des inversions aussi curieuses.

Économie politique et économie politique

Dans ces considérations, nous trouvons le cœur du problème qui explique pourquoi les découvertes et les inventions, qui sont des gains nationaux incontestables, conduisent à des maux profonds dans l'organisme social et économique.

Ce n'est que dans les communautés non sophistiquées que la production est réalisée directement pour la consommation et l'utilisation. Dans les sociétés modernes, le produit n'est pas fabriqué pour la consommation ou l'utilisation, mais pour l'échange ou la vente. La consommation est en effet considérée comme un mal nécessaire, et l'accumulation de richesses par les individus en est le moteur.

Mais la richesse individuelle, contrairement à la richesse nationale, peut n'être qu'une dette nationale, et il est d'ailleurs beaucoup plus facile et plus sûr de l'accumuler que la richesse réelle.

C'est de cet échange, et non de la production *en soi*, que naissent les revendications de richesse individuelle, et la richesse qui, dans une société non sophistiquée, doit être la propriété réelle des biens existants, s'étend, dans les sociétés modernes, à une revendication généralisée sur la totalité de la richesse présente et future de la communauté. Ces prétentions ne résultent pas seulement d'une participation active et positive au processus de production. Des services purement imaginaires, tels que la prétention de prêter de l'argent, peuvent constituer une revendication légale de richesse. En outre, la participation peut être négative plutôt que positive. Les droits à la richesse d'un individu peuvent résulter du fait qu'il n'empêche pas la production, qu'il l'aide en s'abstenant de l'entraver. Mais étant donné qu'aucune nation ne peut vivre en contractant des emprunts imaginaires), en payant les intérêts de ses dettes ou en s'abstenant d'entraver la production, une étude qui ne libère pas d'emblée sa conception de la richesse nationale d'une telle confusion n'est pas à proprement parler de l'économie *politique*. Elle peut être économie politique pour ceux qui désirent une vie tranquille et vivre en bons termes avec leurs voisins, et si l'économie politique ne signifie plus économie nationale, il est temps de changer son nom en économie politique.

L'effet paralysant des anciennes conventions

Il n'y a jamais eu d'époque aussi riche que la nôtre en tout ce qui aurait pu suffire à une civilisation noble et durable, alors que c'est encore vers les anciennes civilisations qu'il faut se tourner si l'on veut trouver la preuve que l'effort humain et l'imagination ont été gaspillés à l'échelle nationale dans un but qui n'est pas strictement utilitaire. Les puissances les plus gigantesques attendent nos ordres pour nous fournir tout ce dont nous avons besoin, mais nous menons une vie harassante, motivée, préoccupée pour l'essentiel par la nécessité immédiate d'éloigner le loup de la porte et de détruire nos rivaux *commerciaux*.

Au moins dans le présent immédiat et dans l'avenir, il n'y a aucun besoin concevable qui ne puisse être produit sur la terre ou extrait de la terre en fonction des besoins du monde. Cette conclusion va à l'encontre de notre instinct grégaire issu d'une époque préscientifique et de l'illusion actuelle de la pauvreté soigneusement entretenue sous le règne de l'usurier. Elle tranche le noeud gordien des périls sociaux, nationaux et raciaux qui assaillent l'avenir. Car il n'y a pas de question politique actuelle, aussi insoluble qu'elle puisse paraître aux instincts grégaires de l'humanité, qui ne soit fondamentalement modifiée par cette découverte. Si elle était bien comprise et mise en oeuvre, le monde gagnerait un répit qui lui permettrait de prendre plus calmement et plus scientifiquement les dispositions et les ajustements nécessaires pour l'avenir.

La croissance de la population n'est plus un problème

Cela ne veut pas dire que, dans toutes les éventualités imaginables, la solution scientifique des problèmes économiques de la vie apportera une paix et une sécurité permanentes à une population mondiale en expansion constante. Mais l'idée que nous nous faisons aujourd'hui de pays surpeuplés, dont la population déborde, et qui menacent l'avenir immédiat de conflits raciaux à une échelle gigantesque, découle en réalité des normes conventionnelles relatives au nombre d'habitants qu'un pays donné est capable de supporter. Bien entendu, si l'expansion de ces derniers temps se poursuit de manière incontrôlée selon une progression géométrique, les limites physiques de la planète finiront par se faire sentir. À l'heure actuelle, il n'y a pas plus d'un individu pour dix ou quinze acres de surface habitable en moyenne sur le

Selon les estimations,[13] , ce pays compte environ deux fois plus d'habitants qu'il ne peut en nourrir économiquement selon les normes de la paix et doit donc importer au moins la moitié des denrées alimentaires qu'il consomme. Mais les idées sur l'émigration sont restées les mêmes qu'à l'époque où il n'y avait pas de bateaux à vapeur rapides et d'hôtels flottants luxueux. Même si le pire arrivait et que le reste du monde nous boycottait et refusait de commercer avec nous, la tâche de transporter la moitié d'une population n'est pas très difficile. Cependant, il est peu probable que l'augmentation de la population se poursuive indéfiniment. Avec la connaissance et la pratique croissantes du contrôle des naissances, le contraire est plus probable. Bien que les problèmes raciaux soient redoutables, il ne faut pas oublier qu'avant qu'une autre race puisse contester la suprématie des races blanches, elle doit adopter la science et subir les mêmes influences que celles qui s'exercent actuellement dans le monde occidental, bien qu'il soit très peu probable qu'elle reproduise toutes nos erreurs.

---

[13] Voir avant.

Par ailleurs, les gens ont tendance à penser que tout changement important dans la politique d'un pays est susceptible d'infliger aujourd'hui aux travailleurs des difficultés aussi grandes que celles qui ont été causées par l'introduction de la machinerie au début du siècle dernier. Pour prendre un exemple, on pourrait supposer que si ce pays décidait à l'avenir de dépendre de ses propres ressources et moins de son commerce extérieur, l'agriculture connaîtrait un essor et les industries mécaniques seraient déprimées. Cela ne signifierait probablement pas, de nos jours, qu'un grand nombre de travailleurs dans les villes seraient contraints de retourner à l'agriculture et d'effectuer des travaux non qualifiés sur la terre. est beaucoup plus probable que les métiers de l'ingénierie s'adressent beaucoup plus qu'aujourd'hui à l'agriculture familiale. L'agriculture s'industrialiserait et, comme les transports, cesserait probablement d'utiliser la main-d'œuvre animale, sauf à une échelle relativement réduite. En fait, la tendance dans cette direction est déjà très marquée.

Dans tous les secteurs de l'industrie, l'effet général des progrès scientifiques a été de rendre les hommes plus adaptables et capables de se tourner vers une plus grande variété d'occupations qu'auparavant. Dans les nouveaux pays, où les conditions sont moins stéréotypées, les gens pensent beaucoup moins à un changement total de métier ou d'occupation qu'ils ne le font chez eux. À mesure que la production de richesses devient de plus en plus une science achevée, il est de moins en moins nécessaire d'avoir des qualifications personnelles très spéciales pour l'exercer. L'homme qui se rendait indispensable, par exemple, parce qu'il était capable d'évaluer à l'oeil nu la température des fours, est remplacé par le pyromètre, qui est encore plus précis. L'inventeur, une fois qu'il a été incité à divulguer son invention, devient une quantité tout à fait négligeable, bien que, par précaution commerciale, il vaudrait mieux le chloroformer de peur qu'il n'invente quelque chose qui prenne la place de la première invention. Du point de vue de l'administration générale, il n'y aurait pas de grande difficulté à passer d'un type de production à un autre, même si cela implique la conversion d'un type de travailleur en un autre. Le problème aujourd'hui est plutôt de transformer des cochers en conducteurs d'automobiles, plutôt que des chauffeurs en fouets nés.

CHAPITRE IV

LES ERREURS DES ÉCONOMISTES ORTHODOXES ÉCONOMISTES ORTHODOXES

Richesse et dette

La richesse est une quantité physique positive, mais la dette est une quantité négative. Elle n'a pas d'existence concrète et est, pour le physicien, une quantité imaginaire. Si nous traitons des nombres, nous pouvons très bien leur donner l'un ou l'autre signe ; mais en physique, qui traite de quantités réelles, nous ne pouvons le faire qu'avec prudence. La quantité physique positive, deux cochons, est une chose que chacun peut voir de ses propres yeux. Il est impossible de voir moins deux cochons. Le plus petit nombre de cochons que l'on puisse physiquement traiter est zéro. Il faut au moins tenir pour acquis plus deux cochons avant de pouvoir, ne serait-ce que pour le calcul, faire usage de la quantité imaginaire moins deux cochons.

Bien que nous puissions, avec le plus grand purisme mathématique, déduire deux d'un et laisser moins un, nous ne pouvons pas déduire deux cochons d'un cochon et laisser moins un cochon. En effet, en mathématiques pures, les quantités négatives ont d'abord été reconnues et justifiées par les mathématiciens hindous par leur analogie avec la dette.

L'économiste nierait probablement que les porcs constituent nécessairement une richesse au sens où il l'entend, par exemple, s'ils courent à l'état sauvage et ne font l'objet d'aucune appropriation.

Il est certain qu'un acheteur ne donnera rien à un vendeur pour des porcs que le vendeur *n'a pas réussi à vendre*, et ce point semble être un point de détail insignifiant. Si les cochons couraient à l'état sauvage sur un domaine privé, ils constitueraient une richesse pour le propriétaire du domaine, de sorte que nous arrivons à la conclusion que tout cela est une question de propriété privée. Ce qui est une richesse après son appropriation n'était pas une richesse auparavant. Ainsi, dans une société communautaire et non individualiste, il n'y a pas de richesse au sens de l'économiste. Il peut s'agir d'une distinction entre richesse et non-richesse dans l'esprit de l'économiste, tout comme Mill a déclaré : "La distinction entre capital et non-capital ne réside pas dans le type de marchandises, mais dans l'esprit du capitaliste, dans sa volonté de les employer à une fin plutôt qu'à une autre".

Mais il existe d'autres différences plus importantes. La viande de porc, par exemple, a une valeur alimentaire qui peut être mesurée en calories, quel que soit son propriétaire, contrairement à une machine qui n'en a aucune ; et il ne s'agit certainement pas d'une considération entièrement négligeable pour trancher de telles questions.

La richesse s'est avérée être une quantité trop difficile et trop impliquée pour être analysée par l'économiste moderne. Les premiers économistes ont, selon leurs lumières, tenté de la traiter, mais l'école moderne l'a de plus en plus considérée, ainsi que son origine, comme allant de soi et s'est limitée à l'étude de la dette ou, comme nous le verrons, à la chrématistique plutôt qu'à l'économie. Les dettes sont soumises aux lois des mathématiques plutôt qu'à celles de la physique. Contrairement à la richesse, qui est soumise aux lois de la thermodynamique, les dettes ne pourrissent pas avec la vieillesse et ne sont pas consommées dans le processus de vie. Au contraire, elles augmentent de tant de pour cent par an, selon les lois mathématiques bien connues de l'intérêt simple et de l'intérêt composé. La première s'applique lorsque les intérêts sont payés périodiquement, la seconde lorsqu'ils ne sont pas payés. Pour une raison suffisante, le processus de l'intérêt composé est physiquement impossible, bien que le processus de la décrémentation composée soit physiquement assez courant. En effet, le premier conduit, au fil temps, de plus en plus rapidement à l'infini, qui, comme moins un, n'est pas une grandeur physique mais mathématique, tandis que le second conduit toujours plus lentement vers zéro, qui est, comme nous l'avons vu, la limite inférieure des grandeurs physiques.

C'est cette confusion sous-jacente entre richesse et dette qui a fait de l'ère scientifique une telle tragédie. Elle est fondamentalement ancrée dans la mentalité occidentale et, si elle était redressée, une civilisation scientifique pourrait enfin être mise sur la bonne voie. La confusion est assez évidente lorsqu'elle est mise en évidence, et à notre époque de connaissance positive de la nature du monde matériel et de l'habitude de pensée factuelle et de bon sens qu'elle engendre, la tâche ne devrait pas présenter de difficulté insurmontable. Les historiens de l'avenir - espérons-le - plus heureux réservé à l'humanité auront probablement du mal à croire qu'à une époque scientifique, une telle erreur ait pu exercer sur l'esprit humain l'emprise qu'elle a en cette troisième décennie du vingtième siècle.

Les origines de la confusion

L'ancienne jurisprudence grecque et romaine ne s'intéressait évidemment pas à la nature réelle de la richesse, qui échappait alors totalement à la compréhension des mortels, ni même à son objet et à son but premiers dans le maintien de la vie, mais aux droits des individus possédant des biens - qui incluaient les esclaves et leur travail - et devoirs des individus qui les possédaient. Les systèmes modernes de droit de la propriété n'ont pas suivi l'évolution de nos connaissances en matière de richesse et sont encore largement basés sur les codes anciens. Ils s'intéressent principalement aux titres légaux de la richesse, par lesquels les individus qui ne possèdent pas la richesse l'acquièrent comme ils le souhaitent par le biais de ces titres. Il est naturel que l'homme ordinaire, pour qui l'argent ou tout autre titre de richesse similaire est normalement tout à fait équivalent à la richesse réelle, considère l'argent comme une richesse. Le fait que la loi, qui concerne le gouvernement, ne soit que le reflet de modes de vie antérieurs et plus primitifs est une grave atteinte à la valeur sociale de la connaissance scientifique.

Quant aux économistes, ils ont fait des efforts spasmodiques pour débarrasser leurs systèmes de ces confusions, avec, il faut le reconnaître, un certain succès, jusqu'à ce que les développements rapides de la finance et de la banque modernes et les changements intervenus dans la nature même de la monnaie au cours des dernières années fassent resurgir, avec une force sept fois plus grande, les démons qu'ils avaient en partie exorcisés.

La définition de la richesse a toujours été la pierre de touche d'une pensée claire en matière économique, et après des siècles d'efforts, cette définition nous échappe encore. Aristote a tenté de trancher le nœud gordien en définissant la richesse comme l'ensemble des choses dont la valeur peut être mesurée en argent, et les juristes romains, dans leur esprit pratique, ont suivi en définissant la richesse comme ce qui peut être acheté et vendu.

L'argent, cependant, n'est qu'une prétention à la richesse, et définir la richesse comme ce qui peut être revendiqué par des prétentions à la richesse, ou peut être mesuré par les prétentions juridiques numériques à la richesse appelées argent, revient simplement à définir un fluide comme ce qui peut se remplir et être mesuré par un trou vide, capable de contenir le fluide, appelé une mesure de fluide.

Cette logique a toujours exercé, et exercera probablement toujours, un attrait puissant sur le type d'esprit dirigeant et légal, plus préoccupé par la propriété de la richesse que par les processus qui la font naître et qu'elle fait naître à son tour. Pour l'économiste, en revanche, cette fascination était fatale. Il résolvait bien des petites difficultés et des incohérences apparentes sur la nature réelle de la richesse en l'ignorant totalement et en la fondant, comme le faisaient les juristes romains, sur le principe de l'échangeabilité comme seul critère. Seule la richesse qui peut être échangée contre de l'argent est une richesse. Pourtant, il aurait pu être évident qu'un poids, bien qu'il soit mesuré par ce qu'il tire vers le haut, est néanmoins un poids qui tire vers le bas. L'idée même d'équilibrer une chose par rapport à une autre afin de mesurer sa quantité implique d'égaliser la quantité mesurée par rapport à une quantité égale *et opposée*. La richesse est la quantité positive à mesurer et l'argent, en tant que créance sur la richesse, est une dette, une quantité de richesse *due propriétaire de l'argent, mais qu'il ne possède pas*. Mais la capacité de mesurer la valeur d'échange de la richesse par l'argent était considérée comme la seule chose nécessaire pour réduire l'"économie" à une science quantitative apte à se classer dans le grand groupe des sciences exactes mathématico-physiques. Malheureusement, en raison de la confusion initiale des signes, cela l'a réduite à la futilité totale qui apparaît partout aujourd'hui, où la société est administrée non pas par et pour ceux qui créent la richesse et la santé, mais par et pour ceux qui créent le besoin, et où chaque progrès scientifique semble être contrecarré par une régression dans la science de l'administration.

Il est difficile de croire que les anciens étaient vraiment aussi idiots qu'on l'a fait croire. En effet, Xpñua, généralement traduit par "richesse", signifiait à l'origine le *désir* ou la *demande* et, par dérivation, tout ce qui est désiré ou demandé. Si les anciens étaient habitués à la logique, et l'on suppose que c'était leur point fort, ils devaient savoir que, bien que la *chose* désirée puisse être la même que la chose possédée, le *désir d'*une chose est l'opposé de sa *possession*. La chrématistique, la science des besoins et des demandes et de la manière dont ils s'échangent les uns contre les autres, est une étude tout à fait distincte, plus simplement appelée commerce. Mais l'économie, au sens national du terme, s'intéresse à la richesse, c'est-à-dire à ce que produisent les êtres humains pour assurer leur subsistance. Là encore, comparez Démosthène et l'évêque Berkeley. L'un a dit : "Le crédit est le plus grand capital de tous pour l'*acquisition* de la richesse", et l'autre se demande "si le pouvoir de commander l'industrie des autres (c'est-à-dire le crédit) n'est pas la vraie richesse".

Au XVIIIe siècle, l'école française de philosophes, connue sous le nom de physiocrates - "les premiers économistes" - a tenté de fonder l'économie sur la réalité physique. Ils ont fait remonter l'origine de toutes les richesses à la terre, et s'en sont rapprochés autant que le permettait la science de leur époque. Mais, incapables de formuler la valeur d'échange réelle de la richesse en termes de vie, ils ont adopté la définition légale en termes d'argent. Karl Marx, contrairement à ce que l'on croit généralement, n'a pas cherché à démontrer que l'origine de la richesse était le travail humain, mais plutôt la valeur d'échange ou le prix de l'argent de la richesse.

En ce qui concerne la richesse, il avait parfaitement raison de déclarer : "Nous voyons donc que le travail n'est pas la seule source de richesse matérielle, de valeurs d'usage produites par le travail. Comme le dit William Petty, "le travail est son père et la terre sa mère".[14] Ce sont plutôt les disciples du prophète qui ont oublié la mère, jusqu'à ce que la récalcitrance de la paysannerie russe leur rafraîchisse la mémoire.

Mais les plus orthodoxes des disciples des physiocrates, bien qu'ils aient d'abord bénéficié d'un certain vernis de connaissances naturelles de ces derniers, ont rapidement perdu tout intérêt scientifique

---

[14] *Le Capital*, Livre I, cap. I, p. 10.

pour la richesse. Comme Adam Smith, ils ont été les tuteurs et les mentors des propriétaires plutôt que des hommes de science. Leur attention a été détournée par les conventions juridiques en vertu desquelles les titres de propriété des richesses sont acquis, qu'ils ont eu l'audace de qualifier de lois économiques inexorables. Après des efforts peu glorieux pour trouver une définition à l'objet supposé de leurs études, ils semblent aujourd'hui avoir renoncé à cette tentative. Il est, bien sûr, logiquement impossible de définir le mélange de richesse et de dette, leurs divers facteurs partiels, leurs ingrédients, et même les titres légaux de propriété, compris dans tout ce qui peut être acheté et vendu, depuis la terre, le travail, le bétail, le carburant et d'autres produits périssables, les maisons et les possessions permanentes, les usines, les outils et les agents de production, la lumière, la chaleur et l'énergie, jusqu'aux découvertes, aux inventions, à la bonne volonté des entreprises, aux compétences et aux aptitudes personnelles, aux loyers, aux titres boursiers, aux dettes nationales, aux billets de banque, aux hypothèques et au crédit. La richesse en tant que quantité réelle - et, en tant que telle, soumise aux lois de la conservation - ils n'ont pas réussi à la démêler.

De la poêle à frire au feu

Jusqu'à ce moment, l'économie était un sujet relativement simple comparé à ce qu'il est devenu depuis avec le développement de la finance. J. S. Mill, à la suite d'Adam Smith, pouvait déverser son mépris sur les erreurs vulgaires de l'ancien système mercantile, qui considérait la richesse nationale comme synonyme d'argent et de métaux monnayés :

"La croyance universelle d'une époque de l'humanité... devient pour une époque ultérieure... trop absurde pour être considérée comme une opinion sérieuse... Elle ressemble à l'une des fantaisies grossières de l'enfance, instantanément corrigée par un mot d'une personne adulte".

Mais, sans tenir compte du fait que, même à son époque, la monnaie n'était plus nécessairement une espèce ou un métal précieux, mais pouvait être, comme elle l'est aujourd'hui principalement, une simple reconnaissance sur papier de la dette de la communauté envers le propriétaire du jeton, il est tombé dans une erreur plus grande que celle qu'il a attribuée au système mercantile dans sa propre définition de la richesse. [15]

> "L'argent, en tant qu'instrument d'un but public important, est à juste titre considéré comme une richesse, mais tout ce qui sert à un but humain et que la nature n'offre pas gratuitement est également une richesse... Tout forme donc une partie de la richesse qui a un pouvoir d'achat, pour laquelle tout ce qui est utile ou agréable serait donné en échange".

Il s'agit là d'une confusion aussi complète entre richesse et dette que celle jamais faite par un esprit ordinaire non formé, et cette erreur vicie encore aujourd'hui tout raisonnement économique.

H. D. MacLeod s'en est emparé avec joie et l'a poussé avec la plus grande hardiesse jusqu'à sa conclusion logique.[16] Il reproche aux premiers économistes d'avoir hésité à inclure le crédit d'un commerçant (ou sa capacité à s'endetter) dans la richesse, de peur d'être contraints d'admettre que la richesse peut être créée à partir de rien. Cela ne l'inquiète pas. Il définit l'économie pure comme la science qui traite des échanges et rien que des échanges. "Le crédit d'un marchand est un pouvoir d'achat au même titre que l'argent". Donc, selon Aristote et Mill, le crédit est la richesse. Sous l'emprise de ce syllogisme, MacLeod s'intéresse à son sujet et procède à la démonstration que la richesse *peut être* créée à partir de rien. Mais avant de le citer, quelques mots d'introduction et d'explication peuvent s'avérer utiles.

Tout d'abord, MacLeod, en tant qu'avocat et expert juridique en matière de crédit, utilise le terme *"dette"* dans son sens juridique, c'est-à-dire comme une somme due par A à B *et* due à B par A. Dans l'usage courant, c'est la position du débiteur plutôt que celle du créancier que le terme suggère. Posséder une dette, c'est en être redevable, de sorte que les gens achètent des dettes comme ils achètent des richesses s'ils peuvent tirer un profit de l'affaire. Exercer ou utiliser son crédit, c'est s'endetter. Accorder ou étendre un crédit, c'est posséder une dette.

En second lieu, la confusion examinée provient, dans la mesure où la richesse des individus est en cause, du fait qu'un individu,

---

[15] J. S. Mill, *Principes d'économie politique*, édition de 1909, p. 6.

[16] H. D. MacLeod, *The Theory of Credit*, Longmans, Green & Co, 1893.

indépendamment de sa propriété et même s'il n'en a aucune, peut posséder un crédit. Si l'on ne sait pas s'il est pauvre ou si l'on a confiance en ses capacités commerciales, il peut s'endetter. En utilisant ou en dépensant son crédit, il peut obtenir de la richesse et contracter en même temps une dette équivalente. Ainsi, le zéro de la non-richesse n'est pas, dans ce cas, le point à partir duquel la richesse personnelle d'une telle personne doit être prise en compte dans la comparaison avec une personne sans richesse et sans crédit. Nous pouvons compter son crédit, ou son pouvoir non exercé de s'endetter, comme une partie de sa richesse personnelle, mais pour ce faire, nous devons commencer à compter sa richesse à partir d'un point inférieur à zéro - à partir d'une quantité négative, à savoir le montant qu'il devrait s'il avait exercé tout son crédit et dépensé tout ce qu'il possède et tout ce qu'il doit. De la même manière, la hauteur du sol, qui est habituellement calculée à partir du niveau de la mer, pourrait, dans un but particulier, être calculée à partir du fond de l'océan. Mais cela ne faciliterait pas la récupération d'un Zuyder Zee ou l'assèchement et l'aménagement d'un marais inhabitable. Citons maintenant quelques extraits de la *théorie du crédit* de MacLeod :

> "Comment une dette est-elle créée ? Par le simple consentement de deux esprits. Par le *simple fiat* de la volonté humaine. Lorsque deux personnes se sont mises d'accord pour créer une dette, d'où vient-elle ? Est-elle extraite des matériaux du globe ? Non. C'est un produit de valeur créé à partir du Rien absolu, et lorsqu'il s'éteint, c'est un produit de valeur décrété dans le Rien par le simple *fiat* de la Volonté humaine. Nous voyons donc qu'il existe une troisième source de richesse en plus de la Terre et de l'esprit humain, à savoir la volonté humaine.
>
> "Les biens, les objets, les marchandises, la RENTABILITÉ peuvent être créés à partir du Rien Absolu et se DÉCRÉTER à nouveau dans le Rien Absolu d'où ils sont venus, à plus grande confusion de tous les philosophes matérialistes depuis Kapila jusqu'à nos jours et jusqu'à la première école d'économistes. L'importance superlative de ces considérations apparaîtra lorsque nous en viendrons à exposer le mécanisme et les effets pratiques du grand système bancaire".

Et de ce système, il y a plus de TRENTE ANS, il pouvait déjà dire :

> "À l'heure actuelle, le crédit est l'espèce de propriété la plus gigantesque dans ce pays, et le commerce des dettes est sans

commune mesure la branche la plus colossale du commerce. La question du crédit est l'une des branches les plus vastes et les plus complexes du droit commercial. Les marchands qui font le commerce des dettes - à savoir les BANQUEURS - sont aujourd'hui les dirigeants et les régulateurs du commerce ; ils contrôlent presque les fortunes des États.

De même qu'il existe des magasins qui vendent du pain, des meubles, des vêtements et toute autre sorte de biens, il existe des magasins - dont certains comptent parmi les structures les plus somptueuses des temps modernes - qui ont pour but exprès de vendre des dettes ; ces magasins s'appellent des BANQUES.

"De même qu'il existe des marchés au blé, des marchés au poisson et bien d'autres sortes de marchés, il existe un marché pour l'achat et la vente de dettes étrangères, qui s'appelle la Bourse Royale. Ainsi, les banques ne sont rien d'autre que des magasins de dettes, et la Bourse royale est le grand marché des dettes de l'Europe".

Il ajoute triomphalement que "personne n'a jamais eu plus d'idée des principes et du mécanisme du grand système du Crédit qu'une taupe n'en a de la constitution de Sirius".

Ce qui est intéressant dans tout cela, c'est que MacLeod - une autorité reconnue en matière de théorie de la banque et du crédit - est simplement plus franc que les économistes dans son traitement de cette question. Il a tout à fait raison de pousser la définition de la richesse adoptée par Mill et d'autres économistes jusqu'à sa conclusion logique et de prouver que si la richesse est ce qui peut être acheté et vendu, elle peut être créée à partir de rien, au mépris des lois de la physique. C'est la définition de la richesse par l'économiste qui est en cause et qui vicie la conclusion. Si l'on raisonnait de la même manière en physique, on découvrirait sans doute que les poids possèdent la propriété de léviter.

Crédit

Il est donc très important d'acquérir le plus tôt possible une conception réelle du crédit qui, dans les périodes difficiles comme aujourd'hui, apparaît toujours à l'imagination des optimistes comme investi de pouvoirs presque magiques. Ces croyances ont un certain fondement dans l'économie nationale, distincte de l'économie individuelle, dans la mesure où - comme nous le verrons lorsque nous aborderons ce que l'on appelle le principe de la richesse virtuelle - une communauté peut, et même doit, agir comme si elle possédait plus de richesse qu'elle n'en possède, d'un montant égal au pouvoir d'achat total de son argent, et n'a pas besoin de payer le moindre intérêt sur la dette ! Mais notre objectif actuel est plutôt d'éviter l'aspect national de la monnaie, dans la mesure du possible.

La propriété d'une richesse est transférable avec ou sans échange d'une *contrepartie* immédiate en richesse. La possession de biens s'accompagne du pouvoir de les prêter à d'autres, de les vendre ou de les consommer. Ainsi, un commerçant réputé pour son sens des affaires peut obtenir des richesses des propriétaires sur facture, et ce pouvoir de contracter une dette est un pouvoir d'achat au même titre que l'argent ou la richesse.

Mais il ne s'agit pas d'une richesse au sens d'une partie de la richesse de la nation. L'exercice de son pouvoir d'endettement modifie temporairement la propriété de la richesse et n'affecte pas sa totalité. Même si le crédit d'un commerçant est considéré, alors qu'il n'est pas encore exercé, comme une partie de la richesse individuelle du commerçant, il est clair que nous devons commencer à compter sa richesse non pas à partir du zéro de l'absence de richesse, mais à partir d'une quantité en moins.

Le créancier, ou le prêteur de la richesse, peut à nouveau transférer son droit au remboursement du débiteur à un tiers en échange de la richesse, auquel cas l'opération ne diffère en rien de ce qu'elle serait si le débiteur avait obtenu la richesse à crédit auprès du tiers en premier lieu. Mais il permet au créancier initial d'agir comme si, après avoir cédé la propriété de sa richesse, il la possédait toujours, tant qu'il peut trouver un autre prêt à céder temporairement sa propriété de la richesse à des conditions similaires. L'argent n'est ni plus ni moins qu'un moyen d'effectuer le transfert de la propriété de la richesse sans qu'il y ait de *contrepartie* en termes de richesse.

La distinction entre l'argent et le crédit, en tant que pouvoir d'achat, réside dans le fait que l'utilisation du premier ne laisse pas l'utilisateur endetté, alors que l'utilisation du second le laisse endetté. Dans le cas de l'argent, l'acheteur n'a pas à payer à nouveau pour la richesse achetée, mais le vendeur qui reçoit l'argent transmet le jeton, en tant que droit légal à la richesse sur demande, indéfiniment - c'est-à-dire que la créance circule et n'est pas annulée.

Dans le premier cas, un commerçant utilisant son crédit personnel contracte une dette envers un individu et lui donne une I O U ou promesse de remboursement, qui lui est rendue et détruite par lui lorsque la dette est remboursée. Dans le second cas, un acheteur, utilisant la monnaie comme pouvoir d'achat, n'est pas un emprunteur contractant une dette, mais un créancier se faisant rembourser en richesse une dette qui lui est due par la communauté générale, dans laquelle la monnaie circule comme moyen de paiement légal. L'argent, ou I O U national, passe en possession d'un autre membre de la communauté et lui confère un droit de remboursement similaire, et ainsi de suite, indéfiniment. À moins qu'il ne soit convertible en pièces d'or, qu'il ne soit converti en pièces d'or), qu'il ne soit fondu en lingots et que, sous cette forme de richesse, il ne rembourse la dette au propriétaire de l'argent, le taux d'intérêt national n'est pas annulé.

Tout cela n'a rien à voir avec la question totalement différente de savoir si un emprunteur utilise la richesse plus ou moins avantageusement que ne l'aurait fait le propriétaire d'origine. L'essentiel - et il serait impossible d'en exagérer l'importance - est que, si l'on suit le processus jusqu'au bout, on découvrira que toutes les formes de pouvoir d'achat - autres que la richesse donnée en échange de richesse par le troc, mais *y compris la* monnaie sauf lorsque, comme on l'a expliqué, elle est effectivement détruite et convertie en lingots - ne font pas partie de la richesse, mais ne sont que des dispositifs de transfert de propriété, sans *contrepartie* immédiate en richesse, pour le droit à un remboursement futur en richesse.

En général, on tente de faire valoir qu'il y a "derrière" la dette un certain équivalent de richesse en possession du débiteur, tout comme dans le cas de l'or-monnaie qui peut être fondu et démonétisé.[17] Ainsi, Irving Fisher,[18] , parlant du crédit bancaire, remarque : "Lorsque les non-initiés apprennent pour la première fois que le nombre de dollars que les détenteurs de billets et les déposants ont le droit de retirer d'une banque dépasse le nombre de dollars qui se trouvent dans la banque, ils sont enclins à conclure qu'il n'y a rien derrière les billets ou les obligations de dépôt. Pourtant, derrière toutes ces obligations , il y a

---

[17] Dans cette illustration, l'or d'une pièce est considéré comme la propriété du roi ou de la nation qui l'émet jusqu'à ce qu'il soit dégradé et converti en lingots.

[18] *Le pouvoir d'achat de la monnaie*, 1922, p. 40.

toujours, dans le cas d'une banque solvable, une valeur totale, si ce n'est des dollars réels, en tout cas *des biens d'une valeur de plusieurs dollars"*.

Mais cela revient simplement à conférer à un bien deux propriétaires en temps. De toute évidence, si un bien ayant deux propriétaires peut être considéré comme deux biens, il n'y a rien de remarquable dans la découverte de MacLeod selon laquelle la richesse peut être créée à partir de rien et réduite à néant par le simple *fiat* de la volonté humaine.[19] Mais, comme Ruskin l'a sagement remarqué, "la racine et la règle de toute économie est que ce qu'une personne possède, une autre ne peut pas le posséder".

Le crédit *signifie* certainement que le créancier *cède* à l'emprunteur l'usage du bien prêté. Il est vrai qu'en accordant un crédit bancaire, la banque ne cède rien, mais la communauté le fait, et l'emprunteur le reçoit.

Mill, aussi illogique et incohérent qu'il ait été dans sa tentative malheureuse de définir la richesse, ne se faisait aucune illusion sur la nature du crédit. Pour lui, "la plus petite considération" suffisait à écarter l'idée que le prêteur et l'emprunteur pouvaient tous deux avoir l'usage d'un même bien en même temps. Écrivant en 1848, il peut difficilement être cité comme une autorité en matière de systèmes de crédit modernes, mais au moins il était tout à fait moderne en affirmant que, en tant que pouvoir d'achat, dans leurs effets sur les prix, "l'argent et le crédit sont exactement sur un pied d'égalité". Dans sa définition de la richesse, le contexte ne laisse aucun doute sur le fait qu'il définissait la richesse nationale par opposition aux formes de richesse individuelle , neutralisées par la coexistence d'une dette égale, comme, par exemple, une hypothèque, qui n'est pas du tout une richesse nationale. Ayant défini la richesse comme le pouvoir d'achat, et ayant affirmé que la monnaie et le crédit sont sur un pied d'égalité à cet égard, il était manifestement incohérent de considérer le crédit comme, à l'instar de

---

[19] MacLeod cite l'économiste Say : "Ceux qui considèrent le crédit comme un capital soutiennent que la même chose peut se trouver à deux endroits à la fois", mais le rejette avec mépris en disant : "Say n'a jamais réfléchi aux principes fondamentaux de l'économie". Ce genre de chose semble passer pour un argument en économie - une preuve qu'elle mérite le titre de science.

l'hypothèque, un simple ajout aux possessions d'un individu au détriment d'un autre.

Mais il n'est pas nécessaire d'accepter les absurdités de MacLeod en matière de crédit. Il suffit de reformuler l'argument sous une forme acceptable. *Tout est pouvoir d'achat qui peut échangé contre de la richesse.* Le travail, l'argent, le crédit, la richesse peuvent tous être échangés contre de la richesse. Par conséquent, toutes ces choses sont des pouvoirs d'achat. Bien que ce syllogisme puisse éclairer la nature du pouvoir d'achat, il laisse celle de la richesse à définir, avec la possibilité que, après tout, les lois de conservation de la matière et de l'énergie soient vraies. Il est curieux qu'il revienne à un chimiste de corriger la logique d'un logicien.

Puisque l'argent et le crédit sont sur un pied d'égalité en tant que pouvoir d'achat, comment l'argent peut-il être considéré à juste titre comme une partie de la richesse, alors que le crédit ne l'est pas ? L'essence de la monnaie, comme du crédit, est que le propriétaire abandonne temporairement la possession de la richesse à laquelle il a droit contre de l'argent - un jeton, comme l'I O U d'un commerçant, mais émis par la nation pour signifier que le propriétaire a abandonné la propriété de la richesse et a droit à son remboursement sur demande. Ainsi, l'argent, loin d'être considéré à juste titre comme une partie de la richesse nationale, est considéré à juste titre comme une partie de la dette nationale, la créance des individus sur la richesse nationale, exactement comme les Consols ou les emprunts de guerre, sauf que, étant remboursable en richesse sur demande sur tous les marchés, il ne porte pas et n'a pas besoin de porter intérêt comme une dette remboursable, si tant est qu'elle le soit, dans l'avenir.

Ce point de vue n'est pas nouveau, il a été exprimé par des personnes aussi différentes que Ruskin et MacLeod. Le premier a déclaré : "Toute monnaie, proprement dite, est une reconnaissance de dette "Toute monnaie, proprement dite, est une reconnaissance de dette... une promesse documentaire ratifiée et garantie par la nation de trouver une certaine quantité de travail à la demande.[20] Le second a dit :[21] "La quantité d'argent dans un pays est la quantité de dette qu'il y

---

[20] Jusqu'à ce jour, *1862.*

[21] Loc. cit.

aurait s'il n'y avait pas d'argent." "Quand il n'y a pas de dette, il ne peut y avoir de monnaie." Il parle à nouveau de l'argent comme d'une dette transférable à l'égard de la communauté générale.

Mais le bon sens suffit certainement à convaincre l'homme d'aujourd'hui qu'un certificat déclamant diverses demi-vérités sur le fait que George V est roi de toute la Grande-Bretagne, défenseur de la foi et empereur des Indes, n'a pas de valeur pour lui à ce titre, mais comme preuve qu'il a droit à une richesse en échange, tout comme un billet de chemin de fer, , dont la valeur artistique et informative est encore moindre en soi, est la preuve que son détenteur a le droit d'effectuer un voyage en train.

Ainsi, en considérant la monnaie comme une richesse nationale plutôt que comme une dette nationale, les économistes n'ont fait que transposer à l'époque moderne une habitude de pensée née de la pratique , aujourd'hui presque entièrement abandonnée, qui consistait à fabriquer les certificats d'endettement à partir de métaux ayant une valeur intrinsèque. Les formes de papier et de crédit de la monnaie sont des dettes absolument nécessaires et bénéfiques, sur lesquelles aucun intérêt ne peut être exigé, mais elles ne constituent pas une richesse.

Les experts en la matière ont confondu le public au lieu de l'éclairer, et sont tombés dans les erreurs mêmes qu'il leur appartenait d'éviter. L'idée que l'argent moderne est une partie de la richesse nationale est aussi grossière aujourd'hui que l'idée que l'argent et les métaux précieux étaient la seule véritable richesse nationale. Le tourbillon du temps a apporté ses revanches, et la croyance universelle d'une époque devient pour une autre époque trop absurde pour être considérée comme une opinion sérieuse.

L'APERÇU du professeur Cannan de la science de la richesse

Pour avoir une vue d'ensemble moderne de la position atteinte par l'économie orthodoxe, nous ne pouvons faire mieux que de nous tourner vers l'un des plus grands professeurs de la matière à l'heure actuelle. Au moins, ils ont appris à marcher avec délicatesse et à éviter les définitions. Il peut être instructif de tenter de condenser le premier chapitre de l'*ouvrage* du professeur E. Cannan intitulé "The Subject-Matter of Economics".[22]

Nous apprenons qu'il faut considérer comme richesse ce qu'il est habituel et commode pour la science de la richesse de considérer comme telle. Au début, les économistes sont entrés dans des controverses sur la richesse nationale, mais l'utilisation du terme "politique" n'a pas pour but de limiter la science à la richesse des nations. À l'origine, *la* richesse signifiait la santé - l'état de bien-être - tout comme *la* guérison signifie l'état de bonne santé. Les controverses du XVIIIe siècle et la prise de conscience que la richesse était constituée d'autres choses concrètes que l'or et l'argent ont fait perdre de vue ce sens de la richesse au profit de celui des possessions matérielles. Mais l'économiste s'occupe des augmentations et des diminutions des quantités, ce qui implique l'élément temps, et les chercheurs de définitions formelles ont négligé cet aspect. La question "Combien as-tu par an ?" ne se pose pas à un homme de la classe la plus basse ou à un enfant de n'importe quelle classe, mais plutôt "Combien as-tu ?". Dans la société cultivée, cependant, la notion de revenu périodique s'est imposée et a supplanté la notion de montant réalisé.

Sans s'en rendre compte, les économistes en sont venus à utiliser le terme "richesse" pour désigner le produit annuel d'une nation. Au début, les physiocrates l'ont fait en pensant à l'agriculteur et en refusant la productivité à tout travail qui n'était pas immédiatement employé sur la terre. Adam Smith étendit le "travail productif" aux améliorations permanentes et Say aux "produits non matériels", de sorte que, en dépit de J.S. Mill qui, dans ce domaine comme dans d'autres, s'efforça de remettre à jour ce qui était obsolète, le produit annuel fut considéré comme comprenant les services aussi bien que les marchandises.

Mais pour éviter les doubles emplois dans le calcul du produit annuel, il a fallu distinguer entre le produit brut et le produit net, ce dernier signifiant les marchandises et les services qui parviennent effectivement au consommateur, *plus* ceux qui sont ajoutés aux stocks existants *moins* ceux qui sont déduits des stocks. Mais il n'est pas possible de distinguer réellement le produit net du produit brut, et l'on a pris l'habitude de remplacer le terme "produit net" par celui de

---

[22] E. Cannan, *Richesse*, 1924.

"revenu". Marshall, dans son grand ouvrage, a défini l'économie comme "la manière dont l'homme obtient son revenu et l'utilise". Au lieu de partir de la terre et du travail et de retracer le produit, en excluant les doubles comptes, nous examinons les résultats nets tels qu'ils ressortent des revenus monétaires des individus. Mais les revenus monétaires ne comprennent pas la consommation par l'agriculteur de son propre produit ni les tâches domestiques de l'épouse, et même si nous pouvons estimer la valeur monétaire de ces dernières, la question reste de savoir si les services d'une mère à son enfant sont économiques et doivent être évalués à la même valeur monétaire que ceux d'une nourrice. Il est alors nécessaire d'aller au-delà de l'évaluation monétaire et de considérer le revenu "réel" comme distinct du revenu monétaire, en raison des complications introduites par les variations du pouvoir d'achat de la monnaie. Nous nous retrouvons à chercher une mesure des effets positifs des marchandises et des services sur ceux qui les reçoivent. C'est pourquoi la pratique des professeurs d'économie s'éloigne de plus en plus des objets extérieurs et des actions particulières pour s'orienter vers la prise en compte de l'utilité et de la satisfaction. Les institutions démocratiques nous obligent maintenant à tenir compte de la peine et du travail pénible qu'implique la création de l'utilité et à prendre en considération les intérêts des classes laborieuses sur lesquelles retombe la plus grande partie de ce travail.

Les économistes plus anciens n'y pensaient guère et l'idée de sacrifier délibérément l'utilité positive au profit du loisir ne leur venait guère à l'esprit. Mais la plupart des économistes récents considéreraient la situation économique d'un peuple travaillant dix heures par jour comme supérieure à celle d'un peuple travaillant seize heures par jour avec les mêmes satisfactions positives. Notre sujet devient donc l'utilité moins la désutilité, et la richesse a repris son ancienne signification, weal *th*. Mais cela soulève des questions habituellement considérées comme ne relevant pas de l'économie. Bien qu'aucune définition satisfaisante ne soit possible, dans la pratique, il n'existe pas de grandes différences d'opinion ou d'usage quant à ce qui relève ou non de l'économie. Les choses économiques peuvent être définies au mieux comme économiques, tout comme les choses bleues peuvent être décrites au mieux comme bleues. Mais, comme seconde description, nous devons nous rabattre sur "ayant à voir avec l'aspect plus matériel du bonheur humain".

La théorie des intérêts de la richesse

Tout ceci, en tant que revue des progrès des courants et des tourbillons de la pensée économique, est extraordinairement bien fait et, bien sûr, pour l'apprécier à sa juste valeur, il faut lire l'original. Mais c'est aussi extrêmement intelligent et politique dans le sens moderne de ce terme tant galvaudé. Nous assistons à la perfection à la mise en veilleuse des questions vraiment gênantes des personnes non averties qui doivent travailler pour produire de la richesse et qui demandent non : "Combien avez-vous ?" mais aussi, de manière un peu plus critique et pointue que Marshall, "Comment avez-vous réussi à l'obtenir ?" Nous avons au moins un écho gracieux, bien qu'inavoué et incertain, des idées de Ruskin, qui s'est dit profondément désintéressé par les conclusions de la science économique et plus préoccupé par les échanges ultimes dénotés par la production et la consommation, c'est-à-dire la vie pour la richesse et la richesse pour la vie. Le changement de point de vue d'un individu qui passe de l'enfance à l'âge mûr, et de la pauvreté à la richesse, reflète parfaitement l'histoire de l'économie jusqu'à présent. Mais la question se pose de savoir s'il s'agit vraiment d'une économie politique, c'est-à-dire nationale. Les individus grandissent de la jeunesse à l'âge et meurent, mais les nations doivent avoir une économie qui leur permette de grandir et de vivre.

En effet, les classes les plus instruites et les plus aisées considèrent aujourd'hui généralement la conception physique de la richesse - c'est-à-dire les biens réels, la nourriture, les combustibles et autres - comme une idée grossière et grossière que la civilisation a abandonnée. Pour elles, la civilisation signifie un stade beaucoup plus avancé de la société et du "progrès", dans lequel les riches tirent des loisirs sans aucun effort , à perpétuité, en guise de paiement d'intérêts sur une forme de dette collective.

Il peut s'agir d'une simple dette comme les céréales, les emprunts de guerre, etc., auquel cas ils tirent leur subsistance, sans contribuer à la production de richesses, des revenus communaux, en versant une somme annuelle en échange du non-remboursement de leur capital.

Il peut aussi s'agir d'un paiement pour l'utilisation d'un agent ou d'un accessoire essentiel à la production des richesses qu'ils prêtent à la communauté. Ils sont tellement habitués à vivre des intérêts de la dette qu'ils ne se rendent pas suffisamment compte de l'absurdité qu'il y a à ce que tout le monde essaie d'en faire autant.

Tandis que lorsque nous traitons de la richesse des nations plutôt que des individus - c'est-à-dire de l'économie politique dans son sens réel - il n'y a pas de doute que si les vues du travailleur manuel, c'est-à-dire du "Labour", sont grossières et non sophistiquées ou non, elles sont en accord strict avec les faits de la vie et les lois physiques qui règlent la production de la richesse, en tant qu'elle est nécessaire pour maintenir la vie de la nation. Il suffit, pour s'en convaincre, de rappeler qu'une machine à mouvement perpétuel est une impossibilité. Un homme qui possède, disons, 20.000 livres sterling placées à 5 pour cent, jouit perpétuellement, sans travailler, d'un revenu de 1.000 livres sterling par an, et ses héritiers et successeurs après lui. Consommant de la richesse chaque jour de leur vie, ils disposent toujours du même montant qu'au départ. Ce n'est ni de la physique ni de l'économie. Comme tous les prétendus exemples de mouvement perpétuel, il s'agit d'une supercherie. Il est, bien sûr, parfaitement possible pour un individu ou une classe d'individus fortunés de vivre de cette façon, et c'est un commentaire très amer sur notre époque que les triomphes de la science physique et mécanique soient si largement étouffés à cause de cela.

Le "revenu" confortable et la perception des intérêts de la richesse peuvent fournir aux individus une source de subsistance. Son développement peut être appelé économie individuelle, ou économie d'une classe, "l'art d'acquérir des moyens de subsistance tel qu'il est enseigné par les tuteurs et les mentors des propriétaires fonciers". Mais on ne devrait pas l'appeler économie politique, car un système d'économie politique qui ne peut en aucune circonstance être appliqué à une nation est une contradiction dans les termes.

Il ne s'agit pas non plus d'une science, car l'un des principes fondamentaux des sciences qui ont enrichi - plutôt qu'appauvri - le monde et permis à ce pays de faire vivre environ cinq fois plus de personnes que jamais auparavant dans l'histoire de l'homme, est le refus de la possibilité des systèmes de mouvement perpétuel de toutes sortes, qui n'est qu'un vulgaire délire.

Le conflit entre la richesse et les loisirs

Il est donc important de commencer les études de ce type par un examen des critères physiques de la richesse. En effet, la richesse, contrairement à la dette, pourrit si elle est accumulée. L'accroissement n'est pas une propriété de la richesse mais de son utilisation dans la production.

L'accumulation de richesses en tant qu'agents de production produit du travail et non du loisir, car plus on a accumulé d'usines, de terres cultivées et autres, plus il faut d'heures de travail pour les utiliser et produire de la richesse par leur utilisation. Supposons qu'à un certain stade de la science et de l'invention, le capital productif accumulé par une nation exige une moyenne de huit heures de travail par jour de la part des travailleurs, et qu'il soit doublé. Si l'on ne veut pas que la terre devienne inculte et que les usines et les installations se déprécient par désuétude et négligence, il faut travailler. Il faut donc que tous travaillent seize heures par jour au lieu de huit, et vingt-quatre heures si le temps de travail est triplé. Au-delà, il est physiquement impossible d'aller plus loin. Toute accumulation accrue des agents de production au-delà d'une limite définie se fait au détriment du loisir, et non en l'augmentant. La gentillesse *moyenne* de la communauté s'en trouve *diminuée*, et si une classe réussit à devenir parfaitement gentille - sans être obligée, pour le reste de sa vie, de produire quoi que ce soit de ce qu'elle consomme - il est parfaitement clair que la gentillesse des autres doit être réduite à un degré supérieur à celui de l'augmentation du capital accumulé. Voilà pour ce qui est de la conception de la richesse en tant qu'intérêt de la dette collective et de son conflit fondamental avec la conception de la richesse en tant que bien.

Quelques autres points de vue

Il serait vain de nier que cette confusion entre richesse et dette se retrouve partout dans les écrits économiques actuels, et l'on ne saurait citer de meilleur exemple que les travaux de M. J. M. Keynes. Il est d'autant plus facile à condamner qu'il est l'un des auteurs contemporains les plus originaux et les plus brillants.

La plupart sont d'une école plus nébuleuse, poussant la prudence jusqu'à la fatuité.

M. Keynes, cependant, donne des signes d'un réveil rapide. Ainsi, dans son célèbre *Economic Consequences of the Peace*, il a sérieusement semblé penser que la loi de l'intérêt composé est la loi de l'accroissement de la richesse plutôt que de la dette, et en prononçant un jugement sur la passion du siècle dernier pour l'accumulation de la richesse, qu'il a comparée à un gâteau, il a dit : "Nous sommes en train d'accumuler de la richesse :

> "En écrivant cela, je ne dénigre pas nécessairement les pratiques de cette génération. Dans les recoins inconscients de son être, la société savait de quoi il retournait. Le gâteau était vraiment très petit par rapport aux appétits de consommation, et personne, s'il était partagé par tous, n'aurait été beaucoup mieux loti en le coupant. La société était et travaillait non pas pour les petits plaisirs d'aujourd'hui, mais pour la sécurité et l'amélioration futures de la race - en fait, pour le "progrès". Si seulement on ne coupait pas le gâteau, mais qu'on le laissait croître dans la proportion géométrique prédite par Malthus pour la population, et non moins vraie pour les intérêts composés, peut-être qu'un jour viendrait où il y aurait enfin assez pour tout le monde, et où la postérité pourrait participer à la jouissance de *nos* labeurs. Ce jour-là, le surmenage, la surpopulation et la sous-alimentation prendraient fin, et les hommes, assurés du confort et des nécessités du corps, pourraient se livrer à l'exercice plus noble de leurs facultés. Un rapport géométrique pourrait en annuler un autre, et le dix-neuvième siècle pourrait oublier la fertilité de l'espèce dans la contemplation des vertus vertigineuses de l'intérêt composé".

Dans le premier paragraphe, M. Keynes parle sans doute d'une accumulation, en progression géométrique avec le temps, d'agents de production réels, que, même si la Société avait l'appétit d'une autruche, elle ne pourrait pas consommer. L'accumulation est censée se poursuivre jusqu'à ce qu'il y en ait assez pour tout le monde. Mais alors - hey presto ! - nous à la dette et aux intérêts qui reviennent à ceux qui possèdent cette richesse en la prêtant à ceux qui ne la possèdent pas. La sécurité et les loisirs ne sont pas une conséquence de l'accumulation, mais de la distribution, par laquelle ceux qui travaillent l'accumulation de manière productive paient une part du produit à ceux qui ne le font pas. C'est ainsi qu'en raison de cette confusion entre richesse et dette, nous sommes invités à envisager un millénaire où les gens vivent des intérêts de leur endettement mutuel.

Le passage est également remarquable en ce qu'il révèle le rôle dans lequel l'économiste philosophe se considère apparemment par rapport au monde, non pas comme un homme scientifique examinant les causes et les effets et obtenant par une connaissance correcte et un raisonnement théorique une compréhension du fonctionnement du système économique, mais comme l'étudiant historique et statistique patient et l'enregistreur de ses mystères, attribuant gravement la clé à l'omniscience prépondérante de l'instinct de troupeau humain. Il est possible que le troupeau de porcs de Gadaré, dans les recoins inconscients de son être, ait su de quoi il retournait.

Ou bien est-ce comme l'a dit M. W. Trotter dans son ouvrage *Herd Instincts in Peace and War* : "La survie du wagoniste sur la plaque de pied d'une locomotive a fait de l'histoire moderne des nations une série d'aventures haletantes et d'évasions à peine croyables" ? Ainsi, à la fin de la deuxième décennie du vingtième siècle, le char de la nation qui, grâce à la compréhension des lois de la thermodynamique et aux inventions de la science, a été attelé au soleil, répond, dans l'esprit des wagonniers, au fouet et à l'éperon de l'usure et aux magnifiques tours de passe-passe de la volonté humaine.

Cependant, dans le cas de M. Keynes, il y a des signes de progrès rapide, car dans son dernier ouvrage, *Tract on Monetary Reform,* il devient étrangement incohérent.

Ainsi, sur une page, il parle de l'épargne du dix-neuvième siècle, accumulée à l'intérêt composé , qui a rendu possible les triomphes matériels que nous considérons tous aujourd'hui comme acquis, et trois pages plus loin, il explique la nécessité de dévaloriser la monnaie pour aider les nouveaux hommes et les émanciper de la main morte et pour armer l'entreprise *contre l'*accumulation. [23]D'une part, il démontre la nécessité pour la nation d'épargner 250 millions livres sterling par an pour éviter la dépréciation de notre niveau de vie et, d'autre part, il plaide en faveur d'un prélèvement sur le capital comme méthode rationnelle et délibérée d'ajustement dans une société individualiste dont l'existence dépend de la modération parce que les pouvoirs de l'usure ininterrompue sont trop importants.

M. Stephen Leacock est un humoriste professionnel ainsi qu'un économiste professionnel, et le lecteur doit juger en quelle qualité il a écrit ces mots :

> "Nos études ne consistent qu'en une longue démonstration de la futilité de la recherche de la connaissance

---

[23] £M signifie à travers £1,000,000.

en exposant les erreurs du passé. La philosophie est la science qui prouve que nous ne pouvons rien savoir de l'âme ; la médecine est la science qui nous dit que nous ne savons rien du corps ; l'économie politique est celle qui nous apprend que nous ne savons rien des lois de la richesse ; et la théologie est l'histoire critique des erreurs dont nous déduisons notre ignorance de Dieu.

"Lorsque je m'assois et que je me réchauffe les mains, du mieux que je peux, devant le petit tas de braises qu'est aujourd'hui l'économie politique, je ne peux que contraster sa lueur mourante avec la science vaniteuse et triomphante qu'elle était autrefois."

Le philosophe naturel est tenté de répondre par le paradoxe de Poincaré :

"Vous souhaitez que je vous parle de ces phénomènes complexes. Si par malchance je connaissais les lois qui les régissent, je serais impuissant. Je me perdrais dans des calculs sans fin et ne pourrais jamais répondre à vos questions. Heureusement pour nous deux, je suis totalement ignorant en la matière. Je peux donc vous répondre immédiatement. Cela peut paraître curieux, mais il y a quelque chose de plus curieux encore, c'est que ma réponse sera juste".

Poincaré parlait de la direction des vitesses et de l'ampleur de 'énergie possédée par les molécules individuelles composant la communauté d'un gaz - chaque individu entrant en collision avec d'autres millions de fois par seconde, à chaque fois que la distribution des vitesses et des énergies change - en contraste avec la simplicité du problème qui concerne l'énergie du gaz dans son ensemble et les lois auxquelles il obéit dans tous les changements possibles des conditions. Ainsi, en économie, si nous essayons d'abord de suivre les changements dans la distribution de la richesse produits par la circulation de morceaux de papier ou d'or ou par leur dépôt dans des banques, nous serons impuissants, perdus dans des calculs sans fin, et jamais capables de fournir une réponse aux questions les plus simples affectant le bien-être de la communauté dans son ensemble. Mais lorsque nous considérons d'abord cette dernière question et que nous étudions les lois physiques qui régissent la production de la richesse plutôt que son acquisition et sa distribution, même si nous ne sommes pas immédiatement en mesure de fournir la réponse à tous les problèmes non résolu de l'économie nationale, nous pouvons répondre à certains d'entre eux presque immédiatement. C'est étrange, mais dans la mesure où les problèmes impliquent des questions de réalité physique, nous pouvons être assurés que la réponse sera juste.

Ainsi, sous une forme parfaitement générale et sans compromis, nous obtenons la réponse à la question de savoir s'il est possible de consommer des richesses tout en les possédant, et, selon certains, de les "accumuler" à intérêts composés, et si la société du XIXe siècle, dans les recoins inconscients de son être, savait vraiment de quoi il s'agissait. Il s'agit plutôt pour nous de mettre le doigt sur les erreurs précises du passé.

CHAPITRE V

OPINIONS POPULAIRES et IMPOPULAIRES

La négation de l'existence d'une richesse absolue

Les économistes nient généralement l'existence d'une richesse absolue. MacLeod, simplement plus franc que les autres, déclare : "Il n'existe pas de richesse absolue, rien qui, dans sa propre nature, dans toutes les circonstances, en tous lieux et à toutes les époques, soit une richesse. Il faut que quelqu'un *qui n'en est pas le propriétaire* la désire, l'exige et soit prêt à donner quelque chose pour l'obtenir". Il ignore ainsi totalement l'objet premier de la possession et de l'acquisition de la richesse, à savoir la consommation ou l'utilisation.

Il cite des autorités anciennes pour étayer son point de vue et cite l'auteur grec inconnu d'Eryxias, qui a mis dans la bouche de Socrate cette imitation d'un joyau de la sagesse antique : "Si quelqu'un pouvait vivre sans viande et sans boisson, elles ne seraient pas une richesse pour lui parce qu'il n'en voudrait pas. Si la matière ne tombait pas, elle n'aurait pas de poids.

Mais tous les économistes considèrent que le besoin ou la demande sont essentiels à la richesse dans leur sens de choses précieuses ou désirables, bien que Sidgwick[24] ait fait remarquer que si la richesse est définie comme possédant une valeur, il serait plus

---

[24] Principes d'économie politique, *1883.*

logique de définir d'abord la valeur. En clair, la position qu'ils défendent est qu'il ne peut y avoir de nourriture sans faim, ni de boisson sans soif. Ces considérations purement subjectives sont bien sûr à la base du commerce, que ce soit entre individus ou entre nations, mais elles sont en contradiction totale avec l'économie nationale qui s'intéresse à l'aspect plus matériel du bonheur humain. Elles ne sont qu'une survivance vicieuse de la philosophie préscientifique, qui niait l'existence, en dehors de la perception, même du monde physique - des vues particulièrement déplacées en matière économique, à moins qu'elles ne soient considérées comme relevant de la foi religieuse plutôt que du bon sens.

En effet, les besoins et les désirs humains, qui changent d'un instant à l'autre en fonction de l'appétit, du goût, de la mode et des circonstances, constituent la mesure de la richesse, de sorte qu'un besoin plus grand et plus pressant *l'augmente*, tandis que l'abondance et la satiété *la diminuent*. En fait, nous utilisons un étalon de mesure variable et nous imposons à la quantité mesurée les variations de cet étalon. C'est un soulagement de se tourner vers un autre type d'économiste.

Ruskin

Ruskin, dans une protestation solitaire et pittoresque contre les hallucinations de son époque, a plaidé en vain pour une économie fondée sur la vie. Hostile en esprit à la science, ou plutôt à la poursuite chrématistique de la science qui profane la campagne et condamne les travailleurs à des conditions d'existence bestiales, et grand défenseur de la cause des valeurs spirituelles et esthétiques supérieures contre la poussée d'un matérialisme sordide, c'est pourtant vers la science matérialiste que nous devons nous tourner si nous avons besoin de la théorie et de la justification de sa philosophie.

Mais même Ruskin a souffert de l'erreur qu'il essayait d'extirper.

Pour lui, la richesse était encore inséparablement liée aux passions inférieures et à l'avarice de la lutte pour l'existence, et il ne se rendait pas compte que les sciences matérialistes avaient déjà rompu ce lien. Il s'insurgeait contre les applications bénéfiques et humaines de la science, tout autant que contre sa recherche effrénée d'argent - contre les chemins de fer et l'exploitation de l'énergie hydraulique, tout comme contre le rejet inconsidéré de fumées et d'émanations nocives qui produisent le brouillard de Glasgow ou la désolation du pays noir.

Peut-être, même, la science ne peut-elle pas empêcher totalement le sacrifice des beautés naturelles et même des commodités civiques. Mais les formes les plus grossières d'abus qui ont caractérisé la révolution industrielle ne sont pas dues à la science, mais au fait que les étudiants historiques des systèmes mondiaux de commerce ont scientifiquement déclaré que les attraits de l'intérêt privé et du gain sans licence étaient des substituts sûrs et satisfaisants des formes et principes plus traditionnels de gouvernement.

Il est caractéristique du XIXe siècle que les formes les plus grossières de pollution atmosphérique aient été rapidement abolies par les inspecteurs des alcalins et des usines, qui ont appris aux fabricants à utiliser leurs déchets délétères de manière plus rentable que la dévastation de la campagne. Ainsi, le vieux procédé alcalin Le Blanc a d'abord rejeté dans l'air de l'acide chlorhydrique gazeux avec une totale insouciance. Empêchés, les industriels y ont trouvé un sous-produit des plus précieux, mais pour lequel ils n'auraient pas pu survivre aussi longtemps à la concurrence du procédé plus récent et plus élégant de l'ammoniaque et de la soude. Le problème des fumées, sur le plan industriel, relève à peu près de la même catégorie, et rares sont les industries où il ne serait pas plus rentable de consommer les fumées que de les envoyer polluer l'air. Mais dans les villes, le foyer domestique ouvert est une source aussi importante de ce mal criant et, jusqu'à présent, aucune solution technique complète et satisfaisante n'a été trouvée. Cependant, il n'y a aucune raison valable pour que les industries scientifiques ne soient pas exploitées en tenant pleinement compte des commodités de la vie. La petite minorité d'industries offensives pourrait, au pire, être confinée dans des localités définies où les nuisances sont minimales.

Une opposition beaucoup plus réelle entre les exigences de la science et de la beauté naturelle et l'intérêt national se manifeste dans l'utilisation de l'énergie hydraulique. Les chutes d'eau et les cataractes écumantes comptent parmi les plus belles oeuvres de la nature, mais il faut avouer, du point de vue scientifique, qu'elles représentent un gaspillage prodigieux d'énergie vivante que l'humanité peut difficilement se permettre à l'heure actuelle. Ruskin était particulièrement hostile à l'exploitation de l'énergie hydraulique. Pourtant, s'il avait réalisé l'identité essentielle du courant vitalisant avec celui qui coule à travers ce qu'il appelait les veines pourpres de la richesse - les créatures humaines pleines de vie, aux yeux brillants et heureuses qu'il estimait plus que l'or - peut-être (qui sait ?) aurait-il été le premier à ouvrir les vannes et à drainer même un Niagara s'il pouvait ainsi enrichir la vie humaine.

La position mondiale particulière de ce pays au dix-neuvième siècle, qui a été le premier à développer l'utilisation du pouvoir, et ses circonstances temporaires, en ce sens qu'il a trouvé plus économique d'exporter ses produits en échange, dans une certaine mesure, de la plus grande partie de sa nourriture - bien qu'une part probablement beaucoup plus importante ait été échangée contre des créances papier sur des richesses futures - ont sans aucun doute été la cause de l'éclipse de l'économie politique et de la montée de ce que Ruskin a appelé l'économie mercantile, ou chrématistique. Lui seul, dans le dix-neuvième siècle, semble avoir eu une certaine appréciation de la distinction. Son attitude patriarcale à l'égard de ses compagnons moins fortunés et sa religiosité oraculaire donnent la nausée à de nombreuses personnes de nos jours, malades à mort de la charité du chrétien et de la bienveillance du juif, et qui n'ont besoin que de la permission de continuer à gérer le ménage de la nation sans leur interférence ; mais en voyant la réalité sous l'apparence, Ruskin était un véritable scientifique, tout autant qu'un véritable artiste.

L'économie de la vie en tant que produit de la consommation de richesses

Dans son ouvrage *Unto this Last,* publié pour la première fois en 1862, Ruskin a fait preuve d'une profonde perspicacité quant à la nature de ce qui passe pour de la richesse, si ce n'est pour la richesse elle-même. Sa théorie de la relativité des richesses individuelles - "L'art de s'enrichir, au sens de l'économiste mercantile ordinaire, est donc également et nécessairement l'art de maintenir son voisin dans la pauvreté" - est d'une importance fondamentale pour l'examen des obstacles qui empêchent les réformes. Ses affirmations selon lesquelles il n'y a pas d'autre richesse que la vie, et que la richesse d'une nation doit être estimée par ce qu'elle *consomme,* sont moins peu orthodoxes qu'autrefois, ne serait-ce qu'en raison de l'impossibilité pure et simple de trouver un usage concevable aux richesses que la science fournit si prodigieusement, si ce n'est en les consommant, sinon pour l'enrichissement, du moins pour la destruction de la vie. La consommation absolue - c'est-à-dire non destinée à la production future

- est, comme il le dit, la fin, le couronnement et la perfection de la production, et non quelque chose à réduire au minimum comme un gaspillage inévitable, comme il apparaît dans chrematistics. Même le mot "économie" devrait signifier la fourniture efficace et abondante des produits nécessaires à la vie, et non leur consommation parcimonieuse. Il est significatif que ce n'est qu'avec l'enrichissement presque illimité de la vie matérielle par les découvertes scientifiques que le mot a pris ce sens sinistre.

La description par Ruskin du paradis des crématistes - "le capital ne produisant rien d'autre que du capital, le bulbe produisant du bulbe, jamais de tulipe, la semence produisant de la semence, jamais de pain" - n'est plus guère en avance sur son temps. Son image de l'économie politique de l'Europe, entièrement consacrée à la multiplication des bulbes et incapable de concevoir une chose telle qu'une tulipe - "Non, des bulbes bouillis qu'ils auraient pu être - des bulbes de verre - des gouttes du Prince Rupert, consommées en poudre (enfin si c'était de la poudre de verre et non de la poudre à canon)" - pour toute fin ou signification dans l'accumulation, a reçu sa justification dans les champs sinistrés des Flandres. Le prochain âge pourrait même y ériger un monument à la mémoire de Ruskin, portant ses mots. Mais il n'y a pas encore de champs sinistrés en Amérique pour marquer la fin et le sens de l'accumulation du capital, et il reste à voir si l'Amérique va maintenir en vie à l'avenir l'économie politique discréditée de l'Europe, de sorte qu'une fois de plus elle puisse s'achever inévitablement dans le Nouveau Monde.

Le siècle qui vient de s'écouler a vu une modification constante de la signification du mot "richesse", qui est passé de son sens originel, le bien, en tant que ce qui permet et renforce la vie, à la dette, le droit du créancier d'exiger la richesse et le devoir du débiteur de la fournir. Il y a quelque cent cinquante ans, Adam Smith a dépeint un état rude de la société avant l'extension du commerce et l'amélioration des manufactures, où le seul usage d'un revenu important était d'entretenir autant de personnes qu'il pouvait en entretenir. "Une hospitalité sans luxe et une libéralité sans ostentation sont, dans cette situation, les principales dépenses des riches et des grands. Les temps actuels présentent le même caractère en ce qui concerne la fin du dix-huitième siècle à laquelle son système économique se réfère, qu'en ce qui concerne l'état antérieur qu'il dépeint. Il déplorait "la progression des dettes énormes qui oppriment actuellement, et à long terme ruineront probablement, toutes les grandes nations d'Europe", alors que dans ce pays la dette nationale s'élevait à 130 millions de livres (1775), au début d'une nouvelle guerre qui impliquait une dette supplémentaire de plus de 100 millions de livres. Il note que "lorsque les dettes nationales ont été accumulées jusqu'à un certain point, il n'y a pas un seul cas où elles ont été payées équitablement et complètement". À l'époque, la dette totale représentait moins de la moitié de l'intérêt annuel qu'elle génère aujourd'hui. Le monde a connu différentes manières de distribuer ses revenus, mais, en dernière analyse, le principe selon lequel la seule utilité d'un revenu, grand ou petit, est d'entretenir autant de personnes que possible, est, et a toujours été, aussi vrai, en termes de *richesse*, qu'il l'était dans la société la plus primitive.

Les premiers mots du *Capital* de Marx, tirés d'un ouvrage antérieur publié en 1859, donnent son idée de la richesse : "La richesse des sociétés dans lesquelles prévaut le mode de production capitaliste se présente comme une immense accumulation de marchandises, dont l'unité est la marchandise unique. Mais Ruskin, dans l'ouvrage cité (1862), était conscient du sens totalement différent que le mot "richesse" impliquait dans l'esprit du propriétaire : "L'économie mercantile signifie l'accumulation, entre les mains d'individus, de droits légaux ou moraux sur le travail d'autrui ou de pouvoir sur celui-ci ; chaque droit de ce type implique précisément autant de pauvreté ou de dette d'un côté que de richesse ou de droit de l'autre".

Au début de la guerre, le chancelier de l'Échiquier de l'époque déconseillait une certaine politique financière au motif qu'elle détruirait la moitié de la richesse en capital du pays. Même en temps de guerre, on ne peut pas détruire aussi facilement une immense accumulation de marchandises ! Depuis lors, nous avons appris à considérer même notre richesse individuelle réelle comme notre revenu annuel et, si elle n'est pas gagnée, à la diviser par le taux d'intérêt courant, quel qu'il soit, pour obtenir sa valeur en capital.[25] Nous n'avons pas encore vu un chancelier de l'Échiquier doubler la richesse en capital du pays en reprenant le taux d'intérêt d'avant-guerre sur les titres d'État.

Mais l'idée de richesse, en dehors d'un revenu, a presque disparu, même dans l'économie individuelle. Les immenses

---

[25] Ainsi, lorsque le taux d'intérêt sur les titres du gouvernement était de 3 pour cent [0,03], un revenu de 100 livres par an était tiré de consols valant 100 livres ÷ 0,03=3 333⅔. Lorsque le taux d'intérêt est passé à 5 %, les mêmes consoles n'ont plus rapporté que 100 £ ÷ 0,05 = 2 000 £ sur le marché.

accumulations de marchandises impliquées par l'existence de £M7,000 de créances légales sur la richesse en tant qu'emprunt de guerre ont été détruites aussi rapidement qu'elles ont été produites. Mais, par les lois inexorables de la thermodynamique, sinon de l'économie, les immenses accumulations du dix-neuvième siècle dans les chemins de fer, les canaux, les usines et les bidonvilles, même si elles ne sont pas périmées, sont toutes sur la même grande route de la destruction. Mais les dettes ne se démodent pas, ne s'usent pas, elles s'accroissent.

L'incapacité de Ruskin à comprendre la nature de la richesse absolue

Dans *Unto this Last*, la préface indique : "L'essentiel de ces articles, leur signification et leur objectif central , est de donner, comme je le crois pour la première fois en anglais clair - elle a souvent été donnée en bon grec par Platon et Xénophon, et en bon latin par Cicéron et Horace - une définition logique de la RICHESSE : une telle définition est absolument nécessaire pour la base de la science économique..." On peut se demander si lui ou les anciens ont réussi. Il n'est pas injuste de conclure, à l'adresse , que Ruskin n'a jamais dépassé le stade de la constatation que ce qui passe pour de la richesse dans l'économie mercantile ou la jurisprudence, c'est *aussi* de la dette. Selon sa propre analogie, les deux étaient mélangés comme les pôles nord et sud d'un aimant. Il ne semble pas s'être détaché d'une attitude patriarcale, encore répandue mais qui s'affaiblit aujourd'hui, où l'utilité d'un revenu est d'entretenir une suite de dépendants heureux et reconnaissants plutôt qu'un peuple libre.

La réalité physique de la richesse, en dehors de toute revendication légale, échappe à son analyse. Il copie l'aphorisme de l'évêque Berkeley : "L'essence de la richesse consiste en un pouvoir sur la vie et le travail d'autrui" - une définition de la dette, mais pas de la richesse. Alors que l'essence de la richesse n'est pas le pouvoir sur les hommes, mais le pouvoir sur la nature. Même l'essence de la propriété de la richesse n'est pas le pouvoir sur les hommes, mais plutôt sur les fruits de leur diligence *passée* à incarner l'énergie de la nature ou à la remplacer utilement par des choses dans la fabrication desquelles le travail a été effectué. Le pouvoir sur les hommes est l'essence de la dette, pas de la richesse. Le fait de *ne pas* posséder et de *ne pas* posséder la richesse due à un individu par un autre ou par la communauté donne à cet individu le pouvoir sur l'autre ou sur la communauté *jusqu'à ce que la dette soit payée.* Une fois la dette payée, le non-propriétaire devient propriétaire. Il possède alors la richesse, mais il perd le pouvoir sur les hommes. Nous avions des rois des nations et des capitaines d'industrie. Les capitaines et les rois s'en vont et nous laissent des empereurs de la dette, des dirigeants et des régulateurs du commerce, des contrôleurs de la fortune des États, pour qui le monde unique est trop petit, et l'univers entier capable d'apaiser seulement pour un moment une soif infinie.

Avant de quitter Ruskin, il est intéressant de rappeler une remarque incidente dans une note de bas de page du livre cité, dont une partie a déjà été citée, qui montre à quel point il était à la fois en avance et en retard sur son temps : "Toute monnaie, proprement dite, est une reconnaissance de dette... La définition finale et la meilleure de la monnaie est qu'il s'agit d'une promesse documentaire ratifiée et garantie par la nation de trouver une certaine quantité de travail sur demande. Le travail d'un homme pendant une journée est un meilleur étalon de valeur qu'une mesure de n'importe quel produit, parce qu'aucun produit ne maintient jamais un taux constant de productibilité". Que toute monnaie, proprement dite - toute vraie monnaie - soit une reconnaissance de dette, une promesse documentaire de la nation de fournir une certaine quantité sur demande, n'est plus le point de vue de quelques étudiants, mais depuis la guerre - qui a vu la monnaie multipliée sans mines d'or, comme la science multiplie la productibilité - est devenu évident pour tout le monde.

Mais quelle est la quantité promise ? Le "travail d'un homme pendant une journée" est-il une mesure cohérente de la productibilité - à une époque, labourer le sol d'où il est venu, à une autre, regarder avec diligence un Niagara harnaché ou une turbine à vapeur alimenter une communauté en énergie ? De tels points de vue, comme ceux du marxiste, selon lesquels l'origine de la richesse est le travail humain, ne signent-ils pas, ne scellent-ils pas et ne livrent-ils pas le travail à l'esclavage, par lequel la machine lui fait concurrence et multiplie les dettes de la communauté plutôt que sa richesse ou sa santé ? Il semble que ce soit là le pivot sur lequel tournera tout le cours futur de l'histoire et qui décidera si la science doit encore se révéler une bénédiction ou une malédiction. En bref, l'augmentation de la productivité due à la science sera-t-elle disponible pour le rachat ou simplement pour la multiplication des dettes ? Nous devrons revenir sur cette question.

Ruskin, qui considérait le travail humain comme une mesure cohérente de la productivité, et Marx, qui estimait que la valeur des marchandises, produites pour l'échange, était déterminée par le temps de travail socialement nécessaire à leur production, n'ont pas suffisamment pris en compte les effets de la science dans le remplacement de la force animée par la force inanimée. Tous deux semblent avoir eu le soupçon que la science traitait de choses qui s'avéreraient dérangeantes pour leur philosophie. En effet, nulle part dans le *Capital* Marx ne se surpasse autant dans la vitupération que dans sa description du fondateur de la thermodynamique comme "un imbécile américain, le Yankee baronisé, Benjamin Thompson (*alias le comte Rumford*)...*" Curieusement, ce n'est que pour avoir osé recommander, dans ses *Essais politiques, économiques et philosophiques*, "des recettes de toutes sortes pour remplacer par quelque succedaneum la chère nourriture ordinaire de l'ouvrier", et non sa recette plus célèbre pour remplacer l'ouvrier lui-même. En effet, c'est du travail de ce "charlatan américain" qu'est née la machine moderne d'une puissance de 10 000 chevaux, chaque cheval étant égal à celui de 10 hommes, travaillant non pas 8 ou 10, mais 24 heures par jour, et chaque machine remplaçant inlassablement le travail physique d'une communauté de 30 000 ouvriers. Comme les choses seraient devenues bon marché si Marx avait eu raison ! Il n'est pas non plus très utile pour ses partisans d'aujourd'hui de rétorquer que la machine est le produit du travail humain ainsi que du charbon qui l'alimente. Nous pouvons accorder la machine, si l'on veut bien nous accorder la science et l'invention, et, dans les mêmes conditions, nous pouvons accorder le charbon dans la mesure où il s'agit de l'extraire. Mais le pouvoir n'est ni dans la machine ni dans l'exploitation ; son origine est plus ancienne. Le capitaliste détesté était dans ce cas l'arbre qui emmagasinait patiemment l'énergie du soleil à l'ère carbonifère, des millions d'années avant que l'homme n'existe.

Les lois physiques de la conservation peuvent être appliquées à la conception de la richesse

Comme l'a dit Ruskin, une définition logique de la richesse est absolument nécessaire pour fonder l'économie si celle-ci doit être une science. La doctrine de l'énergie et les lois de la thermodynamique le permettent. En particulier, le bon sens éminemment pratique qui sous-tend la deuxième loi est parfaitement applicable. Aucune science exacte ne peut progresser tant qu'elle n'a pas établi dans son domaine des lois de conservation et décidé quelles sont les quantités réelles qui ne changent pas avec le temps et les circonstances. La loi de conservation s'applique à la conception de l'énergie elle-même, mais la deuxième loi introduit ce qui est, en pratique, beaucoup plus important, un sens de l'orientation, en faisant la distinction entre les catégories d'énergie utiles ou disponibles et les catégories d'énergie inutiles ou indisponibles. La richesse, comme nous l'examinerons plus en détail dans le chapitre suivant, est essentiellement le produit de l'énergie utile ou disponible. Pour chaque plus, il y a un moins, mais pour chaque moins, il n'y a pas de plus. Pour chaque apparition ou production de richesse, il y a une disparition de l'énergie disponible, mais pour chaque disparition de l'énergie disponible, il n'y a en aucun cas production de richesse ; au contraire, l'opportunité de l'utiliser est la même, qu'elle soit utilisée ou non. On pourrait penser que l'idée de conservation, bien qu'utile et nécessaire à la formulation originale des lois de l'énergie, était néanmoins de la nature d'un échafaudage qui pourrait être abandonné une fois l'édifice achevé. Ce point de vue est souvent défendu en ce qui concerne l'énergie potentielle. À chaque battement de pendule, il y a conversion de l'énergie cinétique en énergie potentielle, et l'on dit parfois que la conception de l'énergie potentielle n'est qu'un moyen de sauver la face de la loi de conservation. Cependant, il y a quelque chose de physique et de réel à montrer pour la disparition de l'énergie cinétique de l'oscillation complète dans la hauteur à laquelle le balancier est élevé contre la gravité, et le point de vue le plus correct est que le terme d'énergie potentielle cache une ignorance quant à la nature de l'action à l'œuvre - dans ce cas la gravitation - plutôt que la création d'une existence imaginaire.

Cela est particulièrement évident en ce qui concerne l'existence continue de l'énergie après qu'elle soit passée sous la forme inutile de chaleur à une température uniforme par rapport à l'environnement. À l'œil nu, nous avons atteint une limite à la progression du changement, et tout semble au repos. Mais sous le microscope, le repos n'existe pas. Chaque particule en suspension dans un fluide, si elle est suffisamment petite, est animée du vif mouvement brownien, et plus elle est minuscule, plus son agitation perpétuelle est intense. L'énergie qui déplaçait auparavant les masses est présente en quantité intacte, mais elle agite les molécules individuelles de la matière, et les particules microscopiques flottant dans un fluide servent d'indicateurs du bombardement perpétuel auquel elles sont soumises. Pour les particules plus grosses, ces bombardements s'annulent presque complètement et elles restent au repos apparent, mais en dessous d'une certaine taille, les inégalités du bombardement dans différentes directions se font immédiatement sentir, les particules légères et réactives étant poussées d'abord dans un sens puis dans l'autre et ne restant jamais un instant au repos. L'énergie est éternelle, mais l'énergie utile telle que nous la connaissons jusqu'à présent est un flux éternel dans une seule direction.

Il peut sembler très éloigné de ces sujets de l'économie, mais tant que cette dernière ne sera pas sur les principes de conservation des sciences matérialistes et que tous les tours de passe-passe n'auront pas été dévoilés, on ne pourra pas dire qu'elle a une base appropriée. L'économie ne traite pas de l'énergie, mais entièrement du flux d'énergie utile et disponible et de ses transformations en formes inutiles, ainsi que de la richesse physique en tant que produit du contrôle et de la direction de ce flux. La science physique rejoint ici le sens commun de l'humanité qui veut que la richesse ne puisse jamais être créée d'un coup de baguette magique.

L'aspiration confuse des communautés modernes

Avant d'essayer de résoudre le problème de la nature de la richesse, examinons quelques-unes des conséquences les plus surprenantes de la confusion entre richesse et dette, qui sont devenues évidentes au cours du présent siècle. Il est certain qu'un changement aussi fondamental dans le mode de vie de la plus grande partie du globe habitable ne pouvait se produire sans de graves bouleversements, mais il est difficile d'examiner sérieusement les arguments naïfs et superficiels par lesquels tout un monde s'est mis follement à courir après sa propre ombre.

En premier lieu, nous avons les instincts intuitifs profonds de l'humanité. Si nous nous référons au tableau figurant à la fin du deuxième chapitre, nous verrons qu'il tente d'opposer la manière dont les hommes tirent leur énergie, intuitivement et par l'usage de la raison. Le cours principal de l'évolution intuitive naturelle jusqu'à l'homme, à travers le règne animal et végétal, a été parasitaire en ce qui concerne les moyens de la vie. Les hommes ne sont sortis des conditions d'existence animales qu'en s'attaquant les uns aux autres, comme nous nous attaquons encore au règne animal et végétal pour notre énergie interne. Mais à l'origine, cette dépendance concernait l'énergie nécessaire à tous les travaux extérieurs ainsi que celle nécessaire au métabolisme. Avec l'accroissement des réalisations intellectuelles, l'émancipation de cette dépendance, en ce qui concerne le travail extérieur, est de plus en plus fréquente et, avec le temps, il n'est pas inconcevable qu'elle s'étende même au métabolisme.

Il se peut même que le végétarisme devienne un jour une relique de la barbarie.

Avant l'ère scientifique, toutes les formes de gouvernement reflétaient naturellement cette dépendance physique, et il y a toujours eu une classe relativement petite et luxueuse vivant des fruits du travail du plus grand nombre, bien que les services, réels ou nominaux, par lesquels elle justifiait sa domination aient changé avec chaque changement de conditions.

Les civilisations grecque et romaine étaient fondées sur l'esclavage humain en tant que condition indispensable. Les Juifs étaient occupés à le combattre de l'extérieur, ce qui ne les a pas empêchés de le développer à l'intérieur, tandis que chez les Mahométans, il survit encore. Sous le christianisme, à l'exception d'une brève période en Amérique, l'esclavage a disparu, mais il a été remplacé à diverses époques par une forme de servitude économique ou féodale, qui a toujours été inculquée de manière sélective et défendue virtuellement, sinon ouvertement, comme nécessaire à la préservation de la culture et du loisir de poursuivre les valeurs les plus élevées. Avec la science, qui a enlevé aux hommes et au bétail de trait une grande partie du lourd de la vie pour le placer sur des épaules plus larges, la dépendance à l'égard du règne animal et végétal pour l'approvisionnement interne en énergie persiste, mais la dépendance à l'égard de la vie pour le travail extérieur disparaît de plus en plus. Peut-être n'a-t-on fait jusqu'ici qu'un seul pas sur la voie de la liberté économique, mais le drame est que même ce pas est contrarié par l'humanité.

Nous avons vu à quel point les classes instruites se sont tenues à l'écart de la grande marche révolutionnaire de la science, en particulier dans notre pays. Une démocratie, d'autre part, est trop encline à "mettre ses souhaits là où sa colonne vertébrale devrait être". Il en est résulté une interprétation des conditions sociales de l'époque en termes d'une philosophie héritée de la servitude de classe et une folle ruée démocratique vers les classes possédantes sans changer d'un iota son caractère essentiellement parasitaire.

Parce qu'autrefois la propriété de la terre - qui, avec le soleil qui tombe dessus, fournit un revenu de richesse - assurait, sous forme de loyer, une part de la récolte annuelle sans travail ni service, sur laquelle une classe cultivée et aisée pouvait s'établir de façon permanente, l'époque semble avoir conçu l'idée absurde que l'argent, qui peut acheter de la terre, doit donc lui-même avoir le même pouvoir de production de revenus. Il est facile de comprendre la physique de la semence et de la récolte et, en général, l'origine de l'accroissement d'un champ de maïs, d'un poulailler ou d'une porcherie. Les plantes ou les animaux recueillent sagement l'énergie solaire et, aussi merveilleux que soit le processus sur le plan biologique, il n'y a pas de mystère physique à l'apparition du jambon, des oeufs et du pain grillé sur la table du petit déjeuner. Si l'on admet, d'une part, que la terre et le soleil sont la propriété ou la possession d'un groupe de personnes et, d'autre part, que l'industrie humaine est fournie par un autre groupe de personnes, les moyens de subsistance de l'homme, s'ils ne sont pas visibles, ne sont pas très bien dissimulés. De la contemplation de ce mode de vie doux, honoré par la tradition et l'histoire, passons un peu brusquement au passeport moderne de la gentillesse, la possession de, disons, 20 000 livres sterling, une boule d'or d'environ 9 pouces de diamètre. En tant que possession, elle obéit aux lois de la conservation de la matière et de l'énergie. En tant que monnaie au sens premier du terme, c'est-à-dire quelque chose à échanger contre de la richesse, elle ne possède aucun pouvoir d'autoreproduction. En tant que trésor ou réserve utilisé pour acheter des biens, il diminuerait en quantité, comme le savon quand on se lave avec. Mais *prêté* à quelqu'un d'autre et enfoui à l'abri des regards dans les coffres d'une banque, comme une graine dans la terre ou une poule qui pond des oeufs, il se reproduit. Si le taux est de 5 pour cent par an, il devient capable de faire vivre dans la gentillesse et le mouvement perpétuel une famille entière et ses héritiers et successeurs après eux avec 1 000 livres par an. *Il peut* acheter une ferme ou une autre source de revenus, ainsi que le travail de l'agriculteur et de ses ouvriers, grâce aux revenus qu'il génère et qui permettront de subvenir à leurs besoins et à ceux de notre famille pour l'éternité. Il dépasse les lois de la physique et donne de l'énergie même à un propriétaire totalement oisif.

Si son propriétaire dispose d'un revenu indépendant suffisant pour s'en passer, il peut prêter l'intérêt, de sorte que le taux d'accroissement passe de simple à composé. Le revenu de la ferme hypothétique est maintenant hypothétiquement vendu pour plus d'or et plus de fermes. En 1070[26] ans, de notre boule d'or de 9 pouces, écoulée

---

[26] Dans l'édition originale, cette durée a été fixée par erreur à six cents ans. Pour que cela soit vrai, le taux d'intérêt devrait être d'environ 9 % au lieu de 5 %.

de cette manière, naîtraient des revendications légales pour une boule d'or d'une taille égale à celle de la terre et pesant quatre fois plus.

Ou, si nous voulons obtenir le meilleur des deux mondes possibles, maintenons la famille que nous avons choisie dans l'état de la gentillesse un peu minable de et du mouvement perpétuel réduit possible avec 500 livres sterling par an, en "mettant de côté" la moitié du revenu pour "accumuler". Après avoir enduré cela pendant quatre siècles, notre famille serait en mesure de fournir à une population mondiale de 2 000 000 000 d'âmes le même capital qu'au départ.

Il s'agit du célèbre sophisme de l'intérêt composé, dont nous avons déjà indiqué brièvement l'origine et dont nous devons encore préciser la nature, en ce qui concerne l'économie technique orthodoxe. Mais son origine est plus générale. La société, "dans les recoins inconscients de son être", se souvient du jour où il n'y avait ni économie, ni science, ni même de religions du type moderne du sabbat et du dimanche. Plus ancienne que ces dernières, et infiniment plus puissante dans son emprise sur l'esprit de l'homme, l'adoration du veau d'or persiste encore comme une religion de semaine à part entière. Celle-ci, au moins, a survécu, bien que des religions plus belles soient apparues et disparues, et que le temps ait vu passer "toute la hiérarchie fanée de l'Olympe".

CHAPITRE VI

LES DEUX CATÉGORIES DE LA RICHESSE

Nature et définition de la richesse absolue

Voyons, du point de vue des connaissances modernes, si la lumière peut être jetée sur la question difficile et contrariée de la nature réelle de la richesse plutôt que sur les modes particuliers par lesquels sa quantité ou sa valeur peut être mesurée. Les besoins physiques ou matériels du corps doivent être satisfaits avant que les autres besoins de la vie - qu'ils soient sexuels, intellectuels, esthétiques ou spirituels - ne soient même demandés. Une définition de la richesse doit être basée sur la nature de la richesse physique ou matérielle, dans le sens des nécessités physiques qui habilitent et permettent la vie humaine - c'est-à-dire qui fournissent aux êtres humains les moyens de vivre et, comme conséquence de la vie, d'aimer, de penser et de poursuivre la bonté, la beauté et la vérité. Les conditions nécessaires à la vie, dans ce sens, constituent une courte définition de la richesse. Les critères purement physiques de la richesse doivent être pris en considération avant les critères économiques plus spécifiques.

Ces conditions sont dérivées et produites par le flux d'énergie disponible dans la nature, et représentent des prélèvements ou des déductions sur ce flux, en ce sens que pour la production de toutes les formes de richesse, l'énergie disponible est requise à partir du flux naturel, et qu'elle entre dans la richesse produite ou est utilisée pour la produire - c'est-à-dire qu'elle est convertie en chaleur résiduelle.

Dans cette définition, le terme *"disponible"* a la même signification que dans la deuxième loi de la thermodynamique, qui divise l'énergie en deux catégories, l'énergie utile, disponible ou "libre", et l'énergie inutile, indisponible ou "liée", cette dernière étant également désignée par le terme "*entropie*". Mais le sens de n'est pas fondamentalement différent de son sens ordinaire, il est seulement plus précis. Seule est disponible l'énergie qui a tendance à se transformer en d'autres formes. Lorsque l'énergie n'est pas disponible, la dernière forme de transformation naturelle est atteinte et la tendance à la transformation disparaît. Il ne faut pas croire, bien sûr, que la transformation inverse est impossible, mais elle est pratiquement impossible, car elle exige la dépense ou la dégradation d'une plus grande quantité d'énergie disponible en énergie indisponible que celle qui est gagnée dans le processus inverse. La conception thermodynamique de la disponibilité n'a, bien entendu, rien qui la limite spécialement à la vie ou à la vie humaine. La richesse, en tant que forme, produit ou résultat d'un appel d'air sur le flux d'énergie disponible, consiste en des formes, des produits ou des résultats particuliers qui donnent à la vie humaine les moyens de s'épanouir.

Une dette de vie remboursée dans la vie

Dans le flux continu d'énergie disponible, nous trouvons le premier besoin absolu de la vie humaine, sans lequel elle meurt, et c'est ce besoin que la richesse satisfait. L'idée absurde selon laquelle la richesse absolue n'existe pas, mais qu'il doit y avoir quelqu'un, pas le propriétaire, qui la désire et l'exige et qui est prêt à renoncer à quelque chose pour la posséder, est un point de vue mercantile qui convient aux villes qui vivent des produits de la campagne environnante, mais qui ne peut pas s'appliquer aux nations.

La chrématistique, la science des besoins et de leur échange, est une science très utile à comprendre pour les individus, mais elle n'est au mieux qu'une partie de l'économie.

Ainsi, l'air est un besoin vital des plus évidents, et l'on prétend que, puisqu'il est impossible de le posséder, il n'est pas une richesse. Mais si on le liquéfie et qu'on le met dans une bouteille, il peut être possédé, il est recherché et demandé - c'est du moins le cas dans une université moderne - et il devient alors une richesse et un article de commerce courant.

Il est plus juste de dire que la nature gazeuse de l'air et l'universalité de l'approvisionnement permettent aux gens de s'approvisionner normalement sans dépenser d'effort pour l'obtenir, alors que pour l'obtenir liquide, il faut beaucoup de travail au sens physique du terme et de diligence au sens humain du terme.

Ainsi, en ce qui concerne la nourriture et le carburant - qui, ni plus ni moins que l'air, et pour une raison identique, sont nécessaires pour combler le manque d'énergie sans laquelle la vie meurt - il est vrai que les gens les veulent et les exigent et qu'ils sont prêts à renoncer à quelque chose en échange de ces produits. Mais il est encore plus vrai que les gens doivent renoncer à une partie de leur vie pour les produire. La science physique, en tant que science distincte de la physique, n'offre aucun espoir que la richesse puisse jamais être produite sans la dépense d'heures humaines et d'énergie disponible. Si les nouvelles découvertes fournissaient une nourriture telle que le maïs ne puisse plus servir qu'à nourrir le bétail, et une énergie telle que le charbon et le pétrole ne puissent plus servir qu'à produire de la suie, ces produits perdraient de leur valeur et pourraient même être entièrement remplacés, mais seulement parce que les besoins de la vie pourraient être mieux satisfaits par d'autres formes de richesse, elles-mêmes produits de l'énergie disponible et du temps humain. La science peut multiplier l'efficacité du temps humain, mais elle n'abolit pas la nécessité de le dépenser dans la production.

D'aucuns ont affirmé que la richesse ne devait pas seulement être utile, mais qu'elle devait être utilisée de manière utile. Il s'agit là d'un point de vue métaphysique plutôt que scientifique. À tort ou à raison, l'esprit scientifique a décidé d'accepter la théorie de la conservation des réalités physiques, abstraction faite de la faculté d'appréhension. L'histoire géologique des roches prouve que les roches étaient là avant qu'il n'y ait des pieds pour les frapper, selon le test Johnsonien de la réalité. L'énergie stockée dans le maïs et son pouvoir de nourrir la vie sont des réalités physiques indépendantes de la question de savoir si le destin futur du maïs sera de pourrir ou d'être mangé. Le maïs qui pourrit et n'est pas mangé n'est certainement pas une richesse, mais il ne l'est pas non plus lorsqu'il est mangé et ne pourrit pas.

Certes, ces conceptions de la nature de la richesse absolue en tant que réalité physique définie ne nous mènent pas très loin en économie, car elles ne conduisent pas à une méthode précise de mesure relative, contrairement à la valeur d'échange ou au prix de l'argent. Mais elles nous permettent au moins d'opposer une fin de non-recevoir à l'origine physique de la richesse en tant que chose capable d'être créée à partir de rien par la volonté humaine.

Lorsque nous essayons de mesurer la valeur relative des différents types de richesse, ou des différents facteurs partiels ou ingrédients qui entrent dans leur constitution, il est clair que la considération la plus importante et la moins arbitraire est ce que la richesse a coûté en vies humaines passées pour la produire. Mais en cela, la valeur du temps d'un homme diffère grandement de celle d'un autre. De même que les substances sont estimées en proportion de leur rareté, si elles sont nécessaires à la vie, et sont évaluées en moyenne en proportion du temps qu'il faut consacrer à les trouver ou à les gagner, de même les compétences ou aptitudes rares et exceptionnelles sont estimées au-dessus de la moyenne, mais seulement si elles contribuent (au présent) à l'activité de la vie. Mais il a déjà été remarqué qu'à mesure que les connaissances progressent et que les procédés industriels deviennent moins empiriques et plus scientifiques, il faut de moins en moins d'aptitudes exceptionnelles pour les mettre en oeuvre. Le pyromètre optique remplace l'homme qui peut évaluer avec précision la température des fours à l'oeil nu, et les procédés métallurgiques empiriques, qui ne peuvent être mis en oeuvre que par des ouvriers nés et élevés dans l'industrie, tendent à être remplacés par des méthodes plus scientifiques et moins incertaines qui n'exigent pas d'aptitudes exceptionnelles. De même, dans les affaires et la banque, si les besoins nationaux étaient prévus à l'avance et si un système monétaire était conçu pour fonctionner automatiquement, comme était prévu qu'il le fasse, les qualifications spéciales, certaines de commander une récompense élevée quand tout est incertain, spéculatif et empirique, ne le feraient plus. Les principaux facteurs qui s'opposent à la réforme et au progrès et s'efforcent de maintenir les choses en l'état ne sont pas l'inertie et l'ignorance, mais l'intérêt individuel bien informé.

On a beaucoup parlé de l'importance du génie et du type desprit essentiellement créatif, et l'on pourrait penser qu'il y aurait toujours, dans l'industrie et le commerce, des prix éclatants pour les cerveaux qui conçoivent de nouvelles méthodes. Mais il s'agit là d'une vieille hérésie selon laquelle la richesse peut être créée à partir de rien par l'esprit ou la volonté de l'homme. L'homme qui compose une oeuvre musicale est plus rare que ceux qui peuvent la chanter ou la jouer brillamment.

Ces qualifications, comparées à la création, sont mécaniques, mais elles sont d'autant plus estimées et récompensées que c'est l'exécution et non la composition qui répond aux besoins de la vie. Il en va de même pour l'exploitation des inventions , distincte du génie inventif.

Valeur ou prix

Le prix de l'argent ou la valeur d'échange de la richesse fait intervenir une foule de considérations arbitraires, telles que l'état des lois concernant la terre et la propriété, l'incidence de la fiscalité, la protection contre la concurrence, les trusts, les combinaisons et les monopoles, le taux de croissance ou de décroissance d'une communauté, d'une localité, et ainsi de suite, presque à *l'infini*. Le prix de l'argent intègre l'ensemble d'une foule de facteurs complexes, dont beaucoup sont eux-mêmes trop insaisissables pour être retracés. Pourtant, c'est le seul fait quantitatif concernant la richesse qui peut être affirmé avec confiance et qui peut généralement être vérifié. Dans cet ouvrage, nous n'essaierons pas de l'analyser.

"Nous nous perdrions dans des calculs sans fin". Du point de vue de l'économie nationale, en ce qui concerne les relations entre l'argent et la richesse, le prix monétaire moyen de la richesse, ou niveau de prix, est un fait de la plus haute importance, indépendamment de la manière dont il est constitué et du fait qu'il soit juste ou injuste.

Mais il convient d'abord d'approfondir un peu la question de la nature réelle de la richesse d'un point de vue physique.

Travail et richesse

La vie elle-même, dans son métabolisme, consomme en permanence un flux d'énergie disponible - c'est-à-dire qu'elle la transforme en énergie inutile - et une forme ou une catégorie de richesse consiste nécessairement dans les denrées alimentaires qui fournissent ce flux. La vie a également besoin de moyens pour conserver son énergie vitale et la protéger des rigueurs du climat - vêtements, maisons et combustibles, moyens de locomotion, de transport et formes extérieures de travail, ainsi que de moyens pour produire les outils, les installations, les équipements et autres nécessités accessoires liées à la production des fournitures primaires. Le seul critère qui distingue cet ensemble varié de besoins est qu'ils requièrent tous et résultent tous d'un appel d'air sur le flux d'énergie naturelle disponible.

Habituellement, mais pas invariablement ou inévitablement, la production de toute forme ou catégorie de richesse exige également une dépense de temps et d'efforts de la part de l'homme. Cependant, dans un état de nature, en particulier sous les tropiques, où les besoins humains sont peu nombreux et le soleil abondant, l'énergie disponible de la nature est déjà disponible en quantité suffisante pour les besoins de la vie humaine, pour une population très limitée, sans qu'aucun facteur humain n'ait à contribuer à sa production. Le combustible et les vêtements sont à peine nécessaires, et la nourriture sous forme de fruits tropicaux existe à portée de main, de sorte qu'une population très clairsemée et sans ambition peut se maintenir en permanence dans une condition de *dolce far niente* presque totale. Ce seul fait contredit la doctrine marxienne - qui, comme nous l'avons déjà dit, n'est pas celle de Marx - selon laquelle toute richesse trouve son origine dans le travail humain. De même, une quantité occasionnelle de métaux précieux peut être trouvée à l'état natif sans effort humain, bien qu'en moyenne une très grande dépense d'effort soit nécessaire pour les gagner.

Mais dans les communautés civilisées, des formes intensives de production sont nécessaires pour faire vivre, en général, un plus grand nombre de personnes à un niveau de vie et de civilisation plus élevé que celui qui serait possible à l'état de nature . Dans ces conditions, un facteur humain devient essentiel à la production de richesses et prend la forme d'inventions et de découvertes initiales, appliquées par la suite de manière continue grâce à l'effort humain. Au début, l'effort consiste en grande partie en un travail physique effectif fourni par le corps du travailleur en complément du flux naturel d'énergie ; mais, à mesure que la civilisation progresse, il consiste de plus en plus en une diligence pure et simple à guider des formes d'énergie non humaines vers des fins humaines. Du point de vue énergétique, la contribution humaine est toujours de l'ordre de la transformation plutôt que de la création d'énergie, devenant, à mesure que la civilisation progresse, de plus en plus directe, avec le remplacement du processus métabolique intuitif par d'autres qui sont le fruit de la raison.

Un modèle électrique du système productif

Une analogie qui peut s'avérer utile est celle de la dynamo, ou machine dynamo-électrique, considérée comme un transformateur d'énergie mécanique en énergie électrique.

Pour ce faire, on fait passer des conducteurs électriques à travers les lignes d'un champ magnétique - ou d'un flux magnétique -, mouvement auquel ils résistent activement. L'énergie ainsi utilisée réapparaît sous la forme d'un flux d'énergie électrique le long des conducteurs, perpendiculairement aux lignes magnétiques et à la direction du mouvement. Il existe des aimants naturels, comme la pierre de loden, à partir desquels il est possible de produire des aimants permanents en acier en quantités indéfinies. Dans les premières formes de machines magnéto-électriques, on utilisait des aimants naturels ou des aimants permanents en acier pour produire le flux magnétique, et la transformation de l'énergie mécanique en énergie électrique n'impliquait aucune dépense d'énergie pour produire ou maintenir le flux magnétique ; mais dans la forme intensive moderne de la machine dynamo-électrique, une partie de l'énergie électrique *produite* est dépensée pour magnétiser un électro-aimant en fer doux, ce qui permet, à partir d'une machine de dimensions données, d'augmenter très fortement le rendement. Il est significatif que l'énergie mécanique produise non seulement la partie utile de l'énergie électrique générée, mais aussi la partie du produit qui doit être dépensée pour magnétiser le fer, et que cette dernière partie n'apparaisse pas dans le produit final, mais se dégrade immédiatement en chaleur inutile en surmontant la résistance morte au flux du courant à travers les conducteurs en cuivre enroulés autour des aimants. De plus, théoriquement, cette perte n'est pas essentielle. Si l'on disposait d'un meilleur conducteur que le cuivre, une moindre partie du produit devrait être transformée en chaleur inutile et, s'il existait un conducteur infiniment bon, aucune perte ne serait à déplorer. Certains conducteurs au voisinage du zéro absolu de température sont pratiquement parfaits. Un courant amorcé dans un anneau de cuivre à très basse température continuera à circuler pendant des heures avant que son énergie d'origine ne soit entièrement transformée en chaleur.

Nous pouvons donc envisager la production de richesses comme une transformation de l'énergie disponible de la nature en un flux disponible pour les besoins de la vie humaine - une partie de cette énergie étant en fait l'énergie de la vie humaine. À l'état naturel, aucune dépense d'énergie humaine n'est nécessaire. Dans la production intensive, elle l'est, mais l'énergie ainsi utilisée est déduite du produit et non ajoutée à celui-ci. Elle produit ses résultats utiles indirectement et se perd sans apparaître dans le produit final ni y être incorporée. Sa fonction est de changer la qualité de l'énergie naturelle disponible en une forme disponible pour les besoins de la vie, et le gain de qualité est la conséquence d'une réduction de la quantité. Il est évidemment très utile, pour comprendre un processus, d'avoir à l'esprit un modèle physique concret, même rudimentaire, et l'analogie suggérée semble couvrir correctement les caractéristiques essentielles des processus primitifs, modernes et éventuels de production de richesses. Même le remplacement régulier du travail humain dans la production de masse, à mesure que le processus devient de plus en plus automatique et autorégulé, trouve son analogie dans la réduction de la réluctance magnétique du circuit par l'emploi d'un meilleur fer et de la résistance électrique du circuit de l'aimant de champ par l'emploi de meilleurs conducteurs ou de conducteurs à plus basse température.

Les deux catégories thermodynamiques de la richesse

Nous avons trouvé utile, dans l'examen des lois de l'énergie, de distinguer la dépense d'énergie pour vaincre une opposition active, dans laquelle il y a quelque chose d'utile, en énergie, à montrer pour la dépense à la fin du processus, de la dépense d'énergie pour vaincre une résistance morte, dans laquelle l'énergie dépensée subit une conversion immédiate en chaleur et il n'y a rien d'utile, en énergie, à montrer pour la dépense à la fin du processus. L'extension de cette idée à la richesse permet de distinguer d'emblée deux grandes catégories de richesses selon la manière dont l'énergie a été dépensée. Dans la première catégorie se trouvent les marchandises qui conservent une partie de l'énergie dépensée dans leur production, comme une réserve interne, qui, dans la consommation de ces marchandises, est libérée pour servir les buts de la vie. Dans la deuxième catégorie, l'énergie est dépensée pour surmonter la résistance morte, pour changer la forme ou la nature des matériaux travaillés, et ne reste pas dans les matériaux en tant qu'élément essentiel à leur utilisation.

Richesse périssable et permanente

Les marchandises, en général, appartiennent aux deux catégories, et ces catégories se distinguent par les qualités *opposées* de périssabilité relative et de permanence.

Les produits de la première catégorie sont précieux en tant que réserves d'énergie. Les matériaux qui les composent servent de contenant à un stock d'énergie disponible. En fonctionnant comme des richesses, elles sont totalement consommées ou détruites en tant que richesses, et cette périssabilité est essentielle à leur fonction. L'énergie n'a pas de valeur en soi, et seul le flux d'énergie d'une chose à une autre et d'un endroit à un autre a de la valeur. La contrepartie matérielle de la tendance de l'énergie à circuler est la tendance des matériaux à changer. La capacité à pourrir, à se décomposer, à s'enflammer, à subir une lente détérioration est donc une qualité *essentielle* de cette catégorie de richesse. Elle comprend les aliments, les carburants, les explosifs, certaines formes d'engrais et d'autres matières similaires, qui ne remplissent effectivement la fonction qui leur confère le titre de richesse qu'en subissant une transformation totale en déchets de matière et d'énergie. Dans la deuxième catégorie, la qualité essentielle est la permanence plutôt que la périssabilité. Elle comprend les vêtements, les maisons, leur équipement et leur mobilier, en général les "possessions", ainsi que les outils, les installations, les routes, les véhicules, les navires et autres accessoires nécessaires à la production et à la fourniture de la richesse.

Capital Agents de production

Contrairement à la première catégorie, si la destruction à l'usage ne peut être totalement évitée, elle n'est pas essentielle à leur fonction, mais constitue un inconvénient. Au contraire, ils doivent résister à l'usure et durer le *plus longtemps* possible et, pour cette raison, ils sont souvent fabriqués à partir de substances très réfractaires et résistantes, qui nécessitent une grande dépense d'énergie pour leur transformation en richesse. Dans la mesure où l'énergie utilisée reste dans les matériaux sous une forme potentielle, leur durabilité et leur valeur en tant que richesse sont affectées. Les deux catégories thermodynamiques de richesses se distinguent donc par des caractères nettement opposés.

La construction d'une maison ne peut se faire sans stocker une partie de l'énergie dépensée pour l'ériger, et la présence de ce stock d'énergie potentielle fait que la maison finit par s'écrouler. Or, la maison n'est une richesse que tant qu'elle est debout. Il en va de même pour le fer. Le fer renferme en lui-même une grande partie de l'énergie libérée lors de la combustion du combustible utilisé pour le fondre à partir de ses minerais, dont la possession le fait rouiller, c'est-à-dire revenir à son état initial exsudé. Mais alors que la réserve d'énergie est *essentielle* à la richesse que constitue le charbon, elle est un *défaut inévitable* dans le cas du fer.

Pour faire fonctionner une locomotive, il faut consommer du charbon, mais la combustion du fer, même si elle ne peut être totalement évitée, n'est pas un avantage, mais une perte sèche. Si, avec les mêmes qualités techniques souhaitables, le fer avait la durabilité de l'or ou du platine, il aurait encore plus de valeur en tant que richesse. Mais le maïs ou le bœuf ayant la durabilité des métaux nobles ou des pierres précieuses ne serait pas du tout une richesse.

En ingénierie, le terme de *puissance* signifie, par opposition à l'*énergie* ou au *travail*, la vitesse à laquelle l'énergie est dépensée ou le travail effectué, et une quantité de puissance est convertie en quantité d'énergie en la multipliant par une durée de temps. De même, la vie, du point de vue physique, a les dimensions de la puissance et s'exprime en termes d'énergie en la multipliant par la durée à laquelle elle se réfère.

Ainsi, nous avons déjà vu qu'un million de Calories - quantité d'énergie - suffit à couvrir les besoins alimentaires d'un homme moyen pendant un an.

Bien que la doctrine selon laquelle toute richesse est le produit du travail humain ne soit pas vraie, le fait que toute richesse soit le produit du travail, au sens physique de la dépense de l'énergie disponible, est à des fins pratiques absolument vrai, et presque la seule définition générale et satisfaisante de la richesse que l'on puisse formuler. L'argent, le crédit et les autres créances légales sur la richesse sont des dettes plutôt que de la richesse. Le travail et les inventions ne sont pas des richesses, bien qu'ils soient des facteurs essentiels de leur production. La définition physique de la richesse est une forme ou un produit d'énergie ou de travail qui permet ou renforce la vie.

Des exceptions peuvent éventuellement être trouvées en ce qui concerne la deuxième catégorie de richesses, mais elles n'invalident pas la règle selon laquelle, en moyenne, une certaine dépense de travail et de temps est nécessaire pour la production d'une quantité donnée de n'importe quel type de richesse. La découverte occasionnelle d'une pépite d'or par accident, sans recherche particulière, peut être citée comme une exception, de même que la découverte occasionnelle de fruits sauvages est une exception à la règle selon laquelle le travail humain est nécessaire à la production de richesses. Mais dans l'économie nationale, qui s'intéresse avant tout aux moyennes plutôt qu'aux événements exceptionnels, elles peuvent être complètement ignorées.

La dépense d'énergie est nécessaire à la production de toutes les richesses, mais la régénération de l'énergie dépensée sous une forme disponible pour les besoins de la vie n'a lieu que dans le cas de la première catégorie. Par souci de concision, les deux catégories peuvent être désignées par les termes "richesse I" et "richesse II". Nous pouvons désigner, à la manière d'une équation chimique, la production et la consommation de la richesse I comme suit :

Matières premières + énergie disponible = richesse I.

Richesse I = énergie vitale + énergie et matières résiduelles.

Pour la richesse II, la production est exprimée par :

Matières premières + énergie disponible = richesse II + énergie résiduelle.

mais il n'y a pas d'équation correspondante pour la consommation. La dégradation de l'énergie a déjà atteint son dernier stade *et, en ce sens, la richesse II est déjà* "consommée".

Une illustration de la chimie

Même dans la science pure, la distinction entre les deux raisons différentes pour lesquelles la production d'une substance nécessite une dépense d'énergie n'est pas toujours très précise. Parfois, il faut escalader une montagne pour pouvoir ensuite la redescendre à l'aide de l'énergie emmagasinée, comme dans le cas de la richesse I. Mais souvent, l'escalade est nécessaire parce qu'il n'y a pas d'autre solution, comme dans le cas de la richesse II. Ainsi, dans le processus connu sous le nom de fixation de l'azote atmosphérique, par lequel l'azote et l'oxygène de l'air sont combinés pour donner des oxydes d'azote en les exposant à la température très élevée de l'arc électrique, une très grande dépense d'énergie est nécessaire. C'est d'ailleurs l'origine de la description des vallées suisses comme étant un glacier à une extrémité et de l'acide nitrique à 98 % à l'autre. Cependant, l'énergie dépensée n'est pas incorporée dans les oxydes d'azote, mais est perdue sous forme de chaleur, comme dans la production de richesse II. Le processus est analogue à un voyage d'un endroit à un autre à peu près au même niveau sur une très haute montagne, nécessitant une grande dépense de travail sans rien d'autre que de la chaleur perdue, à moins que l'on ne trouve un moyen de contourner le problème.

Dans ce cas, une solution a été trouvée, et elle a fixé plus que l'azote : elle a fixé la date de la Grande Guerre. En effet, l'Allemagne, dépourvue de grandes sources naturelles d'énergie et coupée par des marines supérieures des sources extérieures de nitrates - qui sont expédiés depuis le littoral péruvien et constituent la matière première pour la fabrication de tous les explosifs - aurait difficilement pu faire la guerre pendant trois mois. Le résultat est le procédé Haber, dans lequel l'azote est d'abord combiné avec l'hydrogène pour former de l'ammoniac, sous haute pression mais à température modérée, à l'aide d'un catalyseur, puis l'ammoniac est oxydé par l'action de l'air et de l'eau en acide nitrique à l'aide d'un autre catalyseur. Ce procédé ne nécessite pas de dépense excessive d'énergie.

Ainsi, en général, pour la richesse II (qui comprend non seulement toutes les possessions permanentes, mais aussi tous les agents de production), de nouveaux processus trouvent continuellement une route plus plane pour contourner les montagnes intermédiaires, alors que pour la richesse I, cette possibilité d'amélioration n'existe pas. Ces nouveaux procédés déprécient la valeur de tout le capital dépensé pour l'ancien, et tendent à le détruire en tant que richesse en le rendant obsolète.

Remboursements accordés par la richesse

Étant donné que les deux catégories de richesse sont semblables dans la manière dont elles sont produites, mais complètement différentes dans leur caractère physique et dans la manière dont elles donnent respectivement du pouvoir et de l'autonomie à la vie, la définition de la richesse est nécessairement basée sur ce qui est consommé ou utilisé dans sa production plutôt que sur ce qu'elle est réellement ou sur ce qu'elle rapporte à son tour. Du point de vue physique, tant d'énergie vivante et tant de temps humain ont été dépensés pour sa production et représentent un coût ou une dette pour la nature et pour les hommes. Du point de vue de la nature, c'est le soleil qui est débité et la terre qui est créditée, de sorte que du point de vue de l'humanité, l'énergie est un don. Dans les conditions naturelles, tout le revenu de l'énergie disponible est gaspillé, qu'il soit utilisé ou non, et la richesse est la partie de cette énergie que l'homme a sauvée. La dépense de temps humain pour récupérer l'énergie est la seule véritable dette qui pèse sur les produits dans l'analyse finale, lorsque nous réduisons le point de vue de la physique à celui de l'économie. Si le produit est utile et utilisé, la dette en heures de travail est remboursée en heures de travail, et la possibilité physique du maintien et de l'expansion de la vie dépend du fait que le remboursement, en moyenne, est largement supérieur à la dépense. D'un point de vue économique, il s'agit d'une augmentation, mais d'un point de vue physique, ce n'est pas le cas, comme nous l'avons déjà vu à partir de l'analogie d'une dynamo. En termes de source réelle de vigueur qui alimente la vie, la dépense est gaspillée pour vaincre la résistance, et l'augmentation est dérivée de l'énergie vivante prélevée sur le flux naturel.

En ce qui concerne la première catégorie de richesse, pour laquelle l'utilisation signifie la consommation totale, le remboursement est défini en quantité, et est de la nature d'une somme forfaitaire d'énergie et d'heures de vie. Mais pour la seconde catégorie, pour laquelle la destruction n'est pas indispensable à l'utilisation, le paiement est de l'ordre d'un revenu, ni d'énergie, ni d'heures de vie, mais d'heures de vie économisées qui, autrement, devraient être dépensées - sur une période de temps tout à fait indéfinie. Cela dépend non seulement de la durabilité relative de la richesse considérée, mais aussi de facteurs purement indépendants qui décident si la richesse est effectivement utilisée ou non, et cela implique l'état futur du progrès et de l'invention et l'état du bon sens de la communauté.

Ce point de vue met en évidence la nécessité de dépenser d'abord du temps et de l'énergie, quoi qu'il advienne du produit, et le fait que, en quantités réelles, la richesse est payée au moment où elle est produite. La capacité de déverser pendant cinq ans un flot croissant de munitions est la preuve de la richesse d'une nation. Il est concevable qu'*au cours de la* production de ces munitions , la nation ait dû manquer d'autres produits de première nécessité ; mais il n'y a aucune raison physique pour qu'il en soit ainsi une *fois qu'elles ont* été produites, ni pour la croyance conventionnelle selon laquelle, parce que tant de choses ont été détruites et gaspillées, tout le monde doit se serrer la ceinture et endurer une période de pauvreté. Si la dette nationale était remboursée, certains le feraient pour que d'autres puissent consommer, alors que les créanciers nationaux préfèrent un petit remboursement annuel au non-remboursement. La notion populaire selon laquelle, parce qu'une nation a produit dans la génération précédente, elle est incapable de le faire dans la suivante, que Dieu et l'usure fournissent tant et pas plus, et que si nous consommons beaucoup une année, nous devons compenser en consommant moins à l'avenir, est l'inversion de la vérité. Elle contient juste assez de la vérité qui s'applique aux individus - que la richesse est une quantité réelle, incapable de se générer et de se multiplier spontanément - pour être plausible ; mais en termes nationaux, elle est aussi fallacieuse que de s'abstenir de boire dans une rivière parce que l'année dernière il a fait chaud et que tout le monde a beaucoup bu, ou d'arrêter une centrale électrique jusqu'à ce qu'une charge antérieure anormalement élevée ait été récupérée.

Le capital comme forme de richesse permanente

Cela vaut surtout pour la deuxième catégorie de richesses, qui comprend tous les agents de production, habituellement appelés capital. Ainsi, avec une vague idée que les richesses se " consomment " dans l'usage, ce qui, nous l'avons vu, est essentiel pour la première catégorie, mais n'est qu'accessoire et un défaut pour la seconde, on envisage la production des richesses comme entraînant une consommation constante de machines aussi bien que de charbon, de pétrole et de nourriture ; alors qu'en fait, cette consommation *par l'usage* n'est souvent pas très grave, et qu'elle est toujours, autant que possible, prévue, ou susceptible d'être prévue. Dans une vaste machine à fabriquer des moteurs, les pièces d'usure proprement dites, les tranchants des outils, sont probablement renouvelés plusieurs fois par jour, sinon par heure. Les tourillons et les roulements sont également renouvelables. La détérioration des agents de production du capital - tels que les usines et les terres cultivées - est beaucoup plus importante que la négligence due à la non-utilisation et, dans le cas des premières, aux nouvelles inventions qui les remplacent. Les autres pertes sont souvent de moindre importance. Dans leur production, le processus, en ce qui concerne la dégradation de l'énergie vivante, est allé plus loin que dans la production de biens consommables et, en ce sens, ils sont *déjà* entièrement consommés. Ils ne sont productifs que par l'usage, et s'ils ne sont pas utilisés, ils deviennent de simples dettes non remboursées.

Psychologiquement, l'objectif économique de l'individu est, a toujours été et sera probablement toujours de s'assurer un revenu permanent indépendant de tout effort supplémentaire, à l'épreuve du temps et du hasard des circonstances, pour subvenir à ses besoins dans sa vieillesse et à ceux de sa famille à perpétuité. Il s'efforce d'y parvenir en accumulant tant de biens dans la période faste de sa jeunesse que lui et ses héritiers pourront vivre des intérêts de ces biens à perpétuité par la suite. L'histoire économique et sociale est le conflit entre cette aspiration humaine et les lois de la physique, qui rendent impossible un tel *mobile perpétuel* et réduisent le problème à la méthode par laquelle un individu peut endetter un autre individu ou la communauté et empêcher le remboursement, de sorte que l'individu ou la communauté doivent partager le produit de leurs efforts avec leur créancier. Nous avons examiné le processus dans la méthode traditionnelle de vie par la propriété de la terre, et nous devons maintenant examiner la méthode moderne de vie par l'intérêt sur le capital.

La seconde catégorie de richesses se divise naturellement en possessions personnelles, nécessaires à la jouissance ou à la consommation des richesses, et en organes de production nécessaires à leur création. Ces derniers, essentiellement permanents et non consommés par l'usage, mais productifs par l'usage, semblent à première vue offrir à l'humanité un moyen d'échapper aux lois de la physique et à la dépendance économique , car ils semblent rembourser la dette de temps contractée pour leur production par un revenu pérenne de temps économisé par leur usage.

Le capital multiplie l'efficacité humaine

La première catégorie de richesse contient, pour compenser la dette de temps contractée lors de sa production, une quantité positive définie d'énergie disponible pour la vie, qui est restituée sous forme de somme forfaitaire lorsque la richesse est consommée. La seconde catégorie paie la dette de temps pour sa production par le temps économisé grâce à son utilisation et qui, sans l'existence de la richesse, devrait être dépensé. Mais pour les organes de production, le paiement est de la nature d'un revenu de temps économisé sur une période indéfinie, qui continue aussi longtemps que la richesse est utilisée pour faciliter la production. De sorte que, si l'utilisation est *continue*, comme dans la production de richesses périssables, les heures passées à les gagner sont économisées encore et encore. Ce paiement apparemment sans fin pour une dépense de temps définie est, bien entendu, la base physique de l'origine de l'intérêt, défini comme le paiement d'un loyer pour l'utilisation d'organes de production dans la production.

En effet, aucune richesse n'est absolument permanente et à l'abri de l', et la durabilité varie de celle de biens relativement éphémères comme les vêtements à celle du diamant. En pratique, outre la fourniture de la première catégorie de richesses consommables, une communauté doit maintenir en état ses biens et ses organes de production. Mais cela n'affecte pas la nature du problème et, dans la pratique, il est d'usage de supposer qu'une partie du temps gagné par l'utilisation du capital est dépensée selon les besoins pour son entretien perpétuel, ce qui laisse encore un intérêt net permanent.

On peut dire tout de suite que rien n'empêche une classe dominante en possession du pouvoir politique d'arranger les choses de telle sorte qu'un certain tribut *limité* puisse être exigé à perpétuité des producteurs réels de richesses par le paiement d'un loyer pour l'utilisation du capital, de même qu'il n'y a pas d'impossibilité physique à vivre de la propriété de la terre dans des circonstances politiques similaires. Il était impossible pour le propriétaire foncier de s'opposer de manière flagrante aux lois de la nature. L'échec de l'ère capitaliste est dû au fait que la nature de l'intérêt et du "capital" a été mal comprise et que l'idée d'un intérêt perpétuel a été étendue du paiement pour l'utilisation des organes de production dans la production de richesses périssables au paiement pour le non-remboursement de n'importe quelle sorte de dette. Il y a des limites bien définies à l'intérêt possible qui peut être exigé d'une communauté et qui ne peut être dépassé par l'augmentation du capital.

Le capital ne peut pas multiplier le temps humain

En effet, le capital multiplie l'efficacité de la dépense du temps humain, mais il ne multiplie pas le temps humain, bien qu'il tente toujours de le faire en allongeant les heures de travail jusqu'à la limite de l'endurance humaine et au-delà. Cette affirmation est historiquement justifiée par une connaissance très superficielle de l'histoire industrielle de ce pays avant les Factory Acts. Ce processus se déroule aujourd'hui sous nos yeux en Orient, où la législature de Hong-Kong a récemment adopté une loi interdisant le travail des enfants plus de neuf heures par jour sur vingt-quatre et six jours sur sept. En Chine, qui n'a pas encore atteint le stade de la législation réglementant les heures de travail industriel, les conditions sont décrites comme très similaires et aussi horribles que celles qui existaient dans ce pays avant l'adoption des lois sur les usines.

Quoi que l'on puisse penser de l'économie de Marx, qui, pour l'auteur, n'est pas moins métaphysique et aussi éloignée de la connaissance essentielle de la physique du système productif que les systèmes des plus orthodoxes, quiconque a lu le *Capital* ne peut manquer d'être impressionné par les réserves d'érudition sociologique contenues dans ce volume, pour la plupart dans de volumineuses notes de bas de page. Écrit à l'époque où la politique de *laissez-faire* des gouvernements laissait libre cours aux maux de la transpiration et de l'exploitation des travailleurs par le système industriel, il constitue pour toujours un témoignage de certains des abus presque incroyables qui ont accompagné l'histoire antérieure de la grande accumulation de capital dans ce pays. Aujourd'hui, l'opinion publique révoltée et le pouvoir économique croissant des syndicats ont dans une certaine mesure rétabli l'équilibre, mais à l'Est et dans d'autres pays où les systèmes capitalistes sont encore incontrôlés, les premiers effets de l'allongement des heures de travail et de l'utilisation des femmes et des enfants comme main-d' œuvre la moins chère sont aussi évidents qu'ils l'étaient dans ce pays à l'époque où Marx a écrit sa "Bible des classes laborieuses".

Le capital augmente SOIT les loisirs SOIT la richesse

L'utilisation du capital permet de gagner du temps *ou* d'augmenter la production de richesses, et dans la mesure où son rendement est pris sous l'une de ces formes, l'autre est d'autant moins disponible. Mais la limite de la production de richesses est fixée par l'état des connaissances scientifiques et techniques et de l'organisation des entreprises, ainsi que par le nombre d'heures de travail possibles dans journée. Une fois que le capital nécessaire pour permettre aux travailleurs d'utiliser les méthodes de production dictées par l'état du développement technique a été accumulé, toute accumulation supplémentaire est un pur gaspillage. Il ne peut être utilisé qu'en allongeant les heures de travail, et seulement dans la mesure de l'endurance humaine. L'apparente productivité perpétuelle de la richesse en capital et sa supériorité sur la richesse consommable à cet égard conduisent toujours les cupides à exalter la production de capital comme de l'épargne et la production de richesse consommable comme de l'extravagance, alors que la base physique de l'intérêt perpétuel n'est pas dans la production de capital, mais uniquement dans son utilisation pour la production de la première catégorie de richesse consommable. Son utilisation dans la production de richesses périssables est permanente, mais dans la production de richesses permanentes est éphémère.

Car les biens, comme le capital, s'accumulent. Une fois qu'une communauté a accumulé des biens suffisants pour lui permettre de consommer ses richesses conformément à l'échelle de vie fixée par son taux de consommation, davantage de biens, comme davantage de capital, deviennent une charge inutile et un fardeau pour les possesseurs. En bref, les deux formes de richesse permanente, pour des raisons différentes, ne s'accumulent que jusqu'au point où elles s'équilibrent avec le taux de consommation de la richesse périssable.

Une analogie physique serait un réservoir dans un système d'approvisionnement en eau. Au début, lorsque le réservoir est vide, l'eau entre plus vite qu'elle ne sort, jusqu'à ce qu'une certaine hauteur d'eau s'accumule dans le réservoir, suffisante pour faire sortir l'eau du réservoir aussi vite qu'elle y entre, après quoi l'eau dans le réservoir reste constante.

Ainsi, à chaque augmentation du flux de richesses grâce aux découvertes scientifiques, une partie de la richesse s'accumule d'abord sous forme de nouvelles possessions et de capital, mais la seule condition permanente possible est que le taux d'entrée soit égal au taux de sortie, ou que le taux de consommation soit égal au taux de production.

À l'avenir, si une classe de la communauté souhaite vivre d'intérêts, elle doit encourager et non décourager la production de biens consommables, et décourager production de capital, sauf si elle est nécessaire à la production de biens périssables.

L'abstinence à cet égard pourrait préserver le mode de subsistance, comme la propriété foncière, pour une période indéfinie sans conflit avec la possibilité physique.

Dans la pratique, les simples considérations qui précèdent sont invalidées dans la mesure où il est possible d'exporter des richesses permanentes vers des pays étrangers en échange de richesses consommables, mais à long terme, sur l'ensemble de la planète, elles doivent être vraies.

Il s'agit là d'une considération importante pour ce pays qui, traditionnellement à la pointe de l'utilisation de l'énergie mécanique, a réussi dans le passé à exporter des quantités considérables de produits permanents en échange de richesses périssables. Mais cette situation ne peut être que précaire, car à mesure que le monde se remplit, non seulement les nouveaux pays fabriquent de plus en plus leurs propres machines, mais ils consomment de plus en plus les denrées alimentaires qu'ils produisent. À moins que nous ne parvenions de nouveau à prendre la tête des inventions techniques dans l'utilisation de l'énergie, il est clair que la politique future de ce pays devra être orientée vers la production domestique de biens consommables, c'est-à-dire que son agriculture négligée devra être relancée.

La limite à laquelle l'accumulation du capital du capital perd son objet

Certaines des conclusions précédentes peuvent être mises hors de cause si on les énonce en termes algébriques généraux. Supposons qu'en dépensant initialement une grande quantité de temps - équivalant, par exemple, à T années de travail de l'ensemble de la communauté - pour accumuler le capital nécessaire, certains progrès techniques puissent être mis en oeuvre, ce qui augmentera de façon permanente l'efficacité de l'heure de travail d'un facteur X. Si la communauté produit désormais des richesses au même rythme qu'auparavant, elle le fera en 1/Xe du temps et économisera [1 - $1/Xe$] de son ancien temps de travail, c'est-à-dire qu'elle gagnera cette quantité de loisir.

En revanche, si la communauté travaille le même temps qu'auparavant et produit X fois plus de richesse, son gain en richesse est de (X - 1) de sa richesse antérieure. Si, dans le premier cas, il faut dépenser T années de travail pour fournir le capital nécessaire à la production de la même richesse qu'auparavant, pour produire X fois la richesse antérieure, comme dans le second cas, il faudra une abstinence de consommation X fois plus grande, soit XT années de temps de travail.

Si la communauté adopte une voie intermédiaire et décide de s'abstenir pendant YT années, afin de pouvoir produire Y fois sa richesse antérieure, où Y est un facteur quelconque entre l'unité et X, elle travaille maintenant Y/X de son temps de travail antérieur, en économise [1 - Y/X] comme loisir, et gagne (Y - 1) de sa richesse antérieure. Il est clair que si Y est égal à X, comme dans le deuxième cas considéré, la communauté a X fois plus de richesses qu'elle n'en avait, mais aucun loisir supplémentaire pour en profiter, de sorte que son abstinence de consommation pendant XT années ne réduit pas ses heures de travail et n'entraîne pas d'augmentation de sa gentillesse moyenne. A ce stade, une nouvelle dépense d'heures de travail pour la production de capital entraîne une nouvelle augmentation de la tâche quotidienne, et la communauté dans son ensemble s'éloigne encore plus de l'objectif qu'elle s'était fixé en s'abstenant initialement d'avoir des loisirs pour accumuler du capital.

Le gain en loisirs est de $[1 - Y/X]$, et bien qu'il soit facilement nul lorsque $Y = X$, il ne peut jamais être égal à l'unité, mais atteint un maximum lorsque Y est égal à l'unité et que la communauté se contente de la même richesse qu'auparavant. C'est la façon algébrique de dire ce qui est - en dépit des polémiques politiques - le sens commun le plus évident. L'individu a beau s'arranger pour que la possession d'agents de production - accumulés par la dépense de temps de travail passé, qu'il s'agisse du sien ou de celui d'autrui - lui permette de vivre sans contribution supplémentaire de temps de travail présent, la communauté dont il est membre ne peut le faire, mais doit fournir les heures de travail pour faire fonctionner le capital qu'il possède, même s'il l'a fourni par sa propre abstinence.

Des deux facteurs nécessaires à la production de richesses, il n'en fournit qu'un seul.

Ainsi, le principe, si clair lorsque nous considérons l'état moyen de la communauté dans son ensemble, donne lieu à des problèmes sociaux non résolus, voire insolubles, lorsqu'un groupe de personnes possède le capital et qu'un autre groupe l'exploite. Il n'existe pas de méthode théorique connue permettant d'égaliser la somme totale des heures de travail passées consacrées à la fourniture du capital avec la dépense continue des heures de travail actuelles nécessaires pour le rendre productif, ou de déterminer ce qui est, d'un point de vue éthique, la juste répartition de l'augmentation.

CHAPITRE VII

L'ARGENT ANCIEN ET L'ARGENT NOUVEAU

Le mécanisme de répartition de la richesse entre les individus pour la consommation

L'étude de l'origine de la richesse et de ses différentes catégories précède logiquement l'étude de sa consommation et de son utilisation. La vie est, au sens physique de l'être humain-heure, le produit de la richesse comme la richesse est le produit de l'énergie et du temps humain. Ces considérations sont évidemment à la base de toute étude d'économie politique ou nationale, et priment sur les questions de propriété, de distribution et d'échange, qui sont de première importance pour l'économie individuelle. Dans les communautés civilisées, la production de richesses est communautaire plutôt qu'individuelle. Le processus est tellement différencié qu'un retour aux méthodes de production individualistes primitives signifierait la mort de la plus grande partie de la communauté. Ceux qui survivraient ne sont en aucun cas ceux qui sont généralement considérés comme riches en tant qu'individus, mais les agriculteurs et les paysans réellement engagés dans la production alimentaire. Si, à la suite d'un chaos politique, des méthodes individualistes de production de richesses étaient mises en oeuvre, elles seules pourraient maintenir indéfiniment un type d'existence grossier et non civilisé.

Mais l'utilisation et la consommation de la richesse, en permettant et en renforçant la vie, sont individuelles et non communautaires. La vie d'un homme est son affaire personnelle et individuelle dans un état de liberté politique, et doit être considérée avant même celle de la communauté. La vie de la communauté, dans son aspect physique, n'est que l'agrégation des vies de ses membres individuels, tandis que la richesse d'une communauté n'a aucun rapport nécessaire avec les revendications sur sa richesse présente et future que constitue la richesse des individus qui la composent. Pour reprendre l'expression de Ruskin , "la règle et la racine de toute économie" est que ce qu'une personne possède ou revendique, beaucoup d'autres que lui ont dû, ou devront, s'efforcer de le réaliser.

L'argent est l'instrument qui, consciemment ou intuitivement, concrétise cette relation entre la richesse et la vie, car il permet aux individus d'une communauté, personnellement et en tant qu'individus, de profiter des fruits de l'ensemble des activités de la communauté et de posséder, d'utiliser et de consommer, tout en ne contribuant, le cas échéant, qu'à une part limitée et spécialisée de la production.

Les dangers de l'argent

L'argent, ou un équivalent, est par conséquent une nécessité dans toute civilisation ou communauté dépassant le stade où chacun produit tout ce qu'il consomme.

Mais c'est une nécessité dangereuse, qui n'est que trop apte à engendrer dans le corps politique des maladies sociales assez puissantes pour faire tomber en poussière les nations les plus fières. Elle substitue au droit naturel et inaliénable du travailleur sur le produit de son labeur une vague revendication généralisée sur la totalité des fruits des efforts de la communauté - une quantité hautement indéfinie, qui ouvre la porte à toutes sortes d'abus. Sur le plan moral, elle dissocie la conception de la richesse de la dignité du travail, lien sanctificateur que le génie de Thomas Hood a mis en évidence dans les lignes simples : "Ce n'est pas du lin que vous usez, mais des vies humaines ! et dans les mots de Ruskin : "Le luxe, à l'heure actuelle, ne peut être apprécié que par les ignorants ; l'homme le plus cruel qui soit ne pourrait pas s'asseoir à son festin s'il n'avait pas les yeux bandés.

La variation du pouvoir d'achat de l'argent expose la communauté à une injustice généralisée d'un côté et à des gains immérités de l'autre, aussi sûrement que si les uns avaient été dépouillés de leurs biens par les autres par le vol et la violence. Mais surtout, elle ouvre la voie à l'asservissement économique de l'humanité au pouvoir monétaire en raison de la confusion dans l'esprit des gens entre l'argent et la richesse. En substituant à la "conception d'un montant réalisé" "la perception périodique" d'une infinité d'intérêts futurs, elle tente de condamner à l'esclavage éternel les générations qui ne sont pas encore nées. Il est donc de la plus haute importance que tous ceux qui veulent comprendre les problèmes sociaux comprennent et se rendent maîtres du sujet de l'argent. Que personne ne comprenne encore est un truisme. Encore moins que tous ceux qui l'ont spécialement étudié - en partant toujours de l'inversion initiale selon laquelle l'argent est une richesse nationale plutôt qu'une dette - semblent capables de répondre intelligiblement aux questions les plus simples qu'il viendrait à l'esprit du plus simple des débutants de poser à son sujet.

Les questions les plus simples sur l'argent moderne l'argent moderne sont sans réponse

Comment la monnaie est-elle fabriquée, par le roi et la Monnaie royale, ou par les banques ? Quelle est la quantité d'argent ? La monnaie porte-t-elle des intérêts ? Quelle est précisément la distinction entre la mauvaise et la bonne monnaie, entre ce qui est émis par le roi et la Monnaie royale, par un faux-monnayeur ou par les banques ? Quelle est la quantité correcte de monnaie nécessaire à la conduite des affaires d'une nation, et pourquoi ne peut-elle pas être imprimée comme le sont les billets de chemin de fer, ou comme l'étaient les tickets de nourriture pendant la guerre, sans une apothéose mystique élaborée du veau d'or et sans s'incliner devant les sophismes vulgaires concernant la fécondité de la dette sur

Même un enfant peut comprendre la raison pour laquelle la monnaie a été fabriquée à partir d'un métal précieux. Une transaction commerciale dans laquelle des lingots d'or sont échangés contre des marchandises est un simple troc. Lorsque nous passons des lingots aux pièces d'or et d'argent, qui circulent pratiquement à jamais, puis à un papier-monnaie national, comme le papier mâché de Kubla Khan ou les "greenbacks" américains, puis au billet de banque et au chèque modernes qui ont pratiquement remplacé la monnaie nationale, et enfin aux diverses formes de crédit bancaire insaisissable, "créé à partir du néant absolu et décrété comme tel par le simple fiat de la volonté humaine", les questions les plus simples qui viendraient à l'esprit d'un enfant semblent incapables d'une réponse précise. Si l'on considérait autrefois comme un principe élémentaire d'honnêteté et comme une évidence le fait que la monnaie nationale devait être d'un poids et d'un titre justes et n'être émise que par un hôtel des monnaies dûment autorisé, comment les intérêts nationaux vitaux dans la création de monnaie sont-ils correctement sauvegardés maintenant que les grandes transactions du monde sont effectuées par des chèques, des billets de banque et d'autres formes de crédit papier qui n'ont jamais vu l'intérieur d'un hôtel des monnaies ?

Il est absolument indispensable, avant d'aller plus loin, que le lecteur essaie de comprendre le système monétaire existant. Dans toutes les ramifications de l'évolution de la conception de la monnaie, il est essentiel de ne jamais perdre de vue un fil conducteur. C'est le même fil conducteur qu'il faut suivre pour passer de la conception commune de la monnaie, telle qu'elle est bien comprise par chaque *individu*, à la conception de la monnaie comme instrument *national* pour effectuer la distribution et l'allocation des richesses de la communauté, car l'évolution historique de la monnaie dans la communauté reflète l'évolution dans l'esprit d'un apprenant qui essaie de maîtriser le sujet.

L'évolution de la monnaie

La première conception de la monnaie, ou conception individuelle, est celle d'une pièce d'or ou d'argent - d'une valeur définie et d'une valeur intrinsèque si elle est fondue en lingots et donc démonétisée - échangée contre des biens en général d'une valeur égale, un simple troc. La seconde conception de la monnaie, ou conception nationale, est différente car la monnaie-or n'est jamais démonétisée en étant fondue lorsqu'elle est utilisée comme monnaie interne. Elle circule indéfiniment. Une simple vente de marchandises pour une pièce d'argent donnée doit être considérée par rapport à la transaction précédente dans laquelle le vendeur a acquis la pièce d'argent en donnant d'abord quelque chose en échange et à la transaction suivante dans laquelle il la transmet en achetant lui-même quelque chose avec elle. Il apparaît alors que ce qui donne réellement sa valeur à la pièce n'est pas qu'elle soit en or ou en argent, mais qu'elle soit le paiement légal d'une dette.

Un vendeur transmet à l'acheteur la possession d'une certaine richesse et, pour s'acquitter de la dette, l'acheteur remet au vendeur de l'argent à titre de paiement légal, et lui transfère ainsi un droit légal sur tout ce qu'il peut acheter d'une valeur égale à celle qu'il a vendue, chaque fois qu'il veut l'exercer.

Dans le cas d'un véritable prêt d'argent du prêteur à l'emprunteur, ou du créancier au débiteur, l'emprunteur qui reçoit l'argent contracte une dette égale envers le prêteur. Dans le cas d'une vente de biens contre de l'argent, l'acheteur qui reçoit les biens paie la dette qu'il contracte avec de l'argent, et confère ainsi au vendeur, en échange de ce qu'il a cédé, un crédit égal ou un droit d'être remboursé en richesse sur demande. Dans le premier cas, l'emprunteur donne sa promesse personnelle de rembourser le créancier ; dans le second cas, l'acheteur donne de l'argent, qui est la promesse généralisée de la nation de rembourser au vendeur la richesse qu'il a donnée à l'acheteur, quand il le voudra.

Nous en venons donc à considérer l'argent - indépendamment du fait qu'il s'agisse d'espèces ou de papier - comme un gage certifiant que son propriétaire est un créancier de la communauté générale et qu'il a le droit d'être remboursé en richesses sur demande.

La seule différence entre la monnaie fiduciaire et le papier-monnaie est que, dans le premier cas, le créancier de la nation tient dans sa main non seulement la promesse de la nation de rembourser sur demande, mais aussi le moyen d'exécuter la demande, si la nation manque à ses engagements, [27] en faisant fondre la pièce et en la détruisant en tant que monnaie, gagnant ainsi l'or à partir duquel elle est fabriquée en remboursement de sa dette. Dans le cas d'un papier-monnaie inconvertible, il n'a pas ce pouvoir. Dans le cas d'un papier-monnaie convertible à la demande en monnaie-or, il a ce pouvoir, mais seulement à titre exceptionnel, en tant qu'individu, à condition que trop d'autres individus n'essaient pas en même temps d'exercer leur pouvoir. S'ils le faisaient, il n'y aurait généralement qu'une petite fraction de l'or nécessaire pour satisfaire leurs revendications.

Ainsi, la prochaine étape vers un divorce complet entre la notion originelle de monnaie en tant que forme de richesse à troquer contre des biens équivalents et le jeton moderne en tant qu'instrument de crédit qui confère à son propriétaire un droit au remboursement de la richesse, attend simplement la conception d'une garantie appropriée pour le propriétaire de la monnaie que la nation ne fera pas défaut, qui sera

---

[27] Le mode de défaillance le plus courant est la dépréciation du pouvoir d'achat de la monnaie.

aussi acceptable que la méthode rudimentaire d'incorporer avec le jeton de dette un équivalent d'or ou d'argent.

Comparons maintenant l'état d'une nation sous une monnaie d'or ou d'argent de pleine valeur et sous une monnaie de crédit. La première ne présente certainement aucune difficulté.

Les espèces font partie de la richesse nationale. Personne dans la communauté n'a de droit monétaire sur la richesse au-delà de la richesse en possession de la communauté, et aucune partie de cette richesse n'a, en raison du système monétaire, plus d'un propriétaire au même moment. Il est vrai que les individus peuvent avoir des dettes et être redevables entre eux, et ceux qui sont redevables peuvent vendre la dette à d'autres, transférant ainsi leurs créances de la même manière que la monnaie de crédit circule. Mais personne ici n'oserait prétendre qu'en multipliant la propriété, on multiplie la richesse. Si B doit 1 000 livres à A, B peut ou non posséder un bien immobilier d'une valeur de 1 000 livres, qui peut être considéré comme le support de la dette et la garantie de son remboursement. Mais même si c'est le cas, personne de sensé ne pourrait soutenir que, parce que A et B sont dans cette mesure propriétaires conjoints du même bien, sa valeur en propriété conjointe est le double de sa valeur en propriété séparée. 1.000 livres sterling restent 1.000 livres sterling, qu'elles appartiennent à A ou à B ou aux deux en même temps, et ne deviennent pas 2.000 livres sterling dans ce dernier cas.[28] Ce serait manifestement absurde.

Dans une monnaie de crédit, le papier-monnaie, les chèques et les billets de banque remplacent la monnaie fiduciaire sans différence importante, si ce n'est qu'aucun or ou autre matériau de valeur n'est incorporé dans le gage de l'endettement national. Il n'y a pas de richesse en possession des propriétaires de la monnaie, et il n'est pas nécessaire qu'il y en ait en possession de la nation qui se cache derrière ces créances. Par conséquent, si nous considérons les propriétaires de papier-monnaie comme des créanciers nationaux, tout comme dans le cas des créanciers et débiteurs individuels, il existe une propriété conjointe des biens de la nation, entre ses propriétaires légaux et ceux qui possèdent de l'argent et, en conséquence du système monétaire, une

---

[28] Par souci de concision, le symbole £ est utilisé pour exprimer la valeur d'une livre sterling de richesses ou de biens, et doit toujours être interprété dans ce sens.

partie de la richesse de la nation a plus d'un propriétaire à la fois. La créance monétaire est limitée à la richesse sur le marché de la vente et la dette circule indéfiniment, étant transférée d'un acheteur à un vendeur et n'étant pas annulée. Il s'ensuit que, bien qu'il n'y ait rien derrière ces créances, il n'est pas nécessaire qu'il y en ait, parce que la nation est une organisation continue et que, pour distribuer sa richesse, certaines personnes doivent toujours préférer *une créance* sur les biens du marché en général, exerçable à volonté, à la *possession* de l'équivalent d'une forme quelconque de richesse. De cette nécessité découle la déduction suivante que, même dans le cas de la monnaie-or, ce n'est pas l'or qui est la véritable incitation qui pousse un vendeur de marchandises à les échanger contre de l'argent, mais le pouvoir qu'un jeton de crédit national confère à son détenteur de satisfaire ses besoins en richesses sur demande.

Même avec une guinée en or, c'est le timbre de la guinée et non l'or qui constitue la monnaie. Si un homme veut de l'or, il l'achète à un bijoutier ou à un marchand de lingots. Par conséquent, tout le travail humain et les efforts déployés pour obtenir les métaux précieux en vue de la fabrication de la monnaie sont inutiles, tant que les pièces circulent et ne sont pas fondues et démonétisées. Elles représentent un gaspillage du travail de la communauté, qui doit rembourser le propriétaire de la pièce en richesses utiles réelles sur demande, ni ni moins qu'un jeton en papier-monnaie ne représente, sans aucun effort gaspillé , que la communauté doit rembourser au propriétaire le montant de sa créance en richesses utiles réelles sur demande.

Richesse virtuelle

Nous arrivons donc à la conclusion que, dans un cas comme dans l'autre, le système monétaire de distribution des richesses le fait en raison du pouvoir qu'il confère aux individus *non pas* de posséder, mais de se voir *attribuer les* richesses auxquelles ils ont droit, afin de pouvoir obtenir sans effort n'importe quelle sorte ou quantité désirée au fur et à mesure des besoins. L'argent n'est pas une richesse, même pour l'individu, mais la preuve que le propriétaire de l'argent *n'a pas* reçu la richesse à laquelle il a droit, et qu'il peut l'exiger à sa convenance. Ainsi, dans une communauté, l'ensemble de l'argent, quel que soit son montant, représente nécessairement la valeur globale des richesses que la communauté préfère devoir à ces conditions plutôt que de posséder.

Cette quantité négative de richesse est appelée *richesse virtuelle de* la communauté, car la communauté est obligée, en raison de son système monétaire et de la nécessité d'en avoir un, d'agir comme si elle possédait autant de richesse qu'elle n'en possède en réalité.

Au fur et à mesure qu'une communauté s'accroît en nombre et en revenus, sa richesse virtuelle s'accroît également, comme l'indique le diagramme (figure 1). Ainsi, à un instant $t\,1$, si la richesse réelle d'une communauté mise en vente est représentée par *ab*, sa richesse virtuelle peut être *bc*, de sorte qu'elle peut et doit agir comme si elle possédait une richesse à hauteur de *ac*, dont *ab* est la propriété et *bc* la créance. À un moment ultérieur $t\,2$, si sa richesse réelle sur le marché a augmenté jusqu'à *de*, sa richesse virtuelle aura corrélativement augmenté jusqu'à *ef*, de sorte qu'il peut et doit agir comme s'il possédait *df*. Il doit y avoir une proportionnalité approximative, mais pas nécessairement exacte, entre les composantes positives et négatives, et toutes deux doivent partir de zéro, comme l'indique le diagramme.

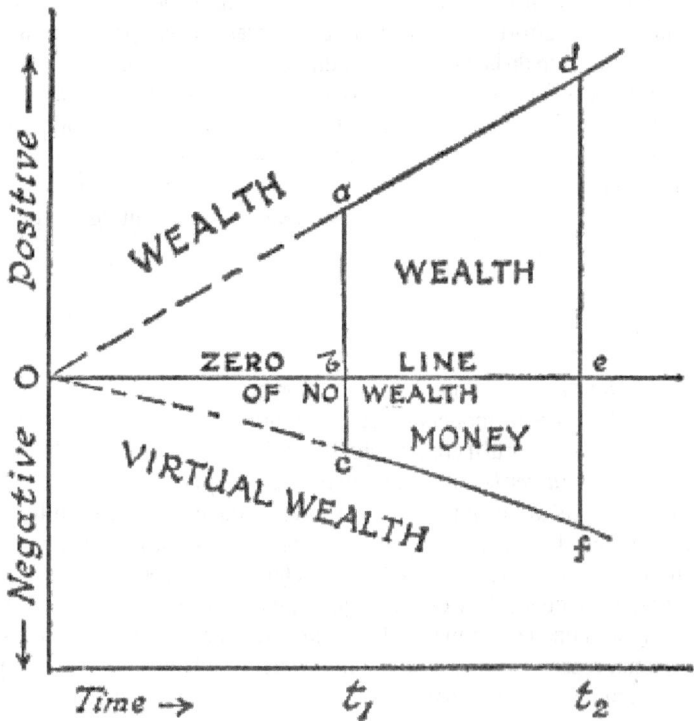

FIG. 1 - *Le principe de la richesse virtuelle.*

Les deux types de crédit national

Nous constatons ainsi que, de même qu'en calculant la richesse d'un individu - s'il possède un crédit personnel ou le pouvoir de s'endetter - nous devons partir non pas du zéro de la richesse, mais d'une quantité négative - ce qu'il devrait s'il avait dépensé tout ce qu'il possède et tout ce qu'il doit -, il en va nécessairement de même pour une nation.

Mais l'origine de ce "crédit" est totalement différente dans les deux cas. Dans le cas d'un individu, il est exercé aux frais et avec le consentement d'un autre individu, généralement sous la forme d'une accommodation ou d'une concession commerciale pour laquelle le débiteur paie un intérêt. Dans l'autre cas, il s'agit d'une nécessité inhérente à la nature communautaire de la production et à la nature individuelle de la consommation, et qui découle du système monétaire de distribution. Il est avantageux pour tous les membres de la communauté, en proportion de leurs avoirs monétaires, d'être redevables plutôt que propriétaires d'une certaine partie de la richesse à laquelle ils ont droit. Cette richesse virtuelle est donc une partie particulière du crédit national, qu'il convient de distinguer nettement du reste, qui est d'ailleurs la seule partie du crédit national habituellement reconnue, et qui ne diffère en rien de celui d'un individu. Ainsi, lorsque MacLeod dit : "De même, le crédit de l'État qui lui permet d'acheter de l'argent et d'autres choses en donnant à des personnes le droit d'exiger de lui une série de paiements futurs est une richesse nationale", il veut dire en réalité que le crédit national permet à l'État d'*acquérir des* richesses et des créances sur des richesses appartenant à ses citoyens individuels sans remboursement immédiat, et ce n'est pas plus une richesse nationale que ne l'est le crédit d'un commerçant. Exercé, il crée une Dette Nationale portant intérêt, dont le remboursement *n'est pas* indéfiniment évité, comme ce serait le cas si l'État imprimait de l'argent en quantité correcte et l'échangeait contre des biens. La dette nationale doit continuer à être payée jusqu'à ce qu'elle soit remboursée. En revanche, la richesse virtuelle de la communauté, bien qu'elle soit en un sens une dette nationale, est une dette permanente, nécessaire, bénéfique, normalement non remboursable et ne portant pas d'intérêts. C'est évidemment la confusion entre ces deux types de crédit national, et le fait de transposer à l'individu ce qui ne vaut que pour une communauté, qui est à l'origine des pouvoirs quasi mystiques auxquels le crédit est associé dans l'esprit de nombreuses personnes.

L'expert, quant à lui, dira : "N'êtes-vous pas parvenu par une voie détournée à ce que les économistes ont affirmé, même si cela les a conduits à des maladresses logiques, à savoir que l'argent doit être considéré à juste titre comme une partie de la richesse nationale ?" La réponse est claire. Il est vrai que la nation doit agir, et continuer indéfiniment à agir, comme si elle possédait plus de richesse qu'elle n'en possède, par le pouvoir d'achat agrégé de sa monnaie, mais l'important est que cette Richesse Virtuelle *n*'existe *pas*. Il s'agit d'une quantité négative imaginaire - un déficit ou une dette de richesse, qui n'est soumise ni aux lois de la conservation ni à celles de la thermodynamique. Mais c'est une quantité qui se réfère à la *richesse* et non à l'*argent*. Ce n'est pas la quantité d'argent que les gens possèdent qui a une réelle importance, mais la quantité de richesse qu'ils sont en mesure d'obtenir à tout moment dans le futur sur demande, et dont ils se privent donc dans le présent, qui est importante. C'est la quantité de biens que la communauté s'abstient de posséder qui est définie, et le nombre d'unités d'argent que cette quantité définie vaut est tout l'argent, quel qu'*il* soit.

C'est la richesse virtuelle qui mesure la valeur ou le pouvoir d'achat de l'argent, et non l'argent qui mesure la valeur de la richesse.

Bien que la valeur monétaire de l'agrégat de la richesse virtuelle soit nécessairement identique à l'agrégat de l'argent possédé par la communauté, cette identité ne fait qu'obscurcir la vérité réelle. La richesse virtuelle n'a, en effet, que très peu à voir avec la quantité de monnaie. Certes, elle peut avoir tendance à changer parce que les gens essaient de changer leurs habitudes en raison d'une inflation ou d'une déflation de la monnaie, mais les habitudes d'une communauté sont essentiellement conservatrices, de sorte qu'elle ne peut changer que dans des limites comparativement faibles. En revanche, la quantité de monnaie est absolument et entièrement arbitraire, et peut théoriquement être aussi petite ou aussi grande que la nation le souhaite, sans aucune limite. Quelle que soit sa taille, la monnaie totale est, bien entendu, la valeur monétaire de la richesse virtuelle, de sorte que si cette dernière ne change pas, le niveau des prix moyens est proportionnel à la quantité de monnaie et le pouvoir d'achat de la monnaie est inversement proportionnel à la quantité de monnaie.

Après cette description préliminaire du point de vue sur la monnaie mis en évidence dans cet ouvrage, nous pouvons revenir à ce que nous avons appelé le fil conducteur que l'évolution monétaire a suivi. Il s'agit de la substitution à une monnaie constituée par la richesse réellement possédée, d'une monnaie désignant la richesse due mais non possédée. Pour l'individu, cette dernière signifie, ou devrait signifier, qu'il a rendu à la collectivité un service qui n'a pas encore été remboursé en richesses. Mais pour la communauté, la signification de son argent est totalement différente. Cela signifie, puisque le remboursement de tels services en richesses ne fait que transférer la dette d'un individu à un autre, que de telles dettes n'ont pas besoin d'être remboursées du tout, et qu'en fait, elles ne peuvent être remboursées que par la communauté elle-même, en prenant possession de l'argent et en le détruisant. Ce sont les seules dettes qui sont entièrement bénéfiques à la communauté et, étant instantanément honorées par le transfert d'un individu à un autre, tant qu'elles sont honorées à un niveau de prix inchangé, elles n'ont pas besoin de porter un quelconque intérêt, qu'elles soient faites de métal ou de papier. Pour l'argent, l'intérêt est essentiellement un paiement pour le privilège d'être autorisé à différer le paiement d'une dette monétaire. Passons maintenant à l'examen des systèmes monétaires réels.

Esquisse de l'origine du système actuel

La monnaie, en tant que gage autorisé de la dette de l'ensemble de la communauté envers lindividu possédant le gage, est, bien entendu, une institution très ancienne, et ces gages étaient même parfois tout à fait dépourvus de valeur en soi, en dehors de la convention sociale qui consistait à les honorer en tant que créances légalement exécutoires sur la richesse réelle. Dans les monnaies symboliques d'Athènes et de Sparte, entre le dixième et le cinquième siècle avant J.-C., où des disques de métal sans valeur étaient utilisés comme pièces de monnaie, le principe essentiel selon lequel le nombre de jetons émis devait être limité et connu du public était parfaitement apprécié. Mais il ne fait aucun doute que les communautés les plus simples ont éprouvé des difficultés à contrôler l'imitation non autorisée et frauduleuse des jetons. Le lien avec le troc, où des marchandises de valeur égale changent de mains, a été préservé dans la monnaie en métal précieux qui subsiste encore dans une certaine mesure. Le principe qui le sous-tend était parfaitement conforme aux principes de la science physique moderne. Puisque la richesse ne peut être créée à partir de rien, mais qu'elle est le produit de l'effort humain déployé sur les matières premières et les sources d'énergie du globe, aucun individu ne devrait être en mesure de fabriquer à partir de rien une nouvelle créance monétaire sur la richesse, et l'acheteur devrait renoncer à quelque chose d'égal en valeur (aussi difficile à trouver que) à ce qu'il acquiert de la sorte. C'est sur ce point essentiel que les méthodes modernes de multiplication des droits à la richesse échouent.

Mais ce qui a été encore plus fatal à la démocratie, c'est son incapacité à mettre en place une autorité et un mécanisme appropriés pour la création et l'émission de monnaie, au fur et à mesure des besoins, afin de suivre le rythme de croissance de sa richesse. La *monnaie nationale* - quelle que soit sa composition - ne porte pas et n'a jamais porté intérêt, ce qui est la *raison d'être* de l'émission de la plupart des monnaies modernes. Quelles que soient les fins qu'elle est censée servir, la monnaie bancaire est créée avant tout pour cette fin et, ce qui est pire, elle est décrétée une nouvelle fois lorsque cette fin est atteinte. Mais un souverain émis sous le règne de George III ne vaut aujourd'hui pas plus que lorsqu'il a été émis et obéit à la loi ordinaire de la conservation de la matière. Il n'apparaît pas mystérieusement et ne disparaît pas aussi mystérieusement que la monnaie bancaire. Toutes les dépenses liées à la frappe de la monnaie et à son maintien contre la perte de poids due à l'abrasion lors de son utilisation sont supportées par l'État, sans que l'utilisateur n'ait à payer de frais. Dans ce pays, la perte a été compensée dans une certaine mesure par l'émission de pièces d'argent ne valant, en tant que lingots, qu'environ la moitié de leur valeur nominale et de pièces de cuivre sans valeur métallique définie ; mais la monnaie a été préservée de l'avilissement en limitant la validité de ces jetons d'argent, en tant que paiement légal de dettes, à des sommes allant jusqu'à 2 livres sterling et les jetons de cuivre à 1 livre sterling seulement.

Bien qu'en frappant la monnaie principale en or, le détenteur reçoive un équivalent en richesse pour ce que la pièce permet d'acheter, des règles strictes interdisaient la dégradation de la pièce et empêchaient qu'elle ne soit utilisée autrement que comme un gage de la dette communautaire. Dans une communauté où la confiance mutuelle n'était pas très développée, le métal précieux des pièces assurait leur circulation rapide, mais il n'a pas d'autre fonction en ce qui concerne la monnaie interne. Il s'agit en fait d'une forme de monnaie symbolique.

Selon notre définition de la richesse, les lingots d'or et d'argent sont clairement de la richesse - tant qu'ils répondent aux besoins de la communauté. Outre leur utilisation dans la monnaie, ils sont, et seront probablement toujours, une richesse pour le bijoutier qui, autrement, devrait fouiller la terre, ou payer d'autres personnes pour le faire, afin de trouver la matière première de son commerce. Si tel était le cas, ils conserveraient leur valeur en tant que réserve de richesse à des fins de thésaurisation. Ainsi, même si elles étaient démonétisées et que leur valeur diminuerait probablement beaucoup, elles resteraient des richesses, dans la deuxième catégorie, au même titre que les possessions permanentes et les organes de production. Cette triple origine de la valeur de l'or et de l'argent explique en partie la complexité du sujet.

Avec l'augmentation de la puissance productive due au développement de la science, la monnaie métallique a cessé d'être adéquate, bien que, si elle avait été conservée, il est douteux que les maux qui en auraient résulté auraient été plus importants que ceux qui nous sont arrivés à la suite de la substitution du papier-monnaie sans que les principes originaux de la monnaie aient été préservés.

Bien que les méthodes scientifiques aient, surtout à une époque relativement récente, considérablement réduit le coût des procédés d'extraction de l'or et de l'argent et qu'elles aient permis d'exploiter avec profit des minerais beaucoup plus pauvres, ces métaux ne peuvent pas encore être fabriqués artificiellement à volonté. L'offre de ces métaux n'a pas suivi le rythme de l'offre des formes de richesse qui peuvent être produites par des méthodes scientifiques, avec les travailleurs nécessaires, dans toute la mesure raisonnable requise. Par suite de la révolution industrielle et de sa conséquence secondaire, mais non moins importante, qui a consisté à rendre les produits de la quasi-totalité de la terre disponibles partout grâce à l'utilisation de moyens de transport mécaniques, il aurait dû se produire une chute immense du prix monétaire des marchandises si la monnaie avait encore été limitée aux métaux précieux, bien que la demande créée pour ces derniers eût peut-être stimulé l'offre au point que la chute n'eût été que temporaire. Car, le prix étant dans le système un poids d'or donné pour les marchandises, si les marchandises augmentent en abondance relativement à l'or, il s'en échange moins qu'auparavant pour les mêmes marchandises. Le prix de ce dernier aurait donc baissé progressivement, et l'augmentation relative de la valeur de l'or dans les marchandises aurait stimulé la recherche d'or. Mais le cours réel des événements a été la redécouverte de l'utilisation du crédit ou de la monnaie symbolique dans le monde occidental.

La monnaie de Kubla Khan

Le papier-monnaie est en soi une étude fascinante, et il vaut peut-être la peine de retracer son invention jusqu'à au moins l'une de ses origines en Orient. Kubla Khan, le grand empereur moghol, comme le rapporte Marco Polo dans ses voyages,[29] "possédait le secret de l'alchimie à la perfection, car il fabriquait sa monnaie avec l'écorce d'un mûrier, qu'il découpait en quelque chose qui ressemblait à du papier, mais noir... Tout le monde l'acceptait volontiers, car où que l'on aille, on trouvait ces morceaux de papier courants, et on pouvait traiter toutes les affaires comme s'il s'agissait d'or". Le Grand Khan a dû arriver par intuition à de nombreux principes que nous sommes si lents à accepter. Il s'est rendu compte que la plupart de ses sujets n'avaient pas besoin d'or pour leur monnaie interne, mais seulement d'un moyen d'échange au pouvoir d'achat défini et constant, à l'abri de la contrefaçon, alors que pour le commerce extérieur, les métaux précieux étaient essentiels.

Ainsi, nous lisons que tous les marchands de l'Inde apportant de l'or ou de l'argent, des pierres précieuses ou des perles, ne pouvaient les vendre qu'à l'empereur, qui les payait sans délai à un prix très libéral) avec ses propres billets de banque. Les marchands les trouvaient beaucoup plus légères à transporter que l'or et achetaient avec elles tout ce qu'ils voulaient dans l'empire. Mais les nobles, ou toute autre personne ayant besoin de métaux précieux ou de pierres précieuses pour des ceintures ou autres, pouvaient toujours en acheter autant qu'ils le souhaitaient à l'empereur avec le papier-monnaie. La première émission a eu lieu en 1260-1287, et une partie de ce papier existe encore et peut être vue occasionnellement dans les musées.

L'origine du papier-monnaie moderne

L'histoire de sa redécouverte en Occident est bien différente. Les rois, qui avaient besoin d'or et d'argent autant, sans doute, que le Grand Khan, l'empruntaient dans l'urgence, parfois sans la formalité du

---

[29] *Voyages de Marco Polo*, édité par Cordier, traduit par Yule. John Murray, 1903, vol. I, livre II, p. 423.

consentement des propriétaires, de sorte qu'il devenait extrêmement risqué de le déposer dans la Tour ou dans une autre forteresse prévue à cet effet. Dans ces circonstances, les orfèvres ont accepté de prendre en charge l'argent liquide des marchands et d'autres personnes et, avec le temps, ils sont devenus des banquiers. Détenant les réserves d'argent de leurs divers clients, ils ne voulaient pas laisser de telles sommes de "richesse" rester "oisives" et "stériles", et ils en prêtaient une proportion sûre à des personnes fiables, moyennant un intérêt, sachant par expérience que tous leurs déposants ne voudraient pas récupérer tout leur argent le même jour. Mais lorsque des marchands ayant des relations mutuelles déposaient chez le même orfèvre, ils trouvaient pratique de donner un ordre écrit à ce dernier de se payer mutuellement sur leurs comptes mutuels, plutôt que de retirer eux-mêmes l'argent à cette fin.

C'est ainsi qu'est né le chèque moderne, qui permet d'envoyer un chèque ou un ordre au banquier de payer à partir du compte du déposant, au lieu de remettre des espèces pour payer un compte.

Un tel ordre ou chèque, en tant que substitut de l'argent, présente deux sources d'incertitude. Premièrement, il peut être sans valeur en raison de l'insolvabilité du signataire, et deuxièmement, en raison de l'insolvabilité de la banque. La première empêche effectivement les chèques de passer pour de l'argent, sauf, éventuellement, auprès d'un petit nombre de personnes dont le signataire est personnellement connu pour être solvable. Mais la capacité ou non d'une banque à honorer ses engagements est beaucoup plus largement connue et est une question de bonne réputation parmi les hommes d'affaires. C'est pourquoi, parmi les commerçants personnellement inconnus les uns des autres, la pratique s'est développée d'envoyer le reçu de l'orfèvre pour l'or déposé. Cela éliminait la première incertitude et ces reçus circulaient comme de l'argent partout où l'orfèvre était connu pour sa réputation. C'est ainsi qu'est né le billet de banque. Le déposant obtenait des reçus pour des sommes d'or déterminées, avec lesquelles la communauté s'est familiarisée au fil du temps. Les reçus circulaient comme de l'argent aussi facilement et plus commodément que l'or lui-même. À ce stade, il y *avait* l'or derrière le billet. Le banquier promettait de payer au détenteur du reçu ou du billet la somme d'or spécifiée sur demande en échange du billet.

Le remplacement de la monnaie nationale par la monnaie bancaire

L'orfèvre, devenu banquier, a découvert par expérience qu'il était en permanence en possession d'un stock d'or bien plus important que celui qu'il était appelé à débourser. Tant qu'un billet de banque circulait, l'or dont il était le reçu restait inutilisé dans son coffre-fort. Mais l'augmentation de la popularité du système des chèques a eu un effet bien plus important. Les propres clients du banquier, lorsqu'ils émettaient entre eux des ordres de paiement, ou des chèques, *n'affectaient* évidemment *pas le moins du monde quantité d'or qu'il détenait.* Leurs chèques ne faisaient que transférer la *propriété de* l'argent d'un client du banquier à un autre. Le règlement des dettes mutuelles entre les clients d'une même banque par le système des chèques n'est qu'une affaire de comptabilité, qui va plus loin que le billet de banque et *se passe totalement dargent.* L'argent est ainsi libéré pour être réutilisé par le banquier, qui peut le prêter, et le prête, à des producteurs de renom pour des périodes déterminées, et le rembourse avec intérêt sur le produit de l'entreprise productrice de richesses. Mais, encore une fois, l'argent lui-même n'a pas besoin d'être utilisé à cette fin, puisqu'un carnet de chèques remplit la même fonction partout[30] tant que la réputation de solvabilité de la banque reste bonne. L'argent initial est donc utilisé encore et encore, et à partir d'une quantité initiale de richesse, des créances sur plusieurs fois cette quantité de richesse en possession d'autres personnes tout à fait innocentes et ne se doutant de rien sont créées littéralement par un trait de plume.

C'est le *pons asinorum* de la banque, et à ce stade, ses défenseurs semblent toujours être détournés des principes que l'argent est censé servir dans une communauté pour défendre *ex parte* le système. Il est certainement étrange pour un novice de découvrir que la loi punit avec la plus grande sévérité le faux-monnayeur frauduleux qui met en circulation de nouveaux jetons de monnaie, mais qu'elle permet aux banques de créer de la monnaie en gros pour prêter à intérêt par ces méthodes, ce qui est une activité bien plus rentable et infiniment plus

---

[30] L'emprunteur est simplement "à découvert", mais le banquier inscrit au crédit de l'emprunteur la somme en question et, de l'autre côté de son grand livre, il l'inscrit à son propre crédit comme lui étant due par l'emprunteur.

grave dans ses conséquences pour la communauté en général que la contrefaçon. À une autre époque, cela aurait été la forme la plus évidente de trahison contre l'État.

L'émission privée de monnaie ; un résultat fortuit du système des chèques bancaires

Il ne fait aucun doute que de nombreuses personnes, si ce n'est la majorité, seront encore franchement incrédules à l'idée que de l'argent dépassant largement le montant total de l'argent national puisse être créé et détruit par le prêteur d'un simple trait de plume. Combien de fois lit-on encore dans la presse que les banques ne peuvent prêter à leurs clients que de l'argent de poche ! La plupart des gens pensent encore à ce qu'était autrefois l'argent, "un instrument public détenu et contrôlé par l'État". Ils en concluent naturellement que ceux qui ont la tâche ingrate d'examiner la question d'un point de vue national ne peuvent pas la comprendre eux-mêmes. Cette incrédulité n'est pourtant pas justifiée.

Les faits principaux ne sont pas contestés. Ils sont clairement exposés dans tous les ouvrages sur la monnaie. Si le lecteur non instruit souhaite lire la meilleure tentative d'apologie du système, il lui est recommandé de consulter les travaux de M. Hartley Withers sur le sujet. Le point de vue est celui du publiciste financier enthousiaste, qui voit l'essor de la prospérité non pas en termes d'invention, de diligence et d'énergie, mais en termes d'argent, et pour qui la croissance merveilleuse de ces derniers temps est l'effet plutôt que la cause du merveilleux système bancaire, en particulier du système bancaire britannique, pour ne pas dire du système bancaire londonien.

Quelques paragraphes peuvent être cités :[31]

"La conclusion générale est que les dépôts bancaires sont constitués, dans une faible mesure, par les espèces versées aux banques de gré à gré, dans une plus large mesure, mais dans une mesure encore relativement faible, par les achats de titres par les banques qui créent des crédits comptables, et principalement par

---

[31] *Le sens de l'argent*, chap. V, "La fabrication de la monnaie".

les prêts accordés par les banques qui créent également des crédits comptables.

"Il n'y a rien d'alarmant dans cette conclusion, bien que les gens qui ont été habitués à considérer les dépôts bancaires comme autant d'espèces versées soient parfois surpris lorsqu'on leur présente l'autre aspect de la question et qu'ils pensent que le crédit bancaire est une sorte de conspiration douteuse entre les banques et leurs clients. Un peu de réflexion montre qu'il s'agit d'une belle pièce d'un mécanisme fonctionnant uniformément, qui permet d'économiser la monnaie et de fournir une monnaie parfaite avec une facilité et un coût extraordinaires. Il n'est pas non plus nécessaire de ressentir une quelconque désillusion lorsqu'on se rend compte que les dépôts bancaires, dans la mesure où ils sont empruntés, sont des preuves d'endettement tout autant que de richesse.

"Tout le monde sait que dans toutes les communautés établies de longue date, bien ordonnées et industrieuses, de vastes réserves de richesses sont accumulées ; et même si elles pouvaient être entassées dans des banques et exprimées en chiffres, cette information n'apporterait rien. Mais la contemplation de cette masse d'endettement et de la monnaie-chèque avec laquelle elle passe de main en main est nouvelle, stimulante et unique.

C'est un exemple merveilleux de l'ingéniosité humaine appliquée à la réduction des coûts et à la promotion du commerce, de la finance et de la spéculation. Il n'existe rien de semblable nulle part ailleurs et son développement n'a été rendu possible que par la confiance, fondée sur une solide expérience, de la majorité des Anglais dans la probité commerciale des uns et des autres et dans leur volonté d'exécuter un contrat à tout prix.

"Le seul défaut du système est sa perfection.

Il prévient les non-initiés que les dépôts bancaires comprennent les dépôts proprement dits, dans lesquels l'argent est réellement déposé et ne peut être retiré qu'après un délai déterminé, et les comptes courants dans lesquels l'argent peut être tiré à volonté par chèque. Il montre ensuite que la majeure partie est créée par des prêts. Il prend les derniers bilans disponibles (1909) d'une demi-douzaine des plus grands banquiers par actions et rassemble leurs chiffres, ce qui lui permet de constater que "la plus grande partie des dépôts des banques consiste non pas en liquidités versées, mais en crédits empruntés. En effet, chaque prêt donne lieu à un dépôt, et comme notre bilan fait état de 180½ millions de prêts, 180½ des 249 millions de dépôts ont été créés par des prêts."

Une autorité aussi compétente doit au moins être respectée par ceux qui font encore semblant de croire que les banques ne prêtent que l'argent inutilisé de leurs clients. En effet, pour certains, il suffit de prouver que le bilan d'une banque est équilibré. Alors que, bien entendu, lorsqu'un crédit bancaire est créé, les deux côtés du bilan sont augmentés dans les mêmes proportions. Ce n'est pas seulement la vieille dame de la fable qui a dépassé son compte et qui a envoyé un chèque à son banquier pour le montant. Son malheur était simplement qu'elle n'était pas son propre banquier.

La citation suivante, tirée du *Times* du 9 décembre 1925, p. 21, rubrique City Notes, devrait convaincre les plus sceptiques : "... Les maisons d'émission et les souscripteurs doivent se rappeler que le capital disponible pour l'investissement n'est pas, comme le crédit bancaire, une chose qui peut être fabriquée par une écriture comptable ; il ne peut être fourni que par une véritable épargne".

Le moratoire et l'après

Au début de la guerre, le fait peu glorieux du moratoire devait faire *l'objet d'une apologie* publique, et nous lisons dans un ouvrage de M. Withers publié en 1914 : "Il nous est tombé dessus comme un coup de tonnerre venant d'un ciel clair : "Il nous est tombé dessus comme un coup de tonnerre dans un ciel dégagé. À la fin du mois de juillet 1914, tout citoyen de Londres à qui l'on aurait demandé ce que signifiait un moratoire aurait probablement répondu que ce mot n'existait pas. Il aurait peut-être dit qu'il s'agissait d'une grosse bête laineuse éteinte avec de grosses défenses. S'il était exceptionnellement bien informé en matière de finances, il aurait répondu qu'il s'agissait d'une sorte de dispositif utilisé dans les pays économiquement arriérés pour brouiller la distinction entre le *meum* et le *teum*. Le 2 août nous avons instauré un moratoire sur les lettres de change. Le 6 août nous avons eu un moratoire général... C'était une série de surprises désagréables, mais elles n'étaient pas dues à une faiblesse interne du système bancaire anglais.

La fureur de la tempête était telle qu'aucun système de crédit n'aurait pu y résister. En fait, comme nous le verrons, la principale raison de la soudaineté et de l'ampleur du coup qui s'est abattu sur Londres n'est rien d'autre que sa propre force écrasante.

Elle était si forte et si seule dans sa force que sa force l'a vaincue".[32]

Et à la fin du même ouvrage :

"Si l'on résume les effets de la guerre jusqu'à Lombard Street, on peut affirmer avec confiance qu'ils ont donné une preuve éclatante de l'ingéniosité et de l'adaptabilité de la Banque d'Angleterre, du courage prudent et fructueux du gouvernement qui a engagé le crédit national pour maintenir notre commerce, et de la puissance magistrale de la richesse de l'Angleterre".[33]

Dans *Bankers and Credit*, publié après la guerre, lorsque le pays subit certaines des conséquences de ses efforts improvisés pour prendre une petite part dans ses propres finances, ce sont les politiciens, jamais les banques, qui sont à blâmer :

"Les dirigeants politiques ont récemment fait preuve d'une capacité étonnante à créer le chaos dans le monde bancaire. Sous l'effet de la guerre, ils se sont emparés du système bancaire et monétaire de ce pays et de tous les autres pays qui y sont engagés, et de beaucoup de ceux qui n'ont été touchés qu'indirectement, et l'ont déformé à leurs propres fins, de sorte que le système qui avait été amené à un niveau très proche de la perfection est maintenant "comme de douces cloches désaccordées", un simulacre mélancolique de sa beauté et de son efficacité antérieures."

Le livre se termine sur les fonctions propres de l'homme politique :

"L'étalon-or nous évite d'être manipulés par les politiciens, il a très bien fonctionné dans le passé et pourrait le

---

[32] *War and Lombard Street*, Hartley Withers, 1914, chap. I, "The Moratorium".

[33] Ibid, p. 131.

faire à nouveau si les politiciens parvenaient à faire leur travail, à savoir nous donner la paix, la sécurité, la confiance et la bonne volonté.[34]

Alors que la plupart des personnes qui ont une certaine expérience de l'administration responsable conviendraient probablement qu'un gouvernement administratif sans véritable pouvoir sur les finances, et dont le pouvoir est situé ailleurs, ne peut être guère plus qu'une figure de proue. "Le roi est mort. Vive le roi !"

Le passage de l'ancienne à la nouvelle "monnaie

À ce stade, il peut être utile de revenir une fois de plus sur le point critique selon lequel le système bancaire, sans émettre la moindre fausse monnaie, peut multiplier et multiplie effectivement l'argent du pays à des fins d'usure.

Dans un premier temps, le corps législatif s'est fortement opposé à l'émission de billets de banque par les banques.

Le sentiment général du public était intuitivement contre toute forme de monnaie de crédit non garantie par l'équivalent en or. Les premières interventions de l'État dans le secteur bancaire semblent avoir eu pour but d'affaiblir les banques et de rendre les affaires précaires à la fois pour le banquier et pour les déposants, plutôt que d'atteindre un quelconque objectif intelligible . Il a été très habilement soutenu[35] que tous les maux de la révolution industrielle provenaient de l'interférence de l'Etat avec les banques, et qu'il est essentiel que les banques soient aussi libres de toute restriction et aussi ouvertes à la concurrence que n'importe quelle autre forme de commerce. Historiquement, affirme-t-on, l'instinct du banquier a été uniformément social, et la banque est devenue ce qu'elle est parce que cet instinct a été contrarié.

Les critiques du système formulées dans cet ouvrage ne doivent pas être considérées comme une réflexion sur les banquiers en tant qu'hommes d'affaires pratiques, mais concernent directement la théorie

---

[34] Les banquiers et le crédit, *1924*.

[35] *La justice industrielle par la réforme bancaire*, Henry Meulen, 1917.

du crédit sur laquelle le système a été fondé. Il n'est pas non plus suggéré qu'il y ait le moindre soupçon d'illégalité dans *leurs* actions, quoi que l'on puisse penser de la façon dont nos dirigeants ostensibles ont abdiqué leurs fonctions et laissé le pays dans l'embarras. Les forces à l'œuvre dans la révolution industrielle étaient gigantesques et personne, probablement, ne les a comprises. Le pouvoir d'augmenter la production conféré par l'exploitation de l'énergie mécanique nécessitait un moyen d'augmenter la monnaie et d'économiser l'utilisation de l'or. Mais les gouvernements de l'époque ne voulaient ni permettre aux banques de le faire à leur manière, ni le faire ouvertement et franchement eux-mêmes par l'émission d'un papier-monnaie national.

Dans cette situation, l'invention du système des chèques a pratiquement résolu le problème. Il a pratiquement supplanté le billet de banque et relégué à un rôle mineur la monnaie autorisée et émise par l'Etat. Il a modifié la nature même de la monnaie sans que le public et le législateur s'en rendent compte.

Les vertus vertigineuses des intérêts composés se caractérisent par le fait qu'elles ne sont pas du tout vertigineuses au départ. Ce n'est qu'après un certain temps de fonctionnement qu'ils montrent une certaine disposition à devenir merveilleux et à transcender les limites du physiquement possible. Mais maintenant que les dettes s'accumulent, ce n'est pas une défense suffisante du système que de dire qu'il a bien servi le pays dans le passé et qu'il suffit de le laisser faire d'autres miracles à l'avenir. Un seul grain de maïs doublé autant de fois qu'il y a de cases sur un échiquier représente plus de maïs que la population mondiale actuelle pourrait consommer au cours d'une période plus longue que celle couverte par les archives de l'histoire, alors que doublé seulement la moitié de ce nombre de fois, il suffirait à peine à donner à Londres un repas complet. Cela signifie qu'un système peut ne montrer aucun signe de défaillance pendant un siècle et devenir absolument impossible au cours du siècle suivant.

Pour en revenir à la transition entre l'ancien et le nouveau système, avant l'apparition des banques, il n'existait qu'une quantité définie de pièces d'or et d'argent. Le premier pas sur la voie du déclin, de la monnaie d'usage à la monnaie d'usure, a été le pouvoir conféré à la Banque d'Angleterre d'émettre des billets de banque dans une mesure limitée en contrepartie du prêt d'argent au gouvernement - un pouvoir qu'elle détient toujours en vertu de la loi sur la charte bancaire de 1844. L'émission de billets non couverts était alors limitée à 14 millions de livres sterling, au-delà desquels la Banque devait garder de l'or en réserve. Les intentions de dernière loi, qui est toujours en vigueur, à savoir empêcher l'émission de papier-monnaie non couvert par de l'or, ont été contrecarrées par le développement du système des chèques. Ce dernier a effectivement tué le billet de banque en tant que forme de monnaie en établissant une forme beaucoup plus insidieuse et incontrôlable. Ce n'est que ce dernier point qu'il convient d'élucider.

Le pyramidage du crédit

À mesure que le système des banques et des chèques se développait et que les gens prenaient l'habitude de déposer de plus en plus leur argent dans les banques et d'utiliser des chèques, au lieu d'espèces, pour régler leurs comptes, le banquier, au début, comme nous l'avons vu, possédait toujours un stock d'or et d'argent beaucoup plus important que celui dont il avait besoin pour répondre aux demandes d'espèces que le public continuait à formuler. Il est donc clair que le banquier peut prêter sans danger une partie de l'argent de ses déposants ; mais ce qui n'est pas aussi clair, c'est qu'il peut prêter beaucoup plus que ce que possède la nation tout entière - en fait, il la crée pour la prêter à volonté.

Avant la guerre, on considérait qu'il était "sûr" pour le banquier de conserver environ 15 livres sterling pour 100 livres sterling de liquidités contre les dépôts. En d'autres termes, pour 100 livres déposées, 15 livres en espèces suffisaient pour répondre aux petites demandes de liquidités, la majeure partie du pouvoir d'achat des déposants étant exercée par chèque. Nous pouvons prendre ce pourcentage de 15 % uniquement à titre d'illustration.

Il est douteux qu'une telle quantité ait été nécessaire depuis très longtemps.

Tout le secret du système réside dans le fait que lorsqu'une banque crée un prêt et prête 100 livres sterling à un emprunteur, il lui suffit de disposer de 15 livres sterling de l'argent de ses déposants , ou de tout autre ratio "sûr".

Ainsi, en se basant sur des moyennes, le déposant initial de 100 £ doit conserver 15 £ de monnaie légale dans la caisse, ce qui laisse 85 £ disponibles pour être prêtées à un emprunteur. Il est vrai que cet emprunteur peut exiger des espèces, mais, en moyenne, pour lui comme pour le déposant initial, il ne faut que 15 % d'espèces, soit 12,15 livres, ce qui laisse 72,5 livres libres pour être prêtées à un second emprunteur.

De cette somme, il suffit de conserver 15 %, soit 10 17 livres, ce qui laisse 61 8 livres disponibles pour être prêtées à un troisième emprunteur. Il en va ainsi jusqu'à ce que chaque tranche de 100 livres sterling de l'encaisse initiale se transforme en un total de 666 13s. 4d. Sur ce total, 100 £ sont dues au déposant et 566 13s. 4d. sont dues à la banque par les emprunteurs.

Les emprunteurs doivent déposer auprès de la banque des garanties acceptables que la banque peut vendre, ou essayer de vendre, en cas de défaillance, pour se rembourser. Mais ces titres ne sont généralement pas vendus. La banque perçoit des intérêts sur le prêt fictif. Au taux bancaire modeste de 5 %, les intérêts sur 566 13s. 4d. est de £28 6s. 8d. par an, ce qui, il faut l'admettre, n'est pas un mauvais rendement pour 100 £ que le "déposant" initial *n'a pas prêtées*.

Si la vérité était connue, on découvrirait probablement que cette estimation est tout à fait trop modeste.[36] Au moins depuis la guerre, si ce n'est avant, les chiffres suggèrent plutôt une limite "sûre" de 7 % que de 15 %. Sur cette base, un client déposant £100 en espèces sur un compte courant permet à la banque de prêter £1,330, ce qui, à 5 pour cent, rapporte £66 10s. 9d. par an.

Il n'est donc pas surprenant que les banques soient généralement si disposées à garder les comptes de leurs déposants pour rien. Les économistes, dans leur analyse de la manière dont un homme obtient son revenu et le dépense, considèrent cet intérêt apparemment comme la rémunération de services bancaires, et n'ont jamais, à la connaissance de l'auteur, essayé d'en évaluer le coût pour la collectivité. Il est évident que si elles étaient privées de ces pouvoirs, les banques devraient facturer à leurs clients le coût de la tenue de leurs comptes, comme les autres entreprises. Mais la question de savoir si un tel système économique qui néglige la richesse virtuelle de la communauté et la traite comme la propriété des banquiers plutôt que de la nation - une simple condition préalable à l'exécution de certaines tâches

---

[36] Hugo Bilgram (*Journal of Political Economy*, XXIX, novembre 1921) estime que le total des réserves en espèces détenues par les banques de dépôt et de réserve aux États-Unis n'est pas inférieur à 8 % du total des dépôts en monnaie, et que 40 % de ces réserves doivent être constituées d'or.

administratives - est d'une grande utilité pour le gouvernement de la nation est une autre question.

Casse-tête - Trouvez l'argent

Cependant, de nombreux aspects liés au processus de "pyramide" du crédit ne sont probablement pas tout à fait clairs et méritent un examen attentif. Retraçons donc, dans la mesure du possible, le passage de l'ancien système, où toute la monnaie avait cours légal - la monnaie d'or et d'argent - au système moderne, où seule une petite partie de la monnaie a cours légal. Il ne faut pas oublier que les personnes qui bénéficient d'un prêt de la banque ont réellement besoin de biens, sous une forme ou une autre. Ils ne paient pas d'intérêts sur l'argent emprunté pour le thésauriser. Ils échangent très rapidement l'argent avec d'autres personnes contre des biens. Dès lors, toute distinction entre les deux types d'argent - l'argent authentique appartenant aux propriétaires et l'argent de la banque créé pour prêter - disparaît. Tout est alors de l'argent véritable appartenant légalement à ses propriétaires. Un homme qui a vendu des marchandises à un autre pour de l'argent créé par une banque a un droit légal à la propriété de cet argent aussi valable que s'il était authentique, alors qu'un homme qui a la malchance de devenir le possesseur d'une pièce de monnaie contrefaite voit son droit à la richesse décrété dans le néant absolu dès que la pièce est détectée et clouée au comptoir. La propriété de la richesse ne se transmet pas à la livraison, mais la propriété de l'argent le fait. Le propriétaire de biens volés peut les récupérer même auprès d'un destinataire innocent, mais le destinataire innocent de l'argent est confirmé par la loi dans sa propriété, même s'il peut être prouvé que l'argent a été originellement volé à quelqu'un d'autre. Même s'il pouvait être démontré que les banques ont enfreint la lettre de la loi en créant de l'argent, comme elles l'ont certainement fait dans l'esprit et l'intention de la loi, cela n'affecte en rien la conclusion selon laquelle, à toutes fins pratiques, il n'y a pas de différence entre les dépôts d'argent authentiques et ceux qui sont créés par un prêt. Chacun d'entre eux est un droit valable sur la richesse de la communauté.

Il s'agit certainement d'une étape importante dans les efforts de l'auteur pour comprendre le problème. Ainsi, on peut être tenté de penser, lorsqu'on lit que, sur le montant total des dépôts bancaires, les trois quarts ou les quatre cinquièmes ont été créés par des prêts, que seul un quart ou un cinquième est réellement de l'argent appartenant véritablement aux déposants, et que le reste est emprunté à la banque et dû à la banque en même temps et par les mêmes personnes. Il n'en est rien. Les personnes qui doivent l'argent ne le possèdent plus, elles l'ont pour la plupart échangé contre des biens. Certes, ils remboursent continuellement, mais, tout aussi continuellement, la banque accorde de nouveaux crédits qui prennent la place de ceux qui ont été remboursés. Pratiquement tous les dépôts sont de véritables créances sur de l'argent appartenant légalement aux déposants individuels, mais l'argent qu'ils revendiquent n'a pas d'existence.

Argent imaginé pour exister dans le but de dans le but de produire des intérêts

Nous sommes donc parvenus à une conclusion très intéressante : alors que l'ancienne forme de monnaie métallique ne pouvait pas produire et ne produisait pas d'intérêts pour le propriétaire, et ne pouvait produire des intérêts que lorsqu'il se séparait de sa propriété et la prêtait à un autre, la nouvelle forme de monnaie de crédit - du moins avant la guerre, qui a vu la naissance du billet du Trésor - n'a pas d'existence, mais imagine qu'elle existe et est prêtée aux emprunteurs comme si elle existait dans le but de produire des intérêts. Cet argent inexistant passe par la vente entre les mains de ceux qui abandonnent quelque chose en échange, et qui possèdent donc maintenant ce qui n'existe pas. Aussi absurde que cette description puisse paraître, elle n'en est pas moins indéniable. Que toute personne possédant de l'argent qui lui appartient en propre - emprunté ou prêté par personne - se présente en même temps à la banque et le demande. La preuve de l'existence ou non de cet argent sera alors évidente. Comme tout le monde le sait, ils auraient de la chance s'ils obtenaient 2s. pour une livre sterling. Même si les banques conservent 15 % de leurs engagements en espèces, elles n'obtiendraient que 3 livres sterling. Comme les propriétaires n'ont pas récupéré l'argent qu'ils possèdent, que les banques ne l'ont pas récupéré et que les personnes qui l'ont emprunté ne l'ont pas récupéré, où se trouve l'argent ? Évidemment , nulle part. On imagine qu'il existe dans le but de percevoir des intérêts.

Ceux qui ont suivi l'exposé précédent sur le principe de la richesse virtuelle n'auront aucune difficulté à reconnaître l'argent comme une richesse imaginée pour exister dans le but de l'obtenir légalement à la demande, au fur et à mesure des besoins. Mais il s'agit là d'un argent démodé. La monnaie bancaire moderne pousse le processus d'imagination un peu plus loin en imaginant que l'argent lui-même existe dans le but de le prêter et de percevoir des intérêts. De l'argent purement fictif, dont la nation n'a pas autorisé l'émission, est fictivement prêté sans que personne n'y renonce, et crée ensuite des dépôts parfaitement authentiques et des droits légaux sur le marché de l'offre de richesse de la communauté, indiscernables à tous égards de ceux que la nation a autorisés.

Comment la Communauté est volée

Il est facile, en critiquant le système monétaire, de donner une fausse impression de ce qu'il était réellement. Bien que la création monétaire et le gonflement de la monnaie par le crédit bancaire privent l'ensemble de la communauté de la richesse équivalente à la nouvelle création, il ne faut pas croire que les banques aient jamais eu ou revendiqué un titre légal de propriété sur l'argent ainsi créé. Elles en ont obtenu l'usage permanent et la propriété des intérêts pour lesquels il a été émis. Les industries auxquelles l'argent a été prêté ont reçu de la communauté pour rien - au détriment du pouvoir d'achat général de l'argent - la richesse qu'elles ont achetée avec le nouvel argent, mais elles ont dû la restituer lorsque le prêt a été remboursé et que le crédit a été annulé. Dans la pratique, le crédit n'était jamais que temporairement annulé ; il était renouvelé à d'autres emprunteurs à la première occasion. Ainsi, une succession ininterrompue de personnes différentes sans argent étaient habilitées par les banques à acquérir temporairement des richesses de la communauté auxquelles elles n'avaient pas droit et pour lesquelles l'ensemble de la communauté payait.

Les banques ont négocié sur un capital monétaire qu'elles ont créé elles-mêmes, mais qu'elles n'ont pas prétendu posséder. Si elles étaient liquidées et que leurs activités étaient abandonnées, tout l'excédent de leur passif sur leur actif devrait être remboursé par ceux à qui elles ont prêté de l'argent. La quantité de monnaie serait alors réduite à, disons, un sixième de la quantité actuelle ou moins. Les prix, "en fin de compte", seraient réduits à un sixième à moins qu'une quantité correspondante de véritable monnaie nationale ne soit émise pour remplacer la monnaie fictive détruite, bien que, comme M. Keynes l'a sagement observé dans un contexte similaire, "en fin de compte, nous sommes tous morts". Si cela n'était pas fait, le dernier prêt à rappeler devrait être payé en monnaie d'une valeur six fois supérieure à celle à laquelle il a été émis, et la moyenne de l'ensemble des prêts serait plus de deux fois supérieure à leur pouvoir d'achat initial. Il s'agit là d'une distinction quelque peu vitale entre l'argent réel et l'argent fictif décrit ici. Le remboursement d'un prêt authentique n'affecte pas la quantité d'argent. Avec le remboursement de prêts fictifs, il y a beaucoup moins d'argent en existence, de sorte que le remboursement devient de plus en plus difficile au fur et à mesure qu'il est imposé. S'ils sont émis en période d'expansion et annulés en période d'effondrement, ils sont remboursés en unités monétaires d'une valeur supérieure à celle de l'emprunt.

Quelques données monétaires

En dehors des banques, très peu de gens connaissent la quantité d'argent dans pays et la manière dont il est comptabilisé. Même M. Hartley Withers le dit :

"Les relevés bancaires et les bilans ont toujours eu pour but de voiler discrètement la modestie de nos institutions monétaires plutôt que de laisser toute la lumière du jour tomber sur les beautés de leurs chiffres et de leurs proportions. Depuis la guerre, c'est plus que jamais le cas. Une grande partie des informations qui étaient autrefois rendues publiques n'ont pas été divulguées".[37]

H. W. Macrosty[38] se plaint que :

"Les chiffres publiés concernant nos transactions bancaires, qui sont certes abondants et communément considérés comme suffisants, ne sont ni clairs ni suffisants..."

En ce qui concerne le rapport important entre les dépôts réels, qui ne peuvent être utilisés qu'après un préavis - ou "dépôts à terme" - et l'argent sur le compte courant, il déclare ce qui suit :

"Il n'est pas improbable que la proportion des dépôts à terme dans les banques britanniques représente un cinquième du montant total des dépôts, comme c'est le cas pour les 800

---

[37] Les banquiers et le crédit, *p. 4.*

[38] H. W. Macrosty, *Journal Statistical Society*, mars 1922, vol. LXV, p. 177.

banques principales du système de la Banque fédérale des États-Unis.

Le très honorable Reginald McKenna, ancien chancelier de l'Échiquier et président de la London Joint City and Midland Bank, a donné au public un grand nombre d'informations. Prenant la parole le 29 janvier 1920, il a estimé le pouvoir d'achat du public, mesuré par le montant total des dépôts bancaires, ajouté au montant total de la monnaie en circulation, à 1 198 livres sterling en 1914 et à 2 693 livres sterling en 1920.

Les devises détenues par les banques en juin 1914 étaient de 75 millions de livres et en décembre 1919 de 191 millions de livres. Il a estimé l'*augmentation des* dépôts bancaires au cours de la période à 1 230 £, dont il a attribué 1 114 £ aux prêts bancaires. Macrosty a estimé que la monnaie entre les mains du public s'élevait à 128 millions de livres et entre les mains des banques à 75 millions de livres en juin 1914, alors qu'à la fin de 1919, la monnaie entre les mains du public s'élevait à 393 millions de livres et entre les mains des banques à 116 millions de livres. Les deux estimations divergent considérablement en ce qui concerne les chiffres de 1920.

Mais il semble parfaitement sûr de conclure qu'environ deux milliards de livres sterling, d'un rang à tous égards égal à celui de l'argent réel, sont créés par les banques et portent intérêt au taux bancaire, et qu'un tribut annuel de l'ordre de cent millions de livres par an est prélevé sur le revenu national par ce moyen.

Il n'y a pas non plus de risque digne de ce nom, car les prêts sont sans doute tous bien couverts par des titres de garantie qui seraient vendus en cas de défaillance du débiteur ou, si cela n'était pas possible, un moratoire serait décrété, comme en août 1914.

Ces données sont de la plus haute importance pour le sujet et il est très dommage qu'elles ne soient pas mises à la disposition du public de manière fiable et moins ambiguë. Il est intéressant de savoir que la valeur monétaire de la richesse virtuelle de la communauté était d'environ 1 200 £ avant la guerre et d'environ 2 700 £ en 1920. L'une des rares données connues avec précision est le montant des chèques, des billets, etc., compensés chaque année par la Bankers' Clearing House de Londres. En 1924, ce montant s'élevait au total stupéfiant de près de 40.000 livres sterling, soit trois fois le total de 1913 et quatre fois celui de 1900.

On remarquera que les sommes annuelles dépensées par chèques, etc., représentent environ quinze fois le montant total des dépôts bancaires, et pas moins de cent fois la monnaie entre les mains du public. Le montant de ce dernier est étonnamment faible par rapport à la population, puisqu'il ne s'élève qu'à 6 ou 7 livres sterling par tête, et que même la totalité gonflée des dépôts bancaires ne représente qu'environ 40 livres sterling par tête.

Des considérations de ce genre amènent les économistes à rejeter avec mépris, comme une illusion, tout projet de réforme sociale qui consisterait à "jouer avec la monnaie". Si l'on entend par là l'impression d'une quantité toujours plus grande d'argent contre des dépenses, la raison en est évidente. Les richesses sont consommées, mais l'argent est éternel. A l'exception d'une perte minime, éventuellement due à un incendie ou à un accident similaire, une pièce ou un billet mis en circulation continue à circuler jusqu'à ce qu'il soit retiré de la circulation. Une pièce de 1 £ n'achète pas 1 £, mais 1 £, *tous les mois* ou presque, pour toujours, en moyenne. Là encore, la "durée moyenne de circulation" est très imparfaitement connue et a été diversement estimée à différentes périodes de l'histoire, mais un mois semble être une estimation probable. On pourrait tout aussi bien essayer d'estimer la vitesse d'un cours d'eau qui s'écoule par endroits à travers de vastes lacs et à d'autres endroits au-dessus de cataractes écumantes, dont la majeure partie n'a aucune existence physique, mais qui disparaît mystérieusement sous terre à un endroit et, à un autre moment, réapparaît à un autre endroit.

La monnaie moderne, une nouvelle institution

Ces considérations peuvent servir à montrer combien les faits du système monétaire existant sont peu connus, mais elles sont probablement suffisantes pour donner une idée générale de l'ordre de grandeur en cause et, dans la mesure où les maux qui affligent la société sont d'origine monétaire, pour suggérer une réforme. Cette brève analyse de l'origine de la monnaie moderne révèle qu'une altération complète et insoupçonnée s'est produite dans la nature même de la monnaie avec la découverte d'instruments financiers permettant d'économiser l'usage de la monnaie. Il faut donc la considérer comme un phénomène entièrement nouveau et revenir aux principes premiers pour l'examiner. Presque par accident, certainement comme un sous-produit imprévu à l'origine du système des chèques, le pouvoir d'émettre et de retirer la monnaie a entièrement échappé au contrôle de la nation pour passer entre les mains du banquier. Si quelqu'un prétend que ce pouvoir est exercé, selon un système bien pensé et intelligible, pour distribuer les richesses abondantes qu'une communauté moderne est en mesure de produire par des méthodes scientifiques, afin que les membres puissent obtenir des richesses pour la consommation, qu'il regarde autour de lui. L'argent est aujourd'hui émis principalement pour l'usure. Même pour l'individualiste le plus convaincu, cela semble pousser le principe de la liberté un peu loin. Si certaines personnes ont le droit d'émettre de l'argent, pourquoi pas l'ensemble de la nation, au fur et à mesure des besoins ?

Le financier met en avant les réalisations de la science au cours du siècle dernier comme un hommage à la solidité et à l'adaptabilité des systèmes monétaires et bancaires britanniques. Dans le meilleur des cas, il faut les considérer comme un bricolage temporaire, extemporané pour répondre à une phase particulière du progrès rapide des sciences matérialistes, et, maintenant que cette phase est passée, manifestement inadapté à celle qui lui a succédé.

La coexistence continue du chômage et de la pauvreté à l'ère de la science est une condamnation suffisante.

Ce système permet à une nation qui ne que d'environ 500 livres sterling au maximum de prêter quelque 2 000 livres sterling et de dépenser quelque 40 000 livres sterling par an par le seul biais des chèques. Surtout depuis que les grandes banques se sont regroupées - plus de 90 % des affaires sont entre les mains d'un groupe connu sous le nom de "*Big Five*" - le pouvoir d'achat exercé par les chèques n'exerce pas une très grande influence sur l'ampleur des "dépôts", car le chèque ne fait que débiter un compte et en créditer un autre en même temps, à l'exception de la petite partie effectivement encaissée, sans affecter l'agrégat. Pourtant, la plupart des gens croient encore que les banques ne prêtent qu'à l'argent que leurs clients *n'utilisent pas*.

Pour tout homme d'affaires, la connaissance de la vérité devrait suffire à condamner le système selon les canons de la concurrence ordinaire. Dans quel autre domaine de l'activité humaine est-il possible de créer un capital par un acte d'imagination et de tirer de son existence supposée un revenu pérenne, comme s'il s'agissait d'une richesse réelle utilisée de manière productive ?

Nous avons vu comment, dans la société cultivée, la notion de revenu périodique s'est imposée et a pris le pas sur la notion de montant réalisé, et comment nous considérons notre revenu annuel comme l'élément réellement important, en le divisant par le taux d'intérêt pour le moment afin d'obtenir sa valeur globale.

Quelle est donc la différence, dans la "société cultivée", entre l'émetteur de fausse monnaie et les banques ? L'un prétend être propriétaire d'un montant réalisé frauduleusement, tandis que l'autre ne le prétend pas, mais se battra assurément pour obtenir, en tant que propriété propre en cas de contestation, la recette périodique dérivée d'un montant réalisé imaginaire.

Les banquiers comme gouvernants

Mais ce n'est qu'une question mineure par rapport à l'effet qu'elle a en faisant du banquier le véritable dirigeant de la nation. On peut certainement faire confiance aux banquiers pour connaître leurs propres affaires, mais ce ne sont pas les affaires du gouvernement. La prérogative d'émettre de la monnaie a toujours été considérée comme la prérogative essentielle du gouvernement.

C'est peut-être la seule prérogative qui soit essentielle. Alors qu'un banquier n'est pas responsable du gouvernement de la communauté, mais des intérêts de ses propres clients. Le gouvernement par le banquier est essentiellement, et dans sa forme la plus pure, un gouvernement dans l'intérêt des possédants au détriment des sans-propriétés. Il vaut mieux, en effet, que la connaissance de la science ait été enterrée, comme celle de la finance, sous un jargon mystique dans la tenue d'une hiérarchie secrète plutôt que d'exploiter et d'asservir plutôt que de libérer les pauvres.

"À qui appartiennent cette image et cette inscription ? Les pièces de monnaie et les billets de trésorerie portent toujours l'empreinte *Georgius V. D.G. Britt. Omn. Rex*, mais la plus grande partie de la monnaie omet le premier mot qui précède les cinq grands. Cela nous rappelle la version de l'écolier de la citation scripturale : Il dit : "Apportez-moi un sou". On lui apporta un sou. Il regarda le penny et dit : "À qui appartient cette misérable souscription ?".

CHAPITRE VIII

LE POUVOIR D'ACHAT DE L'ARGENT

Valeur de l'or et valeur des marchandises.

La tâche qui consiste à essayer de comprendre comment l'argent est multiplié au moyen du crédit bancaire - abstraction faite de l'éthique de la transaction - est cependant simple par rapport à celle qui consiste à essayer de déterminer exactement ce qui, dans le système, a fixé la quantité totale d'argent dans un pays, et dans cette mesure sa valeur ou son pouvoir d'achat. Nous avons vu que cette quantité, quelle qu'elle soit, exprime la valeur *monétaire* de la richesse virtuelle de la collectivité. Il est simple de se représenter cette dernière comme l'ensemble des richesses de toutes sortes nécessaires à la vie, que l'ensemble des individus de la communauté s'abstient d'acheter, bien qu'il en ait la possibilité.

Ou, comme les individus eux-mêmes l'envisageraient, la partie de leur possession totale qu'ils doivent conserver sous forme d'argent pour mener à bien leurs affaires commerciales et domestiques. Considéré comme ce que l'argent servirait à acheter, il s'agit probablement d'un montant très précis et conservateur, qui augmente avec le nombre de personnes dans la communauté et leur prospérité matérielle ou leur revenu, qui est affecté, mais seulement très progressivement, par les changements dans les méthodes et les habitudes financières et bancaires, qui est modifié, mais à contrecœur et seulement temporairement, par les changements dans le niveau des prix ou le pouvoir d'achat de l'argent, mais qui est une quantité assez précise et un très bon indicateur ou indice du bien-être et de la prospérité du pays.

Si, comme dans ce pays avant la guerre, la monnaie est maintenue sur une base d'or en étant échangeable sur demande contre des pièces d'or, et si l'or peut être librement importé et exporté à un prix fixé par la loi, frappé en souverains ou refondu en lingots selon les besoins, le pouvoir d'achat de la monnaie est maintenu constant en termes d'or, mais non en termes de biens en général, ce qui est la véritable mesure de la richesse virtuelle. Si nous supposons que cette dernière ne change pas et que la valeur de l'or par rapport aux biens en général diminue, nous aurons une hausse du niveau général des prix et, inversement, une baisse, si la valeur de l'or s'apprécie par rapport aux biens en général.

Ainsi, sur la base de l'or, nous exprimons la richesse virtuelle, qui est une quantité relativement intelligible et constante en termes de vie quotidienne et de ses nécessités, sous la forme d'une quantité variable d'or, dont la valeur d'échange en termes de biens est l'un des facteurs les plus insaisissables et les plus mal compris de l'expérience humaine. Nous pouvons penser que nous pouvons l'analyser et le comprendre tel qu'il fonctionne et a fonctionné dans un pays - comme, par exemple, dans ce pays - pour découvrir que, de même qu'un changement intervient dans la nature de la monnaie lorsque nous considérons les nations plutôt que les individus, de même un changement intervient dans l'or en tant que monnaie internationale lorsque nous considérons non pas un seul pays, mais le monde entier.

Préoccupés par ses sorties et ses entrées entre un pays et le reste du monde, nous oublions que, bien que le niveau général des prix soit égalisé entre les pays sur la base de l'or, nous sommes toujours aussi loin de déterminer ce que ce niveau de prix peut être et ce qui, en fait, le détermine. Mais, le lecteur peut se demander si cela a beaucoup d'importance. Certes, s'il n'y avait pas de dettes, ou pas de dettes de plus de quelques semaines ou de quelques mois, et s'il n'y avait pas d'idées traditionnelles sur l'importance des salaires, des traitements, etc., cela n'aurait pas tant d'importance ; mais dans un monde qui est un enchevêtrement inextricable de dettes et de contrats mutuels plus ou moins permanents, individuels, nationaux et internationaux, rien ne peut avoir plus d'importance. Dans la citation suivante, nous voyons l'économiste à son meilleur, avec une froide précision scientifique et une clarté cristalline, exposant des principes qu'il ne serait guère politiquement économique d'appliquer à des problèmes plus proches, tels qu'ils se posent dans un pays étranger :

"Si nous regardons vers l'avenir, en détournant les yeux des hauts et des bas qui peuvent faire et défaire les fortunes dans l'intervalle, le niveau du franc sera réglé à long terme non pas par la spéculation ou la balance commerciale, ni même par l'issue de l'aventure de la Ruhr, mais par la proportion de son revenu gagné que le contribuable français permettra qu'on lui prenne pour payer les créances des *rentiers* français. Le niveau du franc continuera à baisser jusqu'à ce que la valeur marchande des francs dus aux *rentiers* soit tombée à une proportion du revenu national qui corresponde aux habitudes et à la mentalité du pays".[39]

Il ne serait peut-être pas faux de généraliser cela pour expliquer le phénomène mondial de dépréciation de la monnaie à travers les âges. Si nous nous tournons vers l'avenir, en détournant nos yeux des découvertes hasardeuses d'or qui peuvent faire et défaire des fortunes, et de la croissance irrégulière des connaissances et des inventions, le pouvoir d'achat de la monnaie n'est réglé à long terme ni par la science, ni par la finance, ni par le commerce, mais par la proportion de son revenu gagné que le travailleur laisse lui être enlevée par le *rentier*. Il continuera à baisser jusqu'à ce que la valeur marchande de l'argent due aux *rentiers* tombe à la proportion du revenu national qui correspond aux habitudes et à la mentalité du monde en croissance.

Comment la valeur-or de la monnaie a été maintenue

En bref, nous devons noter l'explication ordinaire de la méthode par laquelle, dans ce pays, avant la guerre, la valeur de la monnaie a été maintenue constante par rapport à l'or.

Le système monétaire d'avant la guerre était basé sur l'or, en ce sens que la monnaie pouvait toujours être échangée contre des pièces d'or sur demande, et celles-ci, à un taux invariable défini par le Bank Charter Act, contre des lingots d'or destinés à l'exportation, pour payer le solde éventuel des marchandises importées de pays étrangers par rapport à celles qui leur étaient exportées.

---

[39] J. M. Keynes, *Réforme monétaire*, 1923, p. 73.

En effet, le commerce extérieur est nécessairement, dans un premier temps, un commerce de troc. Avec la stabilisation des conditions politiques et le développement de la confiance mutuelle, il est devenu inutile, pour assurer la circulation de la monnaie, que celle-ci soit en or, et le simple fait de pouvoir exiger de l'or en échange a suffi. Ainsi, bien qu'encore largement utilisée dans les transactions mineures, la monnaie métallique ou *liquide* a été reléguée à une petite proportion de tout ce qui fonctionne aujourd'hui comme monnaie dans la communauté.

Dans un rapport présenté à la Chambre des communes sur cette crise en 1857, l'un des principaux banquiers a déclaré que, dans sa maison, les transactions en espèces sur le site ne dépassaient guère 2 et que, dans le cas des autres banques, elles n'atteignaient que 0,25 %. Naturellement, dans le commerce de détail, l'argent liquide est beaucoup plus utilisé que dans le commerce de gros. [40]

Mais le pouvoir du public de demander de l'or - qui était alors la seule monnaie légale pour de grandes quantités - et la nécessité légale pour le banquier de le fournir ou de faire faillite, ont fait peser sur le banquier plutôt que sur le gouvernement la responsabilité de veiller à ce qu'il y ait suffisamment d'or dans le pays.

La vaste superstructure du crédit bancaire a été empêchée de déprécier la monnaie en termes d'or, et n'a pu être développée qu'aussi rapidement que la communauté a augmenté sa richesse virtuelle (calculée en termes d'or) par le mécanisme automatique suivant : si trop de monnaie a été créée et que les prix ont augmenté, le pouvoir d'exiger de l'or en échange de la monnaie, bien que normalement inutile pour le citoyen ordinaire, était d'une grande importance pour ceux qui étaient engagés dans le commerce extérieur. Bien que le prix de toutes les autres marchandises ait augmenté, celui de l'or n'a pas pu le faire, étant maintenu constant par la loi. Le moyen le plus économique de régler les dettes étrangères était donc d'exporter l'équivalent en or plutôt qu'en toute autre marchandise. Cela réduisait la quantité d'or ayant cours légal

---

[40] Pour les Etats-Unis, les chiffres donnés par le professeur Fisher sont, pour 1896, 14 % d'argent et 91 % de chèques ; pour 1909, 9 % d'argent et 91 % de chèques. La monnaie de crédit se développe rapidement aux Etats-Unis, mais n'a pas encore atteint la même position dominante qu'ici. (*Le pouvoir d'achat de l'argent*, 1922, p. 318.)

dans le pays, de sorte que le banquier, pour maintenir sa solvabilité, devait annuler des crédits à hauteur de plusieurs fois la quantité de pièces d'or fondues et exportées et, en réduisant ainsi les prix sur le marché intérieur, arrêter l'écoulement de l'or. Il lui fallait donc contracter des crédits. Il tenta d'amener ses clients à le faire eux-mêmes volontairement en augmentant le taux d'intérêt bancaire, *mais*, si cela ne suffisait pas,[41] il fit arbitrairement appel à des prêts déjà accordés. Cela détruisait l'argent en circulation aussi littéralement que l'octroi de crédit l'avait créé en premier lieu, et en diminuant la quantité d'argent "à l'extrémité ", cela diminuait les prix en proportion. Il n'est pas nécessaire à ce stade de faire plus qu'effleurer le mécanisme du processus. Entrer dans l'éthique de la question et retracer les pertes et les risques arbitraires qu'elle impose à des personnes parfaitement innocentes et sans défense, faisant de leur mieux selon leurs lumières pour répondre aux besoins de la communauté, nous entraînerait trop loin.

Mais il ne faut pas conclure trop hâtivement, comme on l'a souvent fait, que le marché libre de l'or à un prix fixe, que ce pays a offert au monde, était une politique erronée, ou que les négociants étrangers agissaient de façon antipatriotique en vidant le pays de son or en temps de besoin, en forçant le taux d'intérêt et en condamnant à la faillite et à la ruine ceux dont les prêts ont été appelés à être remboursés. Le commerçant étranger n'est que l'instrument involontaire d'une nécessité désagréable. [42]

Le commerce extérieur est à la base du troc et est payé en marchandises, parfois en titres ou en créances sur la richesse future, jamais en argent, qui est une créance sur la richesse à la demande, valable uniquement dans le pays d'émission. Pour qu'un commerçant de ce pays puisse acheter à l'étranger, les commerçants de l'étranger doivent acheter l'équivalent ici. À long terme, si les transactions ne

---

[41] E. Dick, dans un ouvrage récent, *The Interest Standard of Currency*, 1925, soutient que l'augmentation du taux d'intérêt bancaire augmente plutôt qu'elle ne diminue la demande de crédit, et que la bonne solution est d'abaisser le taux afin de contracter la monnaie.

[42] La hausse des prix et la sortie de l'or se révèlent plus tard être la conséquence physiquement nécessaire de l'émission des emprunts fictifs dans un premier temps.

s'équilibrent pas, il faut envoyer de l'or pour compenser la différence. En raison de cette restriction, le commerce extérieur diffère de la simplicité et de la liberté de la gestion domestique.

Ainsi, au stade où nous en sommes, les banquiers d'une nation sont approprié environ quatre cinquièmes de la richesse virtuelle, ou de l'argent du pays soumis au système, en tant que dette portant intérêt, mais ils n'ont pas été en mesure d'affecter ou de déprécier la valeur *en or* de l'argent de manière permanente. La question de savoir si les banques, en tant qu'organisation internationale, ont le pouvoir de déprécier la valeur *réelle* de la monnaie est beaucoup plus difficile et exige plus d'attention qu'elle n'en a reçue jusqu'à présent. En effet, le mécanisme ne fait que maintenir à peu près identique le niveau des prix dans les différents pays sur la base de l'or. Il ne prétend pas maintenir les prix des biens en termes d'or constants avec le temps et, en fait, il les a laissés varier énormément.

La situation actuelle

Le moratoire déclaré dans ce pays en 1914, avant même qu'un coup de feu n'ait été dans la Grande Guerre, a montré que les banques sont devenues si vitales pour les intérêts de la nation qu'elles peuvent faire appel au crédit national pour les sauver, elles et leurs déposants, de la ruine en cas de grande urgence. À l'époque, le public a non seulement supporté le fardeau, mais il a aussi perdu son droit d'exiger de l'or en échange de son argent et a souffert de l'avilissement de la monnaie. Ces deux restrictions à l'expansion du crédit ont donc été supprimées. Les banques n'ont pas à craindre une ruée sur leurs réserves d'argent, et il n'y a pas non plus de régulation automatique de la valeur en or de la monnaie. Le fait que leur politique actuelle consiste à dégonfler la monnaie plutôt qu'à la gonfler n'a rien à voir avec la question. Ce sont eux, et non le gouvernement politique, qui régissent réellement les affaires économiques du pays. Ce sont eux qui font les profits et les contribuables et les citoyens qui supportent les pertes du système.

Au moment où nous écrivons ces lignes (1925), la base or a été partiellement rétablie, en ce qui concerne les transactions avec l'étranger, bien qu'il reste à voir si elle peut être maintenue sans répudier la responsabilité d'une grande partie de la dette nationale qui s'en trouve grossièrement amplifiée. Mais il est désormais possible à un commerçant de payer en or des marchandises achetées à l'étranger, s'il le souhaite. Le système qui régulait dans ce pays la quantité de monnaie existante a cessé en 1914 et, quoi qu'il arrive, il est certain qu'il ne sera pas complètement rétabli.

Le sujet est pour ainsi dire suspendu dans les airs en ce moment, et tous les manuels monétaires sont devenus obsolètes et trompeurs.

Dans ce domaine, c'est comme si l'on venait d'admettre que le jour et la nuit sont dus à la rotation de la terre sur son axe, et non à la rotation du soleil autour de la terre, et que, malgré son impiété manifeste, la nouvelle vision héliocentrique avait peut-être quelque chose à offrir. En l'absence d'une véritable analyse de la nature physique de la richesse, et en raison de la confusion universelle, tant dans l'économie populaire que dans l'économie technique, entre richesse et dette, la théorie monétaire a été jusqu'à présent aussi impressionniste que la théorie ptolémaïque de l'univers apparaît aujourd'hui.

La variabilité de l'or

Le professeur Irving Fisher, parmi les économistes orthodoxes, a été le premier à attirer l'attention sur les méfaits d'un étalon monétaire variable et a beaucoup fait pour que l'importance de la question soit plus généralement reconnue. Mais parmi les non orthodoxes, Silvio Gesell sur le continent et M. Arthur Kitson[43] dans ce pays, ont été comme des voix criant dans le désert, des années avant que d'autres ne prennent conscience de l'intérêt vital de la question. Voici des extraits d'une conférence donnée par le professeur Fisher en 1924 devant la Boston Ethical Society.[44] Parlant des États-Unis, il dit

"Regardons les chiffres de ce pays en 1860. Si nous prenons 1860, avant la guerre civile, nous constatons que le

---

[43] Comparez *A Scientific Solution of the Money Question*, 1894, Arena Co., Boston, U.S.A. ; *A Fraudulent Standard*, 1917 ; *Trade Fallacies ; Unemployment*, 1921, et d'autres ouvrages d'Arthur Kitson ; et de Silvio Gesell, *Aktire Währungspolitsk*, 1908, et *Die Natürliche Wirtschaftsordnung durch Freiland Freigeld*.

44 *Ethics in the Monetary System*, "The Standard", publié par l'American Ethical Union, janvier 1925, p. 145.

pouvoir d'achat est à peu près le même qu'en 1913, avant la Grande Guerre. Nous pouvons appeler le niveau de 1860 ou de 1913 "le niveau d'avant-guerre" et le considérer, par commodité, comme normal. Le dollar était alors, pour ainsi dire, un dollar. C'est en fonction de ce dollar d'avant-guerre que nous pouvons mesurer le dollar à n'importe quel autre moment.

"Nous constatons qu'au moment de la guerre civile, de 1860 à 1865, il ne valait plus que 40 cents avant la guerre. À partir de ce moment-là, il a commencé à s'apprécier, d'abord très rapidement, puis plus lentement, jusqu'à atteindre son maximum en 1896, où il valait 152 cents d'avant-guerre. De 1896 à 1913, le dollar est passé de 152 cents d'avant-guerre à 100, c'est-à-dire à un niveau "normal". À partir de 1913, il a continué à baisser, passant de 100 cents d'avant-guerre à 40 cents en mai 1920. Ensuite, il y a eu une déflation et une augmentation de la valeur du dollar. Le dollar est alors repassé de 40 à 72 cents d'avant-guerre en janvier 1922. Depuis lors, il est plus stable qu'il ne l'a été pendant de nombreuses années, et pourtant, il a légèrement fluctué de semaine en semaine... Notre dollar instable a fait les poches des détenteurs d'obligations... L'ampleur de ce vol subtil est prodigieuse.

"Le professeur W. I. King, l'un des meilleurs statisticiens que je connaisse, lorsqu'il s'est exprimé en faveur d'un projet de loi sur ce sujet au Congrès il y a environ un an, a déclaré que, pour autant qu'il puisse en juger, il y avait eu une sorte de ponction de quarante milliards de dollars aux États-Unis au cours de la dernière demi-douzaine d'années

"Lorsque nous aurons enfin stabilisé le dollar, comme nous le faisons pour toutes les autres mesures, afin de contribuer à l'honnêteté des affaires, nous aurons fait un grand pas en avant dans la sauvegarde et l'amélioration de l'éthique commerciale".

Dans son livre *The Purchasing Power of Money* (1911), il affirme que le pouvoir d'achat de l'argent était, il y a mille ans, cinq fois supérieur à ce qu'il était en 1911, et de 1200 à 1500 après J.-C., deux à trois fois supérieur. Au cours du siècle dernier, avant la guerre, il y a eu cinq périodes bien marquées dans tous les pays en ce qui concerne l'évolution du pouvoir d'achat de l'or. Au cours des quarante années qui se sont écoulées entre 1809 et 1849, les prix ont baissé dans un rapport de 5 à 2.

Les méfaits d'une norme variable

Après les expériences amères de ces dernières années, rares sont ceux qui peuvent ignorer l'injustice criante d'un étalon monétaire variable. Les principes éthiques qui sous-tendent l'institution de la monnaie font intuitivement appel au bon sens de l'humanité. De même que nous admettons sans discussion que l'utilisation de faux poids et de fausses mesures est indéfendable en toutes circonstances et que nos étalons doivent être invariables et placés hors d'atteinte, de même le même principe devrait être admis sans conteste en ce qui concerne la valeur de l'argent. Une variation de la valeur de l'argent, en termes de richesse, prive arbitrairement une classe de la communauté au profit des autres. En la matière, les gens sont enclins à "aggraver les péchés auxquels ils sont enclins en condamnant ceux qu'ils n'ont pas l'intention de commettre". Une baisse de la valeur de l'argent, ou une hausse du niveau général des prix, spolie ceux qui perçoivent des salaires et des revenus d'un montant monétaire fixe et avantage ceux qui vivent de l'achat et de la vente. Elle allège les dettes passées de la communauté et, si l'ancienne monnaie devient sans valeur, comme cela s'est produit en Russie, en Autriche et en Allemagne, elle les efface. Ainsi, un homme peut s'apercevoir que les économies de toute une vie ne valent pas un sou, et qu'une bouteille vide vaut maintenant plus que l'argent que a reçu auparavant de la vente de sa vigne. La chute des prix et l'augmentation de la valeur de l'argent par rapport à la richesse ne sont pas moins désastreuses. Elle frappe un autre groupe de personnes et met hors d'état de nuire le commerçant, l'industriel et ses salariés. Nous ne pourrons faire un pas en avant dans ce domaine que si nous parvenons à concevoir un système monétaire dans lequel l'argent n'est émis ni à l'usure ni en réponse à la pression politique de tel ou tel intérêt particulier, mais par la nation uniquement et librement en fonction de ce qui est nécessaire pour maintenir sa valeur par rapport à la richesse aussi constante que possible d'un siècle à l'autre. Tout autre idéal revient à accepter la définition de l'économie politique de Stephen Leacock, qui enseigne que nous ne savons rien des lois de la richesse.

Les méfaits d'une pénurie de monnaie

Il est extraordinairement difficile, mais en même temps essentiel, de comprendre les véritables facteurs ultimes qui, au cours de la période allant du Bank Charter Act de 1844 à l'émission de billets du Trésor national en 1914, ont réellement limité l'expansion de la monnaie et, avec elle, la prospérité du pays et son taux de production de richesses consommables. Le fait que les forces en jeu n'aient pas été comprises, même de loin, est illustré par l'alternance de périodes d'expansion et de ralentissement du commerce, appelée cycle commercial, qui, comme la météo, était considérée comme totalement incompréhensible pour l'homme.

Il peut être utile d'essayer de comprendre ce qui se serait passé si la monnaie de crédit n'avait pas si largement remplacé les métaux précieux en tant que monnaie, et si ces derniers étaient restés le seul moyen d'échange. Selon l'opinion courante, les prix auraient eu tendance à baisser considérablement à mesure que les nouvelles capacités de production auraient dépassé - non pas, comme on le dit habituellement, le taux auquel l'or a été gagné, mais l'ensemble de l'or existant. Les économistes ont commis de nombreuses erreurs de ce type en ne distinguant pas clairement les deux catégories de richesse - permanente et périssable - sur lesquelles nous avons déjà insisté, mais nous reviendrons plus tard sur ce point.

L'extraction de l'or et de l'argent étant essentiellement très spéculative et dépendant de découvertes fortuites, il s'écoule nécessairement beaucoup de temps avant qu'une demande de métaux précieux puisse augmenter de manière significative la quantité globale disponible pour la monnaie. Mais leur utilisation en tant que produits de base, pour la bijouterie et la thésaurisation, permet d'augmenter la monnaie à partir de ces sources si leur valeur ou leur pouvoir d'achat augmente au point d'inciter les gens à se débarrasser de leurs ornements et à dépenser leurs accumulations. La triple fonction des métaux précieux en tant que pièces de monnaie, bijoux et réserves est à l'origine d'une grande partie de la complication du sujet.

Si les prix des biens augmentent en termes d'or, une quantité donnée d'or, bien que son acquisition consomme la même richesse, comme la nourriture, etc., achète de moins en moins de richesse jusqu'à ce que l'extraction de l'or devienne non rentable. *Par contre*, une baisse des prix stimule l'extraction de l'or.

Un exemple pratique de l'effet, mais non de la cause, a été observé pendant la guerre qui, bien qu'elle ait produit une demande d'or énormément stimulée pour l'expansion de la monnaie, a rendu l'extraction de l'or relativement peu rentable ! En effet, la demande a été satisfaite par la démonétisation partielle de l'or et la création d'un papier-monnaie inconvertible. Cela a fait monter les prix et a rendu l'extraction de l'or non rentable, exactement comme si l'or avait été réellement gagné.

Pour en revenir au cours probable des événements, si la monnaie de crédit n'avait pas été inventée, il ne fait aucun doute qu'en fin de compte la chute des prix aurait été freinée. Une plus grande partie de et une plus grande proportion de l'énergie mondiale auraient été consacrées à la tâche financièrement profitable, mais socialement stérile, d'accumuler de l'or et de l'argent pour la monnaie, jusqu'à ce qu'une quantité suffisante ait été accumulée pour distribuer les revenus croissants de la richesse sans que le niveau des prix ne baisse davantage. L'effet des grandes améliorations dans la connaissance de l'extraction de l'or dues aux découvertes scientifiques, auxquelles il sera fait allusion plus tard, aurait été dans la même direction.

Il est vrai qu'il y aurait eu des maux et des bouleversements très importants et pénibles. Le cours réel des événements historiques, lorsque des vagues successives de prospérité commerciale ont résulté de chacune des grandes découvertes d'or du siècle dernier, montre que, même avec l'utilisation croissante de la monnaie de crédit, ces maux n'ont pas été totalement évités. L'usure aurait atteint des taux tout à fait exorbitants, bien que le tribut prélevé aurait probablement été insignifiant par rapport à celui qui est prélevé aujourd'hui dans le cadre d'un système monétaire perverti à cette fin. En général, toutes les dettes se seraient appréciées en valeur réelle, à mesure que les prix de l'argent auraient baissé. La main morte du passé aurait pesé lourdement sur la terre.

Réduction de la production plutôt que des prix

Mais les maux essentiels de la rareté de la monnaie sont dus à la réduction de la production plutôt qu'à celle des prix. La théorie quantitative de la monnaie[45] fonctionne parfaitement *dans un sens*.

L'augmentation de la quantité de monnaie accroît temporairement, mais de façon peu durable, la richesse virtuelle globale, et les prix augmentent très rapidement en proportion de cette

---

[45] Pour un exposé de la théorie de la quantité de monnaie, voir Irving Fisher *The Purchasing Power of Money (Le pouvoir d'achat de la monnaie)*.

augmentation. Ce que certains gagnent, d'autres le perdent. Mais la diminution de la quantité de monnaie est susceptible de diminuer la richesse virtuelle en proportion de façon beaucoup plus permanente, laissant les prix inchangés et la production réduite par la ruine de ceux qui sont engagés dans l'entreprise.

Il s'agit d'une perte sèche, et non, comme dans le cas précédent, d'une simple redistribution de la richesse, et elle se traduit par une réduction beaucoup plus permanente de la richesse virtuelle.

Alors qu'un excès d'argent incite à la vente, un déficit constitue un obstacle fatal. Pour les vendeurs, dont l'activité consiste à vendre des richesses contre de l'argent, l'argent est la principale considération. Pour l'acheteur et le consommateur, c'est la richesse qui l'est. Le consommateur est exposé à une concurrence accrue avec d'autres, en raison de l'augmentation de la quantité d'argent, et il est impuissant à résister à une hausse des prix. Mais personne de sensé, qui a produit ou fait produire de la richesse pour la vendre, et qui a, au cours d'une période passée, encouru les charges liées à la production, ne va volontairement la vendre à perte pour satisfaire à la théorie de la quantité de monnaie. Si ses concurrents essayaient de faire de même, ils ne pourraient pas rester longtemps en concurrence. Le résultat est que moins de biens sont achetés avec moins d'argent au même prix, et non pas que les mêmes biens sont achetés à un prix réduit. Ou, dans le cas , que la possibilité d'augmenter la production par de nouvelles inventions reste longtemps inexploitée, et qu'avec des pouvoirs de production croissants, la production de richesse, comme dans ce pays actuellement, stagne. [46]

Pour une période d'inflation (augmentation de la monnaie par rapport au revenu de la richesse), la théorie quantitative est un guide approximatif des faits. En revanche, pour une période de déflation (diminution de la monnaie par rapport au revenu de la richesse), l'ancienne théorie mercantile, ou théorie des marchandises, qui considère la monnaie comme une marchandise ou un article de valeur, ce qui correspond à la conception que le vendeur a de la monnaie, est un meilleur guide. Si cela peut réconforter les partisans de la première

---

[46] Pour un exposé très clair de cette question, voir John Strachey, *Revolution by Reason, 1925.*

théorie, on peut aisément admettre que, sans aucun doute, elle fonctionnerait si elle n'avait pas la conséquence malheureuse de ruiner ceux qui se sont engagés dans l'entreprise - le travail comme le capital - et, en fin de compte, au de M. Keynes, "après notre mort à tous", il ne fait aucun doute qu'elle doit fonctionner.

Que reste-t-il de la valeur de l'étalon de valeur ?

A partir de ces considérations, nous pouvons commencer à comprendre non seulement l'extraordinaire fascination que l'or a exercée depuis les temps les plus reculés sur l'esprit humain et la persistance du culte du veau d'or implicite, bien qu'inavoué, dans la pensée contemporaine, mais aussi l'influence extraordinaire que certains des plus grands spécialistes de l'histoire n'ont pas hésité à attribuer à l'abondance et à la rareté des métaux précieux. De même, nous pouvons considérer comme un gain permanent et non négligeable pour l'humanité le fait que l'expérience de la Grande Guerre ait jeté une lumière nouvelle sur certaines de ces influences profondes et les ait, au moins en partie, expliquées.

Revenons à un fait très curieux : la guerre a produit en même une forte demande de monnaie *et* a rendu l'extraction de l'or temporairement non rentable, parce que les substituts en papier ont fait monter les prix tout comme si la même quantité d'or avait été réellement gagnée. Si le prix de l'or n'avait pas été fixé arbitrairement à un niveau plus élevé que celui prévu par la loi sur la charte des banques, bien qu'il soit encore beaucoup plus bas que proportionnellement à celui des marchandises en général, il est probable que peu de mines auraient pu continuer à travailler. Or, le même facteur a dû agir, d'une manière graduelle mais continue , depuis que la monnaie a commencé à être augmentée par la monnaie de crédit, abaissant ainsi artificiellement la valeur relative de l'étalon que nous avons l'habitude de considérer comme invariable. Non seulement nous devons considérer que les grandes réalisations techniques dans l'extraction de l'or - cyanuration, dragage et augmentation générale de la puissance et de l'efficacité des installations minières - agissent sur l'étalon de valeur exactement dans le même sens, bien que pas nécessairement au même rythme, que sur tout autre type de richesse physique, en augmentant la quantité produite par une dépense donnée d'effort humain, mais, en plus, nous fournissons pour l'un des principaux usages des métaux précieux un substitut sans coût, et nous éliminons de l'étalon de valeur l'une des principales raisons de sa valeur. Le développement des banques en supprime une autre : la pratique de la thésaurisation.

Pour le reste, les dents en or et même les bouchons en or sont depuis longtemps passés de mode. L'élévation générale du niveau d'instruction a fait et fait de la parure personnelle par des chaînes et des bagues en or massif une relique trop évidente de la barbarie. Le désir moderne d'éviter toute ostentation, tout en se livrant à la plus grande dépense possible, conduit à remplacer l'or par le platine dans les bijoux, même pour les alliances, un métal qui ressemble à l'argent et coûte cinq fois plus cher que l'or, au grand dégoût des chimistes qui, quoi qu'il en coûte, doivent avoir du platine et regrettent l'époque où il avait beaucoup moins de valeur que l'or. Que reste-t-il donc de la valeur de l'étalon de valeur ?

Il est clair qu'une monnaie basée sur l'or doit aujourd'hui être une monnaie qui se déprécie rapidement. Dans la course entre la science, d'une part, et la finance, l'éducation et la mode, d'autre part - l'une réduisant le coût de production de toutes les richesses en général et l'autre l'étalon de la valeur monétaire en particulier - le mouvement de balancier du niveau des prix qui a marqué le siècle dernier est susceptible d'être remplacé à l'avenir par une augmentation rapide et continue du prix de l'or. En effet, aujourd'hui encore, si l'or qui a afflué vers l'Amérique pendant la guerre était libéré au lieu d'être enchaîné, les résultats dans cette direction seraient probablement dévastateurs. Il s'agit d'une situation temporaire, avec des perspectives d'avenir.

L'or, aiguillon de la civilisation

Examinons, d'un point de vue plus général, l'effet de l'or dans l'histoire passée. Si nous ne trouvons pas en lui exactement la cause du progrès humain, nous devons admettre qu'il a dû en être un puissant aiguillon. La civilisation ne s'est jamais demandé ce qu'elle s'était exactement proposé de faire en adoptant comme étalon de valeur, comme réserve de valeur et comme moyen d'échange, le métal qu'est l'or. Toutes les qualités conventionnelles qui sont censées rendre ce métal idéal pour la monnaie sont en fait fatales à son utilisation. Considérons tout d'abord sa permanence et son impérissabilité. Les hommes peuvent venir et partir, mais l'or continue à s'accumuler pour toujours. La quantité d'or existant est le facteur physique qui régule la quantité totale d'argent existant, aussi bien dans une monnaie basée sur l'or que dans le passé , et cette quantité est l'intégrale de toutes les augmentations d'or apportées au cours de l'histoire de l'humanité. En vérité, l'or n'est pas impérissable, puisqu'il souffre d'abrasion à l'usage, mais il l'est si peu que sa durée de vie moyenne est supérieure à celle de presque toutes les autres formes de richesse permanente.

La valeur de la monnaie est donnée par la richesse virtuelle divisée par la quantité totale de monnaie, de sorte que les germes d'une dépréciation continue sont innés dans le choix de l'or.

Si nous stéréotypons l'échelle actuelle de la richesse virtuelle et la prospérité matérielle qu'elle implique, l'augmentation de la quantité d'or se poursuivra et, même avec un revenu de richesse décroissant, la quantité d'or existante continuera d'augmenter tant qu'il s'agira de monnaie.

La société, en effet, dit à ses travailleurs : que nous voulions plus d'or ou moins d'or, si vous apportez de l'or, même si ce dont nous avons réellement besoin est de la nourriture, vous pouvez avoir le choix du marché pour cet or. La perte ne retombe pas sur vous, mais sur l'ensemble de la communauté, alors que si vous apportez des diligences ou des moulins à vent, personne ne vous les enlèvera. Ainsi, même en période de baisse des revenus, alors que, pour que l'argent ne perde pas de son pouvoir d'achat, une partie du stock devrait être enfouie dans la terre ou coulée dans la mer, l'accumulation d'or se poursuit.

En termes mathématiques, la société, en adoptant l'or comme mesure de la valeur et moyen d'échange, tente de maintenir un coefficient différentiel proportionnel à sa propre intégrale, car elle doit faire en sorte que l'augmentation proportionnelle de son revenu de richesse soit toujours aussi importante que l'augmentation proportionnelle de sa quantité globale d'or.

Il existe une fonction mathématique pour laquelle cela est vrai, et c'est la fonction exponentielle.[47] C'est cette fonction qui régit les vertus vertigineuses des intérêts composés.

À une époque d'expansion relativement soudaine de la puissance productive, la tâche peut sembler aisée à première vue. Mais il en va tout autrement sur de longues périodes. Il ne s'agit pas de

---

[47] $\int a^x\, \partial x = (1/a)^{ax}$.

maintenir un niveau de production donné, mais de maintenir indéfiniment le taux proportionnel d'augmentation de la production. Si bien qu'en fin de compte, lorsque cela devient physiquement impossible, la monnaie doit subir une dépréciation.

Nous pourrions peut-être trouver là une justification physique de l'existence d'un intérêt sur une dette monétaire, distinct du paiement d'un loyer pour l'utilisation d'organes de production dans la production. Pendant la guerre, alors que les monnaies étaient rapidement dépréciées, les personnes avisées ont constaté qu'il était payant d'emprunter, d'emprunter et d'emprunter encore, quel que soit le taux d'intérêt. Car au moment où les emprunts devaient être remboursés, le principal et les intérêts valaient, en marchandises, moins que le principal original au moment de l'emprunt. Mais nous avons vu que l'accumulation continue des métaux précieux doit être un facteur de dépréciation de la valeur de la monnaie, absolument indépendant de toute autre considération, de sorte que, pour rembourser une dette de 1£ prêtée dans le passé, il faut aujourd'hui plus de 1£, ou, si l'on considère 1£ comme la richesse que l'on peut obtenir pour 1£ à l'origine, pour l'acheter aujourd'hui, il faut plus de 1£.

Les autres raisons pour lesquelles l'or ne convient pas comme monnaie touchent à une question dont nous avons évité la discussion jusqu'à présent. Mais nous pouvons considérer comme un fait d'expérience, sans chercher à l'expliquer, qu'une augmentation de la quantité de monnaie est un grand stimulant pour les entreprises productives.

Non seulement pendant la guerre, mais aussi après les découvertes d'or du siècle dernier, le commerce s'est considérablement développé et la prospérité générale en a résulté. Aujourd'hui, cette prospérité stimule directement la demande de luxe en or pour la bijouterie et l'ornementation et, dans les pays - encore la majorité - qui ne disposent pas d'un système bancaire très développé, pour l'épargne. L'argent tend donc à disparaître à nouveau, la stimulation due à l'abondance d'argent est mise en échec et une période de dépression s'ensuit. Ensuite, ces dépôts et ces réserves, avant d'être retirés de la circulation, tendent à réapparaître et contribuent à nouveau à inaugurer une période de prospérité.

Le cycle commercial, en partie du moins, doit être dû à l'utilisation d'un métal comme base de la monnaie, qui se retire graduellement à mesure que l'industrie se développe et revient à mesure qu'elle se contracte, ce qui est exactement le contraire de ce qui est exigé d'une monnaie. Même la facilité avec laquelle les métaux précieux peuvent être fondus sans perte, et convertis de monnaie en marchandise et vice-versa un nombre incalculable de fois à un coût insignifiant, ce qui a été considéré comme les rendant particulièrement aptes à la monnaie, est un défaut fatal. Au moment où le système industriel a été laborieusement ajusté à un niveau de production plus élevé, le moyen d'échange devient un article de luxe, et avec lui disparaît la vague de prospérité.

L'or est désormais un étalon frauduleux

En résumé, nous pouvons dire qu'avec une monnaie-or, dans une ère d'expansion, y aura une longue période de pénurie de monnaie, accompagnée d'une dislocation de la machine économique de la société. Mais les causes de l'expansion de la production agissent dans le même sens, bien que pas nécessairement au même rythme et dans la même mesure, sur l'or. Ainsi, l'étalon de valeur tend à être affecté de la même manière que les marchandises qu'il mesure, et les prix de l'or tendent à revenir avec le temps à leur niveau antérieur.

Avec une monnaie basée sur l'or, la monnaie s'adaptera beaucoup plus rapidement à l'expansion. L'effort humain autrefois consacré à l'accumulation de l'or pour la frappe de la monnaie est économisé, mais dans les systèmes existants, l'économie profite non pas à la communauté dans son ensemble, mais au banquier. Tant que la convertibilité avec l'or est maintenue, même les banques internationales ne peuvent qu'avilir la valeur *en or* de la monnaie dans une certaine mesure.

En effet, considérons le cas d'une inflation uniforme dans tous les pays au même degré et au même moment. Il n'y a alors aucune tendance à l'écoulement de l'or d'un pays à l'autre, comme dans le cas d'une inflation dans un pays relativement à un autre. Mais l'or, au fur et à mesure que la demande de marchandises l'absorbe, disparaît entièrement de la monnaie, car l'argent achète de l'or plus que sa valeur en termes d'autres biens et plus d'or que ce que l'on pourrait obtenir en dépensant la même somme dans l'extraction de l'or. La monnaie est donc thésaurisée ou fondue et utilisée dans les arts, et disparaîtrait avec le temps entièrement de la circulation avec l'avilissement de la monnaie, bien que l'effet soit d'abord d'abaisser le prix de l'or en tant que marchandise et étalon de valeur.

Mais par l'utilisation de la monnaie de crédit, basée sur une petite proportion d'or, la quantité de monnaie devient sujette à des variations beaucoup plus grandes et plus violentes qu'auparavant, et la valeur d'échange de l'or en termes de marchandises oscille. Les causes inhérentes à l'utilisation de l'or comme article de luxe et comme moyen d'échange sont fortement exagérées, ce qui produit le cycle commercial.

L'utilisation croissante du crédit bancaire et du papier prive l'or de l'une de ses principales utilisations et, après les oscillations du siècle dernier, nous pouvons nous attendre à une hausse continue du niveau du prix de l'or. Ainsi, la monnaie de crédit ayant largement rendu l'or obsolète, le dispositif consistant à le rendre convertible en pièces de monnaie sur demande a cessé d'être efficace contre sa dépréciation continue et est déjà devenu trompeur.

D'où la nécessité croissante de stabiliser la monnaie sans référence à l'or et de ramener ce dernier au niveau d'une marchandise, voire de l'honorer entre-temps comme monnaie internationale à sa valeur marchande, dans le cadre du remboursement de la dette internationale, en vertu d'une convention équitable convenue par la Société des Nations.

Salaires réels et salaires justes

Avant d'entamer cette enquête, il convient de souligner que nous sommes toujours aussi loin d'un étalon ou d'une mesure absolue de la valeur, et il peut être instructif de réaffirmer sous une nouvelle forme certains des points précédents. Les économistes, après avoir tenu compte des variations de la valeur d'échange de l'or et les avoir corrigées - au moyen d'indices qui leur permettent de ramener les prix monétaires à un niveau de prix antérieur pris comme norme de référence - parviennent à ce qu'ils appellent la valeur *réelle* des revenus, des salaires et autres ; c'est-à-dire des valeurs entièrement indépendantes des totaux monétaires dans lesquels elles sont exprimées, mais représentant la *quantité de* biens en général que ces revenus, ces salaires, etc. Mais les valeurs *réelles*, bien que suffisamment réelles pour représenter des *quantités* définies de biens achetables et suffisantes pour l'économie en tant que science de l'échange ou du commerce, ne sont pas du tout des mesures des heures-hommes *consacrées* à leur production. Si l'efficacité des processus de production ne changeait pas, ou si la civilisation stagnait, elles le seraient - en fait, leur utilisation tend à stabiliser les salaires et les revenus et les consommations qu'ils représentent, de sorte que nous avons l'interminable discussion, à laquelle il a déjà été fait allusion, pour savoir si le travailleur d'aujourd'hui est économiquement mieux loti, au moins aussi bien loti, ou seulement légèrement moins bien loti que son prédécesseur dans les âges préscientifiques !

Si l'on considère la dette et son remboursement, une monnaie stabilisée de manière maintenir constant le niveau des prix des marchandises en général résout le problème, c'est-à-dire que le commerce serait libéré de toutes les formes de vol non reconnues légalement qui accompagnent une variation de l'étalon de la valeur monétaire et qui sont de la même nature que celles qui résultent de poids et de mesures frauduleux. Les hommes d'affaires et autres pourraient conclure des contrats à l'avance sans craindre d'être pris au piège par les variations du niveau général des prix dues aux manipulations monétaires. Mais si nous considérons la récompense du travail et le droit d'un travailleur au produit de son travail, il est clair que nous devons prendre en compte non seulement les quantités de marchandises par lesquelles il est rémunéré, mais aussi ce qu'il produit. Son salaire *réel*, au sens où on l'entend en économie, doit être exprimé par rapport à ce qu'il produit pour arriver à son *juste* salaire.

Le fait qu'il puisse être difficile d'évaluer cela, ou de résoudre le problème entre la récompense du travail présent et celle du travail passé, n'affecte en rien la question du droit du travailleur à un juste salaire ou la certitude qu'avec des connaissances et un pouvoir croissants, il ne se reposera pas tant qu'il ne l'aura pas obtenu. L'économie est, ou devrait être, une étude beaucoup plus vaste et plus importante que le commerce. Ceux qui nient qu'elle doive s'occuper d'autre chose s'épargnent peut-être la peine de réfléchir, mais ils n'ajoutent rien à la dignité du sujet.

CHAPITRE IX

UN SYSTÈME MONÉTAIRE NATIONAL

L'importance sociale de l'étude de la monnaie

Du point de vue de la société, l'étude de l'argent est, par sa signification sociale et son effet sur le bien-être humain, aussi édifiante et ennoblissante que du point de vue individuel, elle est susceptible d'être égoïste et dégradante. Le jargon technique du marché en fait un sujet rebutant et il est possible de le rendre plus sec et plus ennuyeux qu'un traité mathématique sur la thermodynamique. En effet, sa nouveauté absolue pour la plupart des gens et leurs idées préconçues, dérivées d'une absorption indue de son acquisition individuelle, en font un sujet difficile, d'autant plus que des intérêts particuliers très puissants dépendent, pour leur existence continue, du fait que le public soit maintenu dans l'ignorance de ses mystères. Ceux qui s'essayent à cette étude surestiment souvent au début l'importance directe de l'argent dans l'économie sociale - son importance indirecte pourrait difficilement être surestimée - et les "hommes d'argent douteux" ont toujours été la *bête noire de* l'économiste orthodoxe, bien qu'il ne soit guère possible d'avoir quelque chose de plus fondamentalement douteux que les systèmes monétaires modernes, dont les principes n'ont jamais été sérieusement remis en question par les économistes. Il est essentiel d'avoir une conception physique claire de la monnaie et de la finance, en tant que telles, pour nous permettre de comprendre leur influence indirecte, plus importante, sur les problèmes, certes encore à résoudre, de l'expansion industrielle sans les du chômage et du cycle commercial. Ceux qui ont pénétré le plus profondément dans l'étude de l'histoire humaine estiment qu'il est impossible d'exagérer

l'importance de l'institution de la monnaie. Comme l'a dit Delmar[48] :
"C'est une étude que personne ne peut se permettre d'aborder avec
témérité ou de quitter avec complaisance."

Parmi la liste des maîtres à penser qu'il cite comme s'étant
essayés à son étude dans le passé, il est encourageant pour un
scientifique de lire les noms de Newton, Copernic et Tycho Brahe. Cela
indique que les hommes de science du passé n'ont pas toujours
interprété leur fonction de manière aussi étroite qu'aujourd'hui, ou
n'ont pas été aussi prompts à laisser à d'autres le soin d'appliquer leurs
travaux à la vie quotidienne du monde.

"Inaudible, invisible, insensible, elle a le pouvoir de répartir les
charges, les gratifications et les opportunités de la vie de manière
à ce que chaque individu jouisse de la part à laquelle ses mérites
ou sa chance lui donnent droit, ou au contraire, de les distribuer
avec une main si partiale qu'elle viole tout principe de justice et
perpétue une succession d'esclavages sociaux jusqu'à la fin des
temps".[49]

Une fois encore, on ne saurait mieux décrire "l'Europe après
vingt siècles de chrétienté" que par ce passage de Ferraro :

"La démocratie impériale qui tenait un monde sous son emprise,
depuis sénateurs aux noms historiques jusqu'au plus humble
cultivateur du sol, depuis Jules César jusqu'au plus petit
commerçant d'une ruelle de Rome, était à la merci d'un petit
groupe d'usuriers."[50]

Sir Archibald Allison attribue la chute de l'Empire romain au
déclin des mines d'or et d'argent d'Espagne et de Grèce, et la
Renaissance à la découverte des mines du Mexique et du Pérou. Quant
aux découvertes successives d'or en Californie, en Australie et en
Afrique du Sud, elles ont engendré des vagues successives de prospérité
économique, dont le souvenir est presque toujours présent dans la
mémoire des hommes. Plus récente et plus frappante encore est

---

[48] *Histoire des systèmes monétaires.*

[49] Delmar, loc. cit.

[50] Ferraro, *Grandeur et décadence de l'Empire romain*, VI, 223.

l'expérience toute fraîche de la Grande Guerre où, en dehors de la destruction des vies et des biens et des effets du blocus sur les puissances centrales, , les pays belligérants ont connu un degré de prospérité économique et d'abolition de la criminalité et de la pauvreté inconnu en temps de paix.

Nous avons vu qu'à l'époque moderne, un changement fondamental est intervenu dans la nature de l'argent. Non seulement il n'est plus qu'un simple gage de la dette de la collectivité à l'égard de celui qui le possède, mais il est créé non par l'autorité nationale, mais par des institutions privées de prêt à intérêt. Il est donc indispensable de revenir aux premiers principes pour l'examiner. Nous devons nous garder de transposer sans discussion dans l'ère moderne les conceptions antérieures du pouvoir maléfique de l'argent et de l'opprobre attaché à l'usure, qui remontent à des époques anciennes et médiévales où l'argent était une institution tout à fait différente.

Analyse de l'usure

Dans son sens premier, l'usure désignait simplement l'intérêt d'un prêt d'argent, alors qu'aujourd'hui ce terme est devenu un terme d'opprobre, se référant plutôt à et à des intérêts excessifs, augmentant proportionnellement à l'incapacité de remboursement du débiteur.

L'évocation de cette forme de petite usure, telle qu'elle existe dans le monde souterrain des grandes villes et parmi les populations grouillantes de l'Inde, évoque éventuellement dans l'esprit le souvenir de manifestations de terreur et d'angoisse humaines que l'on ne s'attendait pas à rencontrer de ce côté-ci de la demeure des damnés, et fait naître un sentiment de dégoût physique comme d'une chose à l'oeuvre, macabre et inhumaine, qui se repaît de l'extrémité de la misère, si elle n'en est pas responsable.

Considérant qu'à l'autre pôle, l'intérêt d'un prêt d'argent aux forts et aux aventuriers, pour leur permettre d'exploiter les ressources de la terre et d'accéder à des positions d'influence et de pouvoir au sein de l'État, a de nos jours parfois même remplacé l'échelle offerte autrefois par l'Église à la progéniture douée des pauvres, et a été doté non seulement de respectabilité, mais même d'une odeur de sainteté.

Dans le monde antique comme dans le monde médiéval, il existe des preuves indéniables des méfaits de l'usure. Nous avons cité le passage frappant de Ferraro sur son pouvoir dans la Rome antique.

L'Église chrétienne l'a d'abord universellement condamnée. En effet, l'interdiction de l'usure n'a été supprimée dans l'Église catholique romaine qu'à une époque assez récente.

Mais il ne fait guère de doute que ces maux n'ont pas tant résulté de la pratique du prêt d'argent en soi que de la facilité relative avec laquelle les métaux monétaires peuvent être monopolisés. Une période de grande expansion impériale, comme celle de Rome, de l'Espagne et du monde occidental moderne, exige une augmentation de la monnaie. Mais il ne semble pas que ce soit l'affaire de qui que ce soit de la fournir. Le monde peut être assoiffé d'or, dont la recherche est, au mieux, une entreprise longue et hasardeuse, et contraire aux intérêts réels de ceux qui ont de l'or à dépenser dans cette quête. Car s'il y a beaucoup d'emprunteurs et peu de prêteurs, le taux d'intérêt augmente tout comme le prix d'une marchandise s'il y a beaucoup d'acheteurs et peu de vendeurs. Il n'est pas difficile de comprendre les effets néfastes de l'intérêt sur l'argent lorsque celui-ci est constitué de matériaux naturellement très rares. Un aphorisme financier dit : "Endettez votre homme pour ce qu'il n'a pas et ne peut pas obtenir, et vous pourrez l'écorcher" ; il indique suffisamment non seulement la cause des maux de l'usure, mais aussi ceux de la puissance monétaire en général. Si l'on rend les dettes remboursables en richesses que les gens ne possèdent pas, mais qu'ils peuvent créer, on touche au coeur de ces deux maux.

Avec le papier-monnaie, cette question, comme celle de la "thésaurisation", est tout à fait différente. Une nation qui imprimerait et émettrait sa propre monnaie en fonction de ses besoins serait absolument libérée des *auri sacra fames* dues au monopole de la frappe des métaux et de la cause des principaux maux de la monnaie tels qu'ils sont apparus dans le passé. Il pourrait réglementer l'usure, absolument selon son propre jugement, comme l'exigeaient les intérêts nationaux , en contrôlant l'émission de la monnaie. A une époque de productivité abondante due à la science, elle pouvait, si elle le voulait, rembourser, ou du moins racheter, ses dettes, non pas en or ou en "livres de chair", mais *mirabile dictu* en richesses en général. Si elle pensait en termes réels de richesse, et non en termes d'argent, elle ne verrait pas, à une époque où la puissance de production est plus grande qu'elle ne l'a jamais été, où les chômeurs se comptent par millions, où les grands organes de production sont à l'arrêt et où les terres cultivées retournent à l'herbe, l'intérêt exact de payer à ses créanciers des intérêts perpétuels pour ne pas les avoir remboursés, bien que, comme nous le verrons, une société individualiste[51] ne puisse rembourser ses dettes qu'en prélevant des impôts sur la richesse générale de la communauté.

Prêts d'argent authentiques et fictifs

Il était nécessaire, au risque de lasser le lecteur dans le chapitre VII, d'examiner minutieusement le passage de l'ancienne monnaie métallique nationale à la monnaie moderne créée par le prêt. Car le véritable reproche que l'on fait au système moderne n'est pas tant d'avoir provoqué une augmentation énorme de la pratique de l'industrie sur l'argent emprunté, que le fait que les prêts bancaires ne sont pas de véritables prêts d'argent, mais sont entièrement fictifs, en ce sens que personne ne renonce à l'argent *prêté*, qui est de l'argent nouveau créé dans ce but.

Le propriétaire de l'argent a tout à fait le droit moral et juridique de dépenser, de prêter ou de thésauriser, mais s'il dépense ou prête, il faut comprendre qu'il renonce réellement à l'argent dépensé ou prêté. Dans le cas de l'*argent liquide*, c'est le prêteur qui doit le faire. Même un dépôt bancaire est techniquement distingué comme un compte courant ou un compte de dépôt. Dans le premier cas, le propriétaire n'a pas renoncé à son pouvoir de dépenser et ne peut pas, du moins dans ce pays, obtenir d'intérêts, bien qu'en Amérique les intérêts soient, ou du moins étaient, couramment accordés même sur les comptes courants. Dans le cas d'un dépôt proprement dit, le propriétaire de l'argent abandonne et transfère temporairement à la banque son pouvoir d'achat et, en échange du prêt, il reçoit un paiement d'intérêts sur le dépôt. Dans cette distinction, on voit que la restriction originelle qui s'applique à la monnaie métallique subsiste encore à l'égard de la monnaie bancaire. Mais il est évident que la question de l'usure est totalement différente, qu'il s'agisse d'un véritable prêt, comme dans le cas d'un prêt d'argent, ou d'une somme déposée et non récupérable sans préavis, et d'un intérêt sur de l'argent que le propriétaire n'a jamais abandonné. On objectera certainement que le déposant, bien qu'il ne renonce pas à son droit de dépenser à sa guise, ne l'exerce pas en fait, comme le prouve l'existence

---

[51] Une société individualiste ne possède aucun bien productif de revenus et tire ses revenus uniquement de l'impôt.

du dépôt, de sorte qu'entre les deux catégories de comptes il y a une distinction sans différence.

Prêter de l'argent sur le compte courant est indéfendable

Cette position, bien qu'elle soit très loin de justifier ce qui se passe réellement dans les banques où "chaque prêt *crée un* dépôt" (Withers et McKenna), semble plausible, mais on peut facilement montrer qu'elle est indéfendable. En effet, il suffit de se rappeler le fait indéniable que la quantité totale de monnaie dans un pays n'est pas affectée par le fait qu'elle soit *dépensée* ou *non*, pour voir que l'argument ne porte pas du tout sur le prêt de monnaie, mais sur son existence.

Supposons que les chèques remplacent entièrement l'argent liquide en tant que pouvoir d'achat et que tout le monde ait un dépôt bancaire. Cette situation est maintenant si proche de la réalité que, pour les besoins de cet argument, elle peut être considérée comme déjà très largement vraie. Maintenant, si nous concédons au banquier le droit de prêter les dépôts au motif que leur existence montre que les propriétaires ne les utilisent pas, nous doublons ainsi l'argent dans le pays *et les dépôts*. L'existence des dépôts doublés est une preuve aussi claire qu'auparavant que leurs propriétaires ne les utilisent pas, de sorte qu'ils peuvent être prêtés à nouveau, et maintenant les dépôts sont multipliés par quatre. Nous pouvons donc continuer à créer une quantité infinie de monnaie.

Il est intéressant de noter que J. S. Mill, il y a près d'un siècle, envisageait précisément un tel cas, les paiements étant universellement effectués par chèque et par carte de crédit.

"pas d'argent ailleurs que dans les mains du banquier, qui peut alors s'en défaire en toute sécurité en le vendant comme lingot ou en le prêtant, pour l'envoyer hors du pays en échange de marchandises ou de titres étrangers".

Il a conclu :

"Il n'y aurait rien à redire à tout cela, si l'argent, en disparaissant, laissait un équivalent d'autres choses, applicable au besoin au remboursement de ceux à qui l'argent appartenait à l'origine".

La raison pour laquelle il a limité l'examen de l'affaire au prêt de l'argent à envoyer hors du pays est l'un de ces mystères qui ne seront peut-être jamais résolu. S'il ne l'avait pas fait, il aurait fait la découverte intéressante déjà déduite, et qui, même à cette époque, devait déjà avoir été faite par les banquiers eux-mêmes. Les économistes ultérieurs ne semblent pas non plus l'avoir remarqué, bien que la distinction délicate qu'ils semblent toujours prendre soin de préserver entre l'argent et les dépôts bancaires, sans pouvoir mettre en évidence la moindre différence pratique, suggère qu'ils auraient pu le savoir. MacLeod, l'avocat, insiste beaucoup sur le fait qu'un dépôt bancaire n'est pas de l'argent, mais un droit d'action contre le banquier. Irving Fisher, après avoir arbitrairement défini les moyens de circulation ou la monnaie comme tout ce qui, généralement accepté ou non, sert de moyen d'échange, et la monnaie comme "ce qui est généralement accepté en échange de biens", déclare : "Mais bien qu'un dépôt bancaire transférable par chèque soit inclus dans les moyens de circulation, ce n'est pas de la monnaie. Un *billet de* banque, en revanche, est à la fois un moyen de circulation et de la monnaie. Entre les deux se trouve la ligne de démarcation finale entre ce qui est de la monnaie et ce qui n'en est pas. Il est vrai que cette ligne est délicatement tracée..."

Ces distinctions ont pu avoir une certaine importance il y a un siècle, mais leur maintien aujourd'hui semble être le plus grand artifice pour brouiller les pistes.

Nous en revenons donc au fait que, dans le cas de l'usure à l'ancienne, le prêteur abandonnait l'argent qu'il prêtait et recevait des intérêts sur un véritable prêt. Dans le cas de l'argent prêté par une banque, il n'est cédé par personne et les prêts sont entièrement fictifs, sauf dans le cas des véritables "dépôts à terme", que Macrosty estime, tant pour ce pays que pour les Etats-Unis, à un cinquième de l'ensemble des dépôts. Même ces dépôts, dans la mesure où ils dépassent les liquidités détenues par les banques - le seul argent que la banque ne fabrique pas elle-même et qu'elle peut prêter - ont été créés en premier lieu par les banques elles-mêmes. Il est vrai que, jusqu'à l'époque de la guerre - qui a vu l'argent du pays multiplié presque soudainement par deux et demi - la création de cet argent a été une affaire graduelle qui s'est étendue sur un siècle. La coutume a confirmé le banquier dans sa jouissance et a fait qu'il n'a jamais été question de la décréter. Mais il ne lui appartient pas, comme il serait probablement le premier à l'admettre, s'il s'agissait pour lui de le dépenser au lieu de le prêter. Il s'agit, comme nous l'avons vu, de la richesse virtuelle de la communauté dans son ensemble.

L'effondrement du système monétaire ;
Le moratoire

Le déclenchement de la Grande Guerre a mis en évidence le manque de solidité de notre système monétaire. Le 24 juillet 1914, l'Autriche envoie un ultimatum à la Serbie. Les bourses du monde entier, bien sûr, ont pris peur et ont cessé de fonctionner. Le dernier jour du mois, les Bourses de Londres et de New York suivent l'exemple des Bourses continentales et ferment leurs portes. Les titres de toutes sortes deviennent temporairement invendables. Le 6 août, un moratoire général est décrété. Les banques qui ne possédaient qu'une petite réserve d'argent pour faire face à leurs engagements envers le public étaient dans l'impossibilité d'exiger le remboursement de leurs prêts et de tenter de récupérer l'argent que le système leur avait permis de prêter sans le posséder. Elle ne pouvait pas adopter le plan habituel de vente à tout prix des garanties déposées par les emprunteurs et de leurs biens tant que la Bourse restait fermée. Le pays avait tellement "économisé" dans l'utilisation de l'argent qu'*il n'existait littéralement pas* dans le pays un sixième de la somme à laquelle ceux qui possédaient de l'argent avaient légalement droit, ou un cinquième de la somme sur laquelle l'industrie payait des intérêts. Si les bourses n'avaient pas fermé et si l'on avait tenté de vendre les titres pour rembourser les prêts créés, ce fait serait devenu très douloureusement évident. Ceux à qui crédits avaient été accordés ne possédaient évidemment pas l'argent, mais l'avaient échangé contre de la richesse avec les propriétaires de la richesse, de sorte que les anciens propriétaires de la richesse, et non les emprunteurs, possédaient maintenant légalement l'argent qui n'avait pas d'existence. Les prêts ne pouvaient donc être remboursés, en cas de rappel, que par la vente forcée des titres de garantie des emprunteurs à n'importe quel prix. "En fin de compte, la monnaie aurait été réduite à une fraction de son montant antérieur, et les prix aussi. Or, nous avons vu qu'il est très difficile de réduire les prix en restreignant la monnaie, car les producteurs de richesses ne vendront pas en dessous du prix de revient à moins d'y être contraints. La fraction de la monnaie que les banques auraient récupérée par la vente forcée des titres de garantie de leurs débiteurs et de tout ce qu'elles possédaient elles-mêmes comme richesses aurait été insignifiante. En d'autres termes, elles auraient été irrémédiablement ruinées et ceux qui avaient déposé leur argent auprès d'elles l'auraient perdu sans le moratoire.

Naturellement, le gouvernement a dû reprendre la responsabilité de la régulation de monnaie que les dirigeants politiques nominaux du pays au XIXe siècle avaient esquivée et transférée à des entreprises privées. *Il a fait ce qui aurait dû être fait dès le début de la révolution industrielle.* Elle a imprimé de la vraie monnaie, c'est-à-dire de la monnaie que le propriétaire possède, et non pas de la monnaie suspendue à un fil invisible qui sera rappelée et mise hors circulation à la première panique financière par un pouvoir derrière le trône. Malheureusement, chaque billet du Trésor ainsi imprimé et échangé contre de la richesse pour payer le coût de la guerre a été multiplié dans l'ancien ratio par le système bancaire, maintenant rétabli dans sa solvabilité et libéré de tout risque de faillite dans n'importe quelles circonstances. Ces crédits n'étant que des prêts, ils passèrent bien sûr dans la circulation sans rien payer du tout. La nécessité de financer la guerre était inévitable, mais la question des méthodes adoptées a fait l'objet de nombreuses discussions.

Examinons-les.

Financement de la guerre

Les patriotes de ce pays - et d'ailleurs d'Allemagne - ont été invités à investir de l'argent dans des prêts de guerre pour aider à gagner la guerre, et ils l'ont fait. Certaines des conséquences très curieuses qui découlent du fait que le même argent circule sans fin, bien que la production et la consommation de richesses soient continues, ont alors été vues sous leur vrai jour, probablement pour la première fois. Plus les nations dépensaient, plus elles découvraient qu'elles pouvaient dépenser - l'idée de flux, par opposition à l'idée de réserve, selon laquelle plus vous dépensez, moins il vous reste à dépenser, et plus vous devez vous abstenir de dépenser à l'avenir pour reconstituer la réserve. Plus les gens ont prêté pour financer la guerre, plus ils ont constaté qu'ils devaient prêter aux classes de la communauté engagées dans la production. Mais toutes les classes étaient encouragées à prêter, et si elles n'avaient pas d'argent à prêter au pays pour l'aider à gagner la guerre, elles pouvaient s'endetter auprès des banques et payer avec ce qu'elles espéraient avoir à l'avenir. Chaque billet du Trésor imprimé et déposé dans les banques leur permettait de prêter six livres ou plus, et le nouveau prêt de guerre que l'emprunteur recevait constituait une garantie suffisante pour le prêt. La Banque d'Angleterre a publié des circulaires proposant de prêter à 3 % l'argent nécessaire pour garantir le prêt de guerre sur lequel le contribuable devait fournir 4 %. Ainsi, pour chaque livre sterling apportée par le contribuable, la banque recevrait 15 livres et le faux souscripteur 5 livres. La banque ne prenait aucun risque, car elle conservait le nouveau script comme garantie de son prêt jusqu'à ce que la dette soit remboursée. Cette transaction n'est qu'un exemple plus clair que d'habitude du processus qui consiste à faire supporter au contribuable les charges d'intérêt sur des prêts fictifs.

Le montant des emprunts de guerre ainsi levés, sans compter la dette américaine, était de 'ordre de 7.000 livres, et les charges d'intérêt s'élèvent à peu près à un million de livres par jour. Le montant total de l'argent en possession du public, comme nous l'avons vu, était d'environ 1.200 livres avant la guerre et d'environ 2.700 livres en 1920. Une petite partie seulement de l'augmentation est due à l'émission de billets du Trésor, probablement pas plus d'un cinquième. Il est très regrettable que le montant exact de l'émission ne semble pas être connu du public.

On s'est demandé si une plus grande partie, voire la totalité des dépenses de guerre, n'aurait pas pu être prélevée par l'impôt, étant donné que si les gens ont de l'argent disponible à investir, en théorie du moins, l'État devrait être en mesure de l'obtenir par l'impôt.

On admettra généralement que la fiscalité est trop indifférenciée et impersonnelle pour ne prélever que de l'argent dans les poches de ceux qui en ont et pour laisser indemnes ceux qui n'en ont pas. Dans le stress de la guerre, des questions plus urgentes que la conception de nouvelles méthodes d'imposition visant à frapper les riches et à laisser de côté les indigents méritent d'être prises en considération. Cela aurait rendu la guerre impopulaire dans la ville, et cela revient à dire que, pour le bien ou pour le mal, elle n'aurait pas pu être "menée jusqu'au bout".

Outre l'impression de monnaie, la taxation et la vente de titres étrangers pour payer les marchandises reçues des pays étrangers, autant de méthodes utilisées par l'État, celui-ci comptait sur le patriotisme de ses citoyens pour souscrire généreusement des emprunts de guerre, ce qu'ils firent à hauteur de 7 000 livres sterling, de l'argent fortement déprécié. L'objectif *ostensible* était d'empêcher les personnes qui souscrivaient de dépenser ce qu'elles avaient ou, dans le cas de celles qui empruntaient aux banques, ce qu'elles recevraient à l'avenir, afin qu'elles n'entrent pas en concurrence sur le marché et ne gonflent pas les prix des biens dont l'État avait ou aurait besoin pour la conduite de la guerre ou, une fois la guerre terminée, pour sa vie normale.

Observez la nature du contrat. Nous, les contribuables, nous sommes engagés à vous verser, à vous, un particulier, 5 livres sterling par an, jusqu'à ce que le prêt soit remboursé, pour chaque tranche de 100 livres sterling de pouvoir d'achat à laquelle vous avez accepté de renoncer. Si l'État n'avait pas eu peur que les individus exercent leur pouvoir d'achat, il aurait pu imprimer l'argent et ne pas l'emprunter.

La réduction à l'absurde du système monétaire moderne
Le système monétaire moderne

Il est parfaitement légitime qu'un individu récupère son pouvoir d'achat en vendant son texte et en *réduisant ainsi le pouvoir d'achat de quelqu'un d'autre*, ce qui laisse le total inchangé. Mais dans l'état actuel des choses, il n'a pas besoin de le faire. Il lui suffit de le déposer à la banque et, comme il s'agit d'un titre en or, il serait immédiatement acceptable en tant que garantie collatérale, bien qu'une richesse réellement productive, telle qu'une usine en activité, pourrait ne pas être aussi acceptable. C'est l'une des absurdités, et non des moindres, de la banque privée : les dettes mortes sont préférées à la richesse en tant que garantie, simplement parce qu'elles sont soutenues par les pouvoirs nationaux d'imposition.

Lorsque la banque accepte un emprunt de guerre comme garantie, l'emprunteur paie à la banque le taux d'intérêt bancaire en vigueur pour faire précisément ce que l'État lui paie à partir des poches du contribuable à hauteur de 5 % par an pour ne pas le faire. En fait, le contribuable paie l'impôt, non pas à la banque, mais seulement *par l'intermédiaire du* détenteur de l'obligation, pour faire précisément ce que l'impôt a été imposé pour empêcher de faire. Ainsi, dans ce cas simple, nous arrivons facilement à la *réduction à l'absurde* du système monétaire moderne.

Comment le contribuable paie 100 millions de livres sterling par an d'intérêts sur de l'argent inexistant

Nous avons vu que les banques ont créé quelque chose de l'ordre de deux mille millions de livres. Le prêt à intérêt rapporte un revenu d'environ 100 millions de livres par an à un taux bancaire de 5 %. L'effet de cette création sur les prix est complètement et absolument indiscernable de celui de la monnaie nationale. Il n'est pas nécessaire d'imprimer des billets du Trésor d'une valeur de 2.000 livres sterling et de les mettre en circulation. Ils ne feraient qu'occuper un espace de stockage dans les coffres de la banque jusqu'à la prochaine guerre ou panique financière, lorsqu'ils pourront être imprimés beaucoup plus facilement en cas de besoin. Mais il n'y a aucune raison de continuer à payer les 100 millions de livres sterling par an à partir des impôts. Bien que l'argent n'ait pas d'existence physique et que, sauf en temps de crise, il n'ait pas besoin d'en avoir, en raison de la popularité du système des chèques, les titres légaux permettant de le revendiquer existent et sont détenus par de véritables déposants.

Si quelqu'un veut un prêt de monnaie sur la garantie d'un prêt de guerre et peut l'obtenir de façon détournée par une augmentation de la monnaie totale, il est clair que c'est un principe élémentaire des affaires que l'Etat annule la dette et émette lui-même l'argent pour la payer. *La monnaie est émise dans les deux cas* avec des effets indiscernables, qu'il s'agisse de crédit bancaire ou de monnaie nationale. Mais si l'État l'émettait en échange de monnaie fraîche, il libérerait le contribuable de la nécessité de payer des intérêts, et le contrat initial serait ainsi résilié d'une manière commerciale équitable pour les deux parties.

L'ancienne politique de *laissez-faire* extrême de l'économie individualiste refusait jalousement à l'État le droit de concurrencer de quelque manière que ce soit les individus dans la propriété d'entreprises productives, à partir desquelles un intérêt monétaire ou un profit peut être réalisé, et cela a été étendu par ignorance même à la richesse virtuelle de la communauté.

L'économie individualiste, qui considère l'argent comme une richesse et non comme une dette, confie aux individus le pouvoir d'émettre de l'argent et laisse au contribuable le devoir de payer les intérêts de l'émission. L'État, sur quand il le souhaite, peut soulager le contribuable de quelque £M100 par an, soit 2s. 6d. en £. Il lui suffit de racheter sur le marché libre 2.000 livres d'emprunts de guerre avec du véritable argent frais pour remplacer celui créé par banques, livre pour livre du crédit bancaire qu'elles émettent, leur permettant ainsi de faire face à leurs engagements à tout moment. L'Etat doit recouvrer sa seule prérogative en matière d'émission monétaire et empêcher les banques d'émettre de l'argent qu'elles ne possèdent pas ou qui n'a pas été remis à leur charge par le propriétaire sous la forme d'un dépôt à terme défini, à la différence d'un dépôt en compte courant. Cela mettrait fin à l'absurdité qui consiste à taxer un groupe de personnes pour empêcher l'augmentation de la monnaie et à transférer les taxes à un autre groupe qui l'augmente. La situation est la suivante : 2 000 livres sterling sont en circulation par chèque et font partie de la monnaie totale qui détermine le niveau des prix, mais les jetons officiels reconnaissant la dette de la communauté envers les détenteurs n'ont pas encore été émis par l'État et aucune contrepartie valable n'a été reçue par l'État en échange.

Par conséquent, qu'elles soient émises.

Le remède

Examinons un peu plus en détail la nature de cette transaction. Nous avons vu que le pouvoir d'achat de la nation, mesuré par le montant total des dépôts bancaires ajouté au montant total de la monnaie en circulation, a été estimé par McKenna en 1920 à 2 693 £. Pour les besoins de l'illustration, nous supposerons que le montant total de la monnaie nationale (pièces et billets du Trésor) est aujourd'hui de 700 livres sterling et celui du crédit bancaire de 2 000 livres sterling. Il s'agit d'un maximum de cet ordre, mais il ne semble pas que le public le connaisse exactement. Il est plus simple d'avoir à l'esprit des chiffres ronds concrets, mais, bien entendu, l'argument ne dépend pas de l'exactitude des chiffres supposés. Quels qu'ils soient, le lecteur peut procéder à l'ajustement approprié, puisque seul le principe est discuté.

L'État ayant décidé de recouvrer sa prérogative perdue d'émettre de l'argent légifère à cet effet et notifie aux banques que dorénavant, après un intervalle raisonnable, elles ne devront plus prêter de l'argent en compte courant, mais seulement de l'argent remis à leur garde pour une période déterminée en vertu d'un acte de transfert approprié ou d'une autre forme juridique autorisée. Un barème approprié de droits de timbre sur ces actes pourrait être conçu, de sorte qu'il ne soit pas rentable de les souscrire pour des périodes de financement , afin d'éviter que les intentions de la loi ne restent lettre morte en raison d'un nouveau développement du système des prêts purement fictifs.

La situation est donc la suivante :

(1) Les banques perdent désormais une de leurs sources de revenus et doivent être gérées selon les mêmes principes que les autres services commerciaux, en facturant à leurs clients la tenue de leurs comptes.

(2) Les débiteurs - qui doivent aux banques un total de 2 000 livres sterling et qui possèdent pour la plupart des titres ou d'autres biens contre lesquels le prêt a été émis - doivent soit vendre leurs titres, soit trouver quelqu'un qui a de l'argent - soit des particuliers, soit l'État - disposé à leur prêter de l'argent.

(3) L'État peut en fin de compte émettre 2 000 livres sterling de nouvelle monnaie nationale et, avec cette monnaie, racheter et annuler 2 000 livres sterling de dette nationale.

(4) Cette nouvelle monnaie devra à l'avenir être détenue par les banques, £ pour £ de dépôts en compte courant, de sorte qu'au lieu de conserver en *lieu sûr* une partie de l'argent de leurs déposants, comme c'est le cas actuellement, elles devront conserver la totalité de cet argent. #/

Il n'y a aucune difficulté ni aucun danger à craindre dans l'exécution de cette opération, à condition qu'elle soit menée avec la prudence et la perspicacité financières ordinaires. Les banques elles-mêmes pourraient sans aucun doute, avec la coopération de leurs clients, fournir facilement les 2.000 livres sterling de titres nationaux à liquider. Cela représente moins d'un quart du montant existant et, si elles n'en avaient pas déjà autant en leur possession sous forme de titres de garantie, il suffirait d'échanger d'autres titres de garantie non nationaux pour obtenir le montant requis. L'employé de bureau de M. Withers [52]) dans la City serait sans aucun doute en mesure d'expliquer, si on le consultait, ce qu'il en est.

La situation est donc la suivante : tous les prêts purement fictifs ont pris fin. La quantité d'argent dans le pays n'a pas été affectée par la transaction et, en fait, le grand public ne saurait qu'elle a été effectuée que par la réduction conséquente de l'imposition.

Les banques sont désormais solvables, que ce soit par mauvais temps ou par beau temps. Aucune des caractéristiques légitimes de leur activité de prêteur d'argent n'a été touchée. Elles peuvent prêter de l'argent à intérêt comme auparavant à condition qu'elles, ou les propriétaires de l'argent prêté, en transfèrent réellement la propriété à l'emprunteur et en abandonnent l'usage. Dans la mesure où les prêts à

---

[52] *Les banquiers et le crédit*, p. 200.

l'industrie étaient dus à un simple déficit de monnaie légale, ils auront été remboursés et l'industrie libérée de l'incube par la vente des titres de garantie en possession des débiteurs. Dans la mesure où ils ne le sont pas, ils seront poursuivis comme des transactions authentiques et légitimes entre les industries et le public prêteur.

La voie est alors libre pour la future tâche consistant à maintenir constants l'indice des prix et le pouvoir d'achat de la monnaie en l'émettant ou en la retirant, au fur et à mesure que la richesse virtuelle de la communauté augmente ou diminue. Nous avons vu comment l'émission pouvait être effectuée. Son retrait, s'il est nécessaire, est l'inverse - l'État émet un nouvel emprunt au public et détruit la monnaie ainsi émise. Ou, alternativement, l'État impose une taxation *ad hoc* détruisant la monnaie ainsi obtenue.

Le problème toujours non résolu

Mais il reste encore beaucoup de chemin à parcourir pour comprendre les lois que doit respecter une communauté pour que sa monnaie ne se déprécie pas *et que* sa production de richesses soit maximale, afin que ni le capital ni le travail ne soient volontairement au chômage. C'est une tâche qui n'a jamais été accomplie et un problème qui a déconcerté le monde entier. Il est insoluble si nous permettons à la monnaie de varier en termes de pouvoir d'achat et si nous ne faisons pas la distinction entre les prêts authentiques et les prêts fictifs. Mais si nous disons que notre monnaie doit avoir un pouvoir d'achat constant et être émise dans ce seul but, et si nous assurons que tous les prêts doivent être authentiques, nous pouvons alors facilement trouver la forme générale de la loi en ce qui concerne la relation entre cette émission et l'abstinence qui l'accompagne (prêts *authentiques*) nécessaire pour faire passer l'industrie d'un niveau de production à un niveau supérieur jusqu'à ce que tout le capital et le travail disponibles soient absorbés.

CHAPITRE X

LE PRINCIPE DE LA RICHESSE VIRTUELLE

Haute finance ou haute trahison ?

Prenons le temps de respirer, de sortir de l'arbre et de regarder à nouveau la forêt. Au sortir de la guerre, qui nous avait tous ébranlés, il semblait qu'une atmosphère favorable avait été créée pour modeler notre vie nationale plus près des désirs du cœur. Les choses nouvelles n'étaient alors pas nécessairement fausses. Mais aujourd'hui, nous semblons revenir à un état d'esprit résigné et fataliste qui considère nos échecs comme inévitables et comme faisant partie de l'ordre naturel de l'univers. Le résultat de nos incursions dans l'aspect scientifique de la question sociale est que le système monétaire du monde est faux et absurde, et que sans une attention minutieuse à ce mécanisme peu compris de distribution des produits de l'industrie, il ne sert pas à grand-chose de penser à l'endroit où nous voulons tous aller et à l'importance suprême d'y parvenir. Les politiciens de tous les partis ne se lassent pas de ce thème facile, mais tous semblent désireux de discuter de tout et de rien plutôt que de l'argent, qui nous tient tous sous son emprise absolue et incontrôlée. La presse boycotte presque complètement le sujet. Il semble impossible d'obtenir que les données essentielles soient rendues publiques de manière claire et sans équivoque, et pour obtenir des statistiques précises, il faut généralement aller aux Etats-Unis pour les illustrer.

Le public britannique a certainement le droit d'être informé sur son propre système et de faire l'objet d'une enquête et d'un débat publics et impartiaux concernant ce nouveau pouvoir, entre les mains duquel il a été remis à son insu et sans son consentement.

La science, comme chacun a pu le constater pendant la guerre, est amplement capable de fournir plus qu'il n'en faut pour permettre à tous ceux qui sont capables et désireux de gagner leur vie, de mener une existence décente dans des logements sains et adéquats. La récompense qu'elle devrait offrir pour un travail efficace ne devrait pas être toujours plus de travail en concurrence avec les machines, mais des loisirs, honnêtes et bien mérités, permettant de cultiver des facultés plus élevées et de vivre sur un plan moins animal. Il est vrai qu'il y a beaucoup de gens qui ont des idées médiévales, soigneusement entretenues par le manque d'éducation dans nos écoles et nos universités, et qui ignorent encore cela, mais les faits, c'est-à-dire les masses de chômeurs, les usines qui travaillent à temps partiel et les terres que l'on laisse retourner à l'état de friche, parlent d'eux-mêmes. Le conflit se situe clairement entre la science et la finance.

Ce n'est, au mieux, que le pendant du "busman's holiday" que d'essayer d'amener les gens à consacrer leurs heures de loisir à l'étude du mécanisme qui les conduit dans leur routine quotidienne. Pour autant, il est fascinant de s'imaginer au volant de au lieu d'être conduit. C'est le premier pas vers la compréhension de la différence entre l'argent que nous connaissons tous et la haute finance que peu de gens ont l'occasion de connaître. Au lieu de consacrer toute notre énergie à la recherche d'un emploi, aussi peu gratifiant soit-il, pour échanger nos services sous-évalués contre de nouveaux billets du Trésor - dont l'impression, en ces temps de production de masse, ne peut coûter beaucoup plus que des timbres-poste - ne serait-ce pas un changement si nous nous réveillions un matin pour constater que nous faisons tourner la machine à imprimer et que tous les autres nous offrent tout ce qu'ils ont à donner en termes de travail, de services, de marchandises et de produits de l'industrie en échange des bouts de papier que nous convoitons ? La haute finance présente des avantages évidents en tant que vocation.

Mais cela, le politicien statique et sans imagination nous dira qu'il ne s'agit pas de haute finance, mais de haute trahison contre l'État. C'est précisément ce que l'on a toujours considéré, depuis l'aube de l'histoire, et, avant qu'il ne prenne la Grande-Bretagne par le nez - si l'on peut dire qu'un bouledogue a un nez - on aurait pensé que cela méritait d'être rendu public plutôt que d'être dissimulé.

Le principe de la richesse virtuelle

Faisons le point sur nous-mêmes, tels que nous sommes - beaucoup d'entre nous s'enorgueillissant de leur sens aigu des affaires et du commerce, certains de leur curiosité intellectuelle, d'autres de leur bon sens, et aucun d'entre nous n'a manifestement échappé à l'emprise de la folie.

Nous avons tous des besoins et des désirs de toutes sortes, que nous devrions satisfaire si seulement nous pouvions nous le permettre, de tous les degrés d'urgence ou d'opportunité, depuis le manque de nourriture et de vêtements appropriés jusqu'à une légère envie d'avoir une meilleure voiture ou les dernières chaussures russes à la mode. Pourtant, nous avons tous des droits légaux sur ces choses, sous forme d'argent, et nous *n*'exerçons *pas* nos droits sur ces choses.

Nous *préférons plutôt des* jetons en papier énonçant diverses vérités à 10 % ou moins sur le fait que George V est, par la grâce de Dieu, roi de toute la Grande-Bretagne, défenseur de la foi et empereur des Indes. Mais ces jetons tangibles et existants, que le public préfère aux choses dont il a réellement besoin, sont, pour ainsi dire, la petite monnaie du commerce, presque insignifiante comparée à des créances bien plus importantes et tout aussi valables sur des comptes bancaires pour lesquels il n'existe pas de jetons.

Chacun d'entre nous, en tant qu'individu, considère ces avoirs monétaires comme ayant au moins autant de valeur que la richesse réelle contre laquelle ils seraient échangés. Il n'y a aucune contrainte dans ce choix, si ce n'est la préférence de l'individu. C'est d'ailleurs la condition normale et permanente de la société, car lorsque chaque individu exerce à son tour son pouvoir d'achat et obtient la réalité au lieu du jeton ou du crédit, il l'échange simplement avec un autre individu, qui s'abstient alors à son tour de la richesse à laquelle il a droit. Bien que la grande majorité n'ait pas trop d'argent, l'ensemble de nos possessions individuelles de cette richesse virtuelle est colossal. En 1920, elle s'élevait, selon McKenna, à deux mille sept cents millions de livres sterling. Etant donné que la production annuelle totale de richesse dans ce pays est estimée du même ordre, soit environ 3 000 livres sterling, il apparaît donc que la production annuelle de richesse de ce pays est littéralement en train de mendier, des "prix brillants" attendant d'être ramassés par des cerveaux aiguisés sans produire quoi que ce soit, et une fois ramassés, bien capables d'engager les épées les plus tranchantes de la loi, et toutes les autres armes qui peuvent être achetées pour de l'argent jusqu'à la presse privée de la nation, pour sa défense. Si nous calculons en espèces sonnantes et trébuchantes combien il vaut la peine de dépenser pour défendre un revenu non gagné de quelque 100 millions de livres sterling par an, nous pouvons être sûrs qu'il ne s'agira pas de couler le navire pour un ha'porth de goudron. Mais ceci, encore une fois, n'est rien en comparaison du pouvoir que l'octroi, le refus et l'annulation arbitraire de l'argent du crédit confèrent à ceux qui l'exercent. Un seul industriel dans le monde entier, jusqu'à présent, Henry Ford, célèbre pour ses automobiles, a osé le braver et a échappé à la faillite.

Il est bon de se représenter parfois les réalités crues auxquelles se heurte notre idéalisme, si l'on veut comprendre la déroute totale des forces de progrès depuis un siècle, et leur incapacité à faire un pas en avant sans que le sol sous leurs pieds ne semble reculer plus loin qu'elles n'ont avancé. Le monde est très fatigué des idéalistes et de la contemplation d'un objectif toujours plus lointain. La connaissance des idioties embrouillées des finances publiques vaut bien des maux de tête à acquérir et constitue le premier pas nécessaire pour rendre aux nations leur souveraineté et leur héritage.

La valeur de l'argent mesurée par la richesse virtuelle

Comme nous l'avons indiqué à la fin du dernier chapitre, notre problème se divise en deux parties distinctes, qu'il ne faut pas mélanger mais considérer dans l'ordre logique. Il y a la quantité de monnaie, qui doit toujours être proportionnelle à la richesse virtuelle de la communauté pour que son pouvoir d'achat soit constant, et il y a une question beaucoup plus complexe, la circulation de cette monnaie de main en main imbriquée dans le flux sans fin de la richesse de la production à la consommation, comme dans un mouvement mécanique connu sous le nom de crémaillère.

Dans une crémaillère, chaque tour complet du pignon déplace la crémaillère d'une distance définie sur une ligne droite uniforme. Une monnaie stabilisée correspond à un tel mécanisme, chaque circulation de la monnaie fait passer de la production à la consommation ou l'utilisation de la même quantité de richesse. Une monnaie à valeur variable correspond à une crémaillère, dans laquelle le nombre de dents du pignon et, par conséquent, son diamètre, ne sont jamais les mêmes, mais varient continuellement au fur et à mesure qu'il tourne. Un tel mécanisme est mécaniquement impossible à réaliser, alors que jusqu'à présent, pour des raisons qui apparaîtront plus tard, il a été politiquement impossible de distribuer les richesses au moyen d'une monnaie à pouvoir d'achat constant. De violentes alternances sur de courtes périodes et une diminution moyenne du pouvoir d'achat sur de longues périodes ont été inévitables.

Nous pouvons récapituler brièvement la position concernant la première partie du problème et présenter certains points d'une manière légèrement différente. La quantité de monnaie dans un pays est la quantité d'une sorte particulière de dette qui existerait dans ce pays s'il n'y avait pas de monnaie. Ce n'est pas le seul type de dette, mais c'est le seul type de dette remboursable sous n'importe quelle forme de richesse achetable sur demande, au choix du propriétaire de la dette. Il y a, bien sûr, beaucoup d'autres types de dettes, mais elles ne sont pas remboursables en richesse, mais en argent. Toutes ces dettes doivent donc d'abord être remboursées en argent et deviennent ensuite remboursables en richesses en général.

Or, cette dette, bien qu'exprimée numériquement par la somme totale de l'argent du pays, représente un déficit de richesse réelle, composé de toutes les choses réelles que les propriétaires de l'argent sont en droit de posséder mais dont ils se privent volontairement, ou dont ils s'abstiennent de posséder, pour satisfaire leurs affaires ou leurs intérêts privés.

Si nous pensons à notre propre situation et aux raisons pour lesquelles nous avons besoin d'argent et devons en garder une réserve, les mêmes raisons s'appliquent à la communauté dans son ensemble. Il convient à la commodité et aux affaires de certaines personnes tout le temps, et à toutes les personnes parfois, d'être redevables plutôt que de posséder des richesses, afin qu'elles puissent être libres de choisir à leur propre moment la sorte et la quantité dont elles ont besoin à ce moment précis sur le marché et de les recevoir à la demande en échange de leur argent. La quantité de richesse qu'il convient à une communauté de ne pas posséder, bien qu'elle ait légalement le droit de la posséder sur demande, vaut tout l'argent de la communauté.

Cette quantité négative ou pénurie de richesse est appelée dans ce livre la richesse virtuelle de la communauté. Nous pouvons supposer qu'elle est égale à G - où G signifie l'ensemble des biens, ou des choses réelles, que la communauté s'abstient de posséder, et nous supposerons d'abord que cela ne change pas. Si la quantité d'argent dans la communauté est de £X, chaque £1 vaut G/X. Supposons maintenant -

que ce soit par l'action de l'Etat, des banques ou des faux-monnayeurs, peu importe - que la quantité de monnaie£ X soit augmentée dans un certain rapport r à £rX, où r peut être 2, 1,5, 1,1, ou tout autre rapport supérieur à l'unité, G vaut maintenant £rX, et chaque £1 *vaut G/rX*. Les propriétaires des £X d'origine ont maintenant des droits sur XG/rX ou seulement G/r, c'est-à-dire sur 1/rth partie de ce qu'ils possédaient auparavant. Les émetteurs de la nouvelle monnaie, ou ceux à qui ils la transmettent, détiennent des droits sur le reste $G (1 - 1/r)$. Si l'État émet la nouvelle monnaie, ce sera pour payer des dépenses publiques qui, autrement, devraient être financées par l'impôt, et s'il la retire à nouveau de la circulation, ce sera en imposant des taxes et en détruisant l'argent ainsi collecté. De même, si une banque émet un crédit et l'annule lorsque le prêt est remboursé, au lieu de le réémettre, la communauté dans son ensemble regagne en pouvoir d'achat supplémentaire ce qu'elle a perdu auparavant. Si un faux-monnayeur la fait passer pour de la fausse monnaie, ce qu'il gagne ainsi, l'individu, en possession duquel la mauvaise monnaie est finalement trouvée, le perd. Mais tant qu'il n'est pas détecté, tous les membres de la communauté subissent une perte permanente du pouvoir d'achat de leur monnaie, et c'est sans doute pour cette raison que la loi a toujours considéré la mise en circulation de fausse monnaie comme un délit de trahison plutôt que comme un vol, bien que le faux-monnayeur ne gagne pas plus dans l'un que dans l'autre cas.

Si, maintenant, nous considérons que G augmente progressivement et que la monnaie augmente en permanence et progressivement pour suivre le mouvement, de manière à ce que le pouvoir d'achat de la livre sterling reste toujours le même - c'est-à-dire maintenant rG/rX, qui est le même que G/X - alors aucune injustice n'est faite aux propriétaires de la monnaie, mais l'augmentation de la richesse virtuelle de la communauté est appropriée en premier lieu par le contribuable, en second lieu par la banque, qui la transmet à ceux qui lui empruntent de l'argent, et en troisième lieu par le faux-monnayeur.

Mais comment G augmente-t-il ou diminue-t-il ? Uniquement par le fait que les gens *s'abstiennent* de posséder ce qu'ils ont pleinement le droit de posséder, sans paiement d'intérêts en récompense de l'abstinence, dans une mesure plus ou moins grande qu'auparavant. En cela, les désirs et les intentions des individus ne sont pas du tout les mêmes que les effets globaux de ces désirs. Les gens peuvent penser qu'il y a trop d'argent et qu'il va y en avoir moins, de sorte que le niveau des prix va baisser, ou qu'il y en a trop peu et qu'il y en aura bientôt plus, de sorte que le niveau des prix va augmenter. Ils peuvent donc essayer de réduire ou d'augmenter leurs avoirs en monnaie, mais cela n'a manifestement aucun effet sur la quantité totale de monnaie existante.

Ce qu'ils abandonnent ou acquièrent, d'autres l'acquièrent ou l'abandonnent, et c'est donc une enquête très compliquée que de déterminer dans quelles circonstances leurs désirs et leurs intentions ont un effet quelconque sur la richesse virtuelle globale de la communauté et sur le pouvoir d'achat de la monnaie. Nous pouvons affirmer sans crainte d'être contredits que, puisque les propriétaires de monnaie ne savent pas, en général, si la monnaie est augmentée ou diminuée jusqu'à ce que les *effets* ultérieurs sur le niveau des prix se manifestent, l'effet temporaire d'une augmentation de la quantité de monnaie, en conférant une nouvelle richesse virtuelle à ceux qui en étaient auparavant dépourvus, est d'augmenter cette richesse, et inversement une diminution de la monnaie diminue temporairement par annulation une partie de la richesse virtuelle. Mais ce ne sont que les effets initiaux, l'augmentation dans le premier cas étant bientôt neutralisée par l'élévation du niveau des prix, mais la diminution, dans le second cas, puisque le niveau des prix est réduit plus lentement, est plus permanente.

L'analogie des chaises musicales

La meilleure façon d'illustrer cette caractéristique essentielle de tous les problèmes monétaires est de recourir à une analogie très familière.

Dans le jeu des chaises musicales, lorsque la musique s'arrête, les joueurs qui se déplacent autour des chaises essaient tous instantanément de s'asseoir, mais il y a toujours une chaise de moins que le nombre de joueurs. Cela nous donne facilement l'idée fondamentale de l'institution de la monnaie. Si l'état instantané de la nation pouvait être immobilisé de la même façon, il y aurait toujours, en plus de ceux qui sont en pleine possession et jouissent de toutes les richesses du pays, d'autres qui ont des titres légaux pour les exiger et pour qui aucune richesse n'existe ni ne doit exister. Si les affaires d'une nation étaient susceptibles d'être liquidées et si les dettes et les actifs étaient répartis comme ceux d'un individu, alors il serait nécessaire que la nation garde en réserve, ou mette dans le jeton lui-même, une quantité de richesses égale à la quantité d'argent. Mais une nation est une entreprise perpétuelle. Dans la mesure où elle peut, par suite de l'adversité, avoir à retirer et à annuler une partie de son argent, elle possède, par le droit d'imposition, tout ce qui est nécessaire à cette fin. Il est donc tout à fait erroné d'insister sur le fait qu'il doit y avoir l'équivalent de la richesse derrière une monnaie symbolique. Il faut avant tout que la communauté ne soit pas volée par l'émission d'une monnaie symbolique et que celle-ci soit mise en circulation pour payer des frais qui, autrement, seraient couverts par l'impôt. Il n'est pas nécessaire que la monnaie symbolique soit adossée à une richesse réelle. Ce qui se cache derrière la monnaie symbolique, c'est la nécessité pour les membres d'une communauté moderne de s'abstenir de posséder toutes les richesses auxquelles ils ont droit, afin de pouvoir obtenir ce qu'ils veulent sous la forme et au moment où ils en ont besoin.

Le deuxième élément essentiel est que la nouvelle monnaie ne doit pas être émise plus rapidement que richesse virtuelle de la communauté n'augmente. Si l'émission est conduite uniquement en fonction du désir de l'Etat de faire face aux dépenses sans imposer de taxes, par les banques uniquement en fonction de l'émission qui rapporte le maximum d'intérêts bruts, ou par le faux-monnayeur pour obtenir la plus grande quantité de richesse pour rien, la monnaie est dépréciée et la classe des créanciers est spoliée. S'il n'y a pas d'émission, ou si elle est insuffisante pour suivre la prospérité croissante de la communauté, la classe des débiteurs, beaucoup plus nombreuse, est spoliée. La main morte du passé devient excessive, et les paiements aux *rentiers* une fraction exorbitante du revenu national. La main-d'œuvre, privée d'agents de production et obligée d'en emprunter l'usage, fait partie de la classe des débiteurs et est en permanence déprimée par la chute des prix. Etant également rémunéré par des salaires fixés en grande partie par la coutume et des accords à long terme, il est temporairement lésé par une hausse des prix. Bien que, comme nous l'avons vu, la fixation du niveau des prix ne soit pas un moyen d'assurer un salaire *équitable*, mais tende, si la nature de l'étalon est mal comprise, à stabiliser les taux de rémunération, il est absolument essentiel d'avoir un étalon de valeur monétaire défini avant qu'un progrès quelconque dans ces autres problèmes économiques ne soit même possible.

Pourquoi une norme est essentielle

Si les hommes politiques décident qu'il est essentiel, pour faciliter le gouvernement, que les gens soient conduits ou trompés dans la voie qu'ils doivent suivre pour leur propre bien, et que l'objectif visé doit être assuré par un étalon à dépréciation rapide comme l'étalon-or, pour alléger la main morte du passé sans éveiller trop ouvertement les fureurs de l'intérêt privé, la nation peut être assurée qu'au jeu de la tromperie dans les questions monétaires, l'homme politique ne fera pas le poids face à ceux qui ont fait de l'étude de ces questions un moyen de subsistance personnel. C'est pourquoi, dans la suite de cet ouvrage, nous admettrons l'opportunité de stabiliser le pouvoir d'achat de la monnaie par rapport au niveau général des prix des produits, comme un préalable essentiel à toute tentative d'assurer la justice entre toutes les classes de la communauté. Si, par la suite, d'autres ajustements s'avèrent nécessaires, il est de loin préférable qu'ils soient effectués au grand jour par le biais des pouvoirs de l'Etat en matière d'imposition convenablement échelonnée, plutôt que de manière trompeuse, et avec des transferts inutiles des poches d'une classe à l'autre, en jouant avec l'étalon de valeur. Il est entendu que la norme est essentiellement une norme débiteur-créancier et qu'elle n'a pas pour but de fixer le juste salaire. Elle ouvre simplement la voie à une réforme éventuelle, de sorte qu'à l'avenir, chaque pas vers le progrès ne soit pas plus que compensé par le fait que le terrain sur lequel nous essayons de progresser se dérobe sous nos pieds.

Numéro d'index

Il n'y a pas de place dans ce livre pour une explication suffisante des méthodes par lesquelles les économistes de ces dernières années ont pu déterminer la valeur réelle de la monnaie, en dehors des grandes variations continues de la valeur de l'or. Il est préférable de consulter ceux qui ont développé le sujet.[53] Il s'agit d'une étude technique, tout comme la normalisation absolue des poids et mesures est une branche hautement technique et spécialisée de la science. Mais dans un cas comme dans l'autre, ce n'est pas le moins du monde un obstacle à son

---

[53] Comparez Irving Fisher, *Le pouvoir d'achat de la monnaie.*

utilité. Le fait qu'aucune personne ordinaire ne soit compétente pour dire si un poids d'une livre, un bâton d'une verge ou une mesure d'une pinte est juste ou injuste - et que sur une île déserte dépourvue de telles mesures existantes, elle ne pourrait pas les reproduire sans aide - n'empêche pas l'utilisation de poids et de mesures justes dans le commerce. En fin de compte,

la question de l'exactitude est tranchée dans ce pays par le Laboratoire National de Physique qui vérifie les sous-standards délivrés aux inspecteurs. Il faut donc supposer un corps de statisticiens, qui ont consacré leur vie à ce travail, enrôlés et chargés de déterminer la tendance générale du niveau des prix et de communiquer périodiquement leurs conclusions à l'autorité nationale émettrice de la monnaie.

Le niveau général des prix est un fait qui peut être vérifié par des personnes indépendantes sans qu'il y ait de désaccord important dans leurs conclusions, et il devrait être aujourd'hui aussi impossible pour les gouvernements de modifier secrètement le pouvoir d'achat de la monnaie que les normes de poids et mesures.

L'hypocrisie de la normalisation
Poids et mesures et non monnaie

Si l'Etat veut garder la foi avec toutes les parties, la valeur de sa monnaie doit rester constante. C'est évidemment un prétexte pour créer un bureau des normes nationales et entretenir une armée d'inspecteurs des poids et mesures pour s'assurer que ceux qui achètent du charbon à la tonne, du tissu au mètre ou de la bière au gallon recevront les quantités qu'ils paient, alors que la monnaie elle-même qui est échangée contre ces marchandises les achète plus ou moins selon la quantité qu'elle est mise en circulation par des prêteurs purement privés.

Si la nation ne contrôle pas l'émission de sa monnaie, elle devrait renoncer à la prétention de contrôler les normes de poids et mesures. C'est le comble de l'hypocrisie que de promulguer des lois contre les émetteurs de fausses pièces de monnaie et contre les usuriers qui, même si leurs intérêts sont exorbitants, renoncent vraisemblablement à l'argent qu'ils prêtent, tout en permettant aux banques de créer de l'ordre de deux milliards de livres sterling de nouvelle monnaie à des fins d'usure.

Le seul test satisfaisant de l'honnêteté de la monnaie est la constance de sa valeur moyenne en termes de biens contre lesquels elle s'échange. En d'autres termes, l'indice, qui mesure le coût relatif de la vie en termes d'unités monétaires, doit rester constant à une valeur définie à l'avance, de siècle en siècle.

Avec l'expansion de la puissance productrice de richesses due à la science et aux inventions, nous avons vu que si la quantité de monnaie en circulation n'augmentait pas, la valeur de la monnaie augmenterait, mais qu'en raison de la ruine de l'industrie si elle est obligée de vendre ses marchandises au-dessous du prix de revient en raison de l'augmentation de la valeur de la monnaie, ce qui se produit en réalité, c'est que la pénurie de jetons de monnaie paralyse l'industrie, et au lieu que les *prix* soient réduits, la *production* l'est. Ainsi, le progrès scientifique reste utilisé et la nation conserve son état antérieur en ce qui concerne la production avec moins d'employés dans le travail, ce qui entraîne le chômage et l'inactivité des terres et des usines. En fait, l'inversion actuelle de la science et ses conséquences, de la misère intérieure à l'insécurité extérieure et au phénomène de la guerre mondiale, sont les conséquences du fait que les nations n'ont pas délibérément augmenté leur monnaie POUR L'UTILISER, *pari passu* avec la croissance de leur prospérité et de leur richesse virtuelle.

Une monnaie basée sur le numéro d'index

Nous avons vu que le pouvoir d'achat de la livre sterling est la richesse virtuelle de la communauté divisée par la quantité totale de monnaie. Ou encore, richesse virtuelle = quantité de monnaie × pouvoir d'achat de la monnaie.

La richesse virtuelle d'une communauté fait référence à tous les types de richesse qui sont sur le point d'être achetés, tant au niveau de la consommation que de la production, chaque type étant en quantités relatives identiques à celles qui sont effectivement achetées. L'indice est la façon moderne représenter le prix moyen des biens en termes d'unité monétaire, et le pouvoir d'achat de la monnaie est inversement proportionnel à l'indice du moment.

Ainsi, un indice de 230 signifie que les prix sont en moyenne 2,3 fois plus élevés qu' ne l'étaient à un moment donné, pris comme norme et affecté de la valeur 100. Le pouvoir d'achat de la monnaie avec un indice de 230 n'est que 100/230 de ce qu'il était avec un pouvoir d'achat standard de 100. De nombreux indices sont utilisés, certains concernant les prix de gros, d'autres les prix de détail, et d'autres encore portant non seulement sur le coût des marchandises, mais aussi sur d'autres dépenses de la vie, comme les loyers, les taux, etc. Ce qu'il faut, c'est un indice qui exprime le coût monétaire moyen des quantités de choses nécessaires, dans une juste proportion, à l'entretien d'une famille moyenne, et qui permette ensuite de maintenir constant le chiffre de l'indice en réglementant la monnaie de manière à ce que le coût total de ces quantités définies de choses ne varie jamais, quelles que soient les variations de prix entre elles. Il importe peu de faire la moyenne des différentes dépenses de la vie dans le calcul de l'indice, tant que l'indice adopté est toujours calculé sur le même principe et qu'on ne s'en écarte pas. Il peut y avoir de petites variations dans les indices calculés en même temps différemment , mais elles sont d'une importance tout à fait secondaire. Il se peut qu'une classe soit légèrement plus avantagée qu'une autre par le fait qu'une plus grande proportion du total des frais de subsistance soit consacrée à la nourriture, par exemple, mais les différences seront minimes, tantôt dans un sens, tantôt dans l'autre. Fixer le nombre d'indices et modifier arbitrairement le montant total de l'argent de manière à ce que le nombre d'indices reste toujours le même suffirait à toutes les fins pratiques. La manière exacte dont l'indice a été établi, si la moyenne des frais de subsistance a été raisonnablement calculée, n'a qu'une importance mineure et doit faire l'objet d'une discussion entre experts.

À quelle valeur la monnaie doit-elle être fixée ?

Le choix de la valeur de l'indice, ou plutôt du pouvoir d'achat de la livre sterling à partir duquel on appelle l'indice standard 100, est évidemment d'une très grande importance, car c'est ainsi que la communauté fixe le rapport dans lequel son revenu doit être divisé à l'avenir entre le présent et le passé. Si elle fait correspondre l'étalon à un faible pouvoir d'achat de la £, elle allège le fardeau de ses dettes passées - la dette nationale et les titres ou obligations similaires qui rapportent un taux d'intérêt monétaire fixe, et en général toutes les créances qui ne dépendent pas des revenus présents. Elle déprimera temporairement le salaire réel du travail et tous les revenus et salaires professionnels dont la rémunération est fixée par la coutume et la tradition, ainsi que des services tels que ceux du transport, dont les frais sont fixés par la loi, et augmentera temporairement les profits de ceux qui vivent de l'achat et de la vente et qui reçoivent comme profits le solde restant après le paiement des dépenses de travail. Mais "en fin de compte", ils trouveront un nouveau niveau. La société s'est malheureusement habituée récemment à de grandes variations de la valeur de son argent, de sorte que le nouveau niveau serait aujourd'hui plus rapidement atteint, alors qu'avant la guerre il aurait été une lutte de longue haleine et la cause de beaucoup d'injustices et de difficultés pour ceux qui en sont affectés. Mais tous les prélèvements sur le revenu communal qui découlent de paiements monétaires fixes ne changeront pas en valeur absolue, une fois que l'indice sera fixé. Comme l'a dit M. Keynes dans le paragraphe déjà cité, en discutant des affaires intérieures de la France et de la valeur future du franc, mais en modifiant les mots en italique pour qu'ils s'appliquent à la question de l'indice et à ce pays.

"Si nous regardons vers l'avenir, sans tenir compte des hauts et des bas qui peuvent faire et défaire les fortunes entre-temps, le niveau de la livre sterling sera fixé non pas par la spéculation ou la balance commerciale, ni même par le résultat du *retour à 'étalon-or*, mais par la proportion de son revenu gagné que le contribuable *britannique* permettra de lui prendre pour payer les créances des *rentiers britanniques*.

Le niveau de la *livre sterling* continuera à baisser jusqu'à ce que la valeur marchande des livres dues aux *rentiers* soit tombée à une proportion du revenu national qui corresponde aux habitudes et à la mentalité du pays".

Les temps sont très anormaux et il se peut qu'il ne soit pas encore possible de faire plus que de fixer provisoirement le niveau des prix. Mais, même dans ce cas, ce serait un grand avantage politique si cette question vitale pouvait être décidée ouvertement et de manière transparente, et si l'on pouvait donner un préavis suffisant et en bonne et due forme sur la nature de tout changement futur du niveau des prix, si cela s'avérait nécessaire. Cette question et l'émission de l'argent sont l'affaire de la nation et non de la banque. Leur fonction est de tenir des comptes et de *prêter de* l'argent, pas de le *créer*, et donc de déterminer le niveau des prix. En pratique, leurs intérêts sont purement ceux de la classe des créanciers, et bien que, dans le cadre du système, elles ne puissent contribuer à élever le niveau des prix par leurs prêts fictifs, elles s'efforcent toujours de le faire baisser, bien que leurs décisions condamnent invariablement à la perte, sinon à la ruine, ceux qui ont misé leur fortune sur la production des choses dont la communauté a besoin, et la communauté à un fardeau d'endettement artificiellement alourdi.

Si le niveau des prix est constant, les valeurs monétaires expriment des valeurs réelles et la quantité totale de monnaie exprime fidèlement la richesse virtuelle de la communauté.

Relation entre le prix et les biens

Ainsi, bien qu'il s'agisse à première vue d'une quantité très curieuse et incertaine, la richesse virtuelle est une quantité bien définie, et sa mesure ne présente aucune difficulté réelle. A quantité de monnaie constante, elle est proportionnelle au pouvoir d'achat de la monnaie ou inversement proportionnelle à l'indice du niveau des prix. A indice constant du niveau des prix, elle est mesurée par la quantité de monnaie. Son utilisation permet d'éviter certaines difficultés rencontrées par la théorie quantitative de la monnaie, dont nous avons vu qu'elle ne fonctionne en pratique que d'une seule manière. Cette dernière prétend corréler le prix non seulement avec la quantité de monnaie, mais aussi avec la quantité positive de biens existants, plutôt qu'avec la quantité négative de biens dont on s'abstient, bien qu'il ne soit pas précisé si la quantité qui affecte le prix est la quantité totale, la quantité de stocks en cours de production et déjà produits, ou la quantité effectivement sur le marché en attente de vente à l'heure actuelle.

En réalité, il établit une corrélation entre le prix et la quantité d'argent dépensée pour les marchandises *achetées et vendues* au cours d'une année, ce qui est une définition plutôt qu'une explication du prix, et entre la quantité d'argent dépensée pour les marchandises au cours d'une année et la quantité d'argent et le nombre de fois où elle est dépensée, ce qui est une fois de plus répétitif. Elle n'établit aucune autre relation entre le prix et les marchandises que celle contenue dans l'équation Prix = Argent dépensé - Marchandises vendues et achetées.

Alors que la richesse virtuelle est tout à fait indépendante de cette complication, en tant que telle, comme la quantité de monnaie dont elle mesure la valeur, elle est une quantité et non un taux.

Les causes qui produisent un changement de richesse virtuelle sont en grande partie psychologiques. On le reconnaît parfois en affirmant que seule la quantité d'argent en circulation peut affecter les prix et que la partie thésaurisée ne peut exercer aucune influence. Mais il n'y a pas de différence nette. Un fabricant décide toujours au jour le jour de la question de savoir s'il doit thésauriser ou dépenser dans son entreprise, et des questions exactement similaires se posent à chaque acheteur individuel.

Il est incontestable que la valeur de l'argent est déterminée et ne peut être affectée que par les quantités de biens dont les gens, dans l'ensemble, s'abstiennent volontairement de jouir, et seulement indirectement par les quantités mises en vente sur le marché. Mais ce point de vue ne prétend même pas répondre à la question de savoir comment les biens offerts à la vente affectent *les revenus* réels ou monétaires des gens, si ce n'est en suggérant que l'habitude et la nécessité prescrivent à tout moment un certain rapport entre la richesse virtuelle et le revenu, qui, s'il est perturbé, tendra à revenir à sa valeur d'origine.

Richesse virtuelle et revenus

Nous ne tenterons pas ici d'analyser de manière exhaustive la richesse virtuelle, mais nous la traiterons comme un fait susceptible d'être mesuré par le niveau des prix. Cependant, il peut être utile de retracer plus avant les conséquences des tentatives des individus d'augmenter ou de diminuer leur richesse virtuelle.

Pour simplifier la question, supposons que la quantité totale de monnaie reste inchangée et considérons un acheteur qui décide qu'à l'avenir, au lieu de garder à la maison ou à la banque de l'argent suffisant en moyenne pour un mois de ménage, il n'en gardera que pour une semaine. Il achète donc en une seule fois trois semaines de provisions, et 'est tout ce qu'il peut faire. Si les commerçants n'avaient rien fait, tout ce qui se serait passé, c'est que la richesse virtuelle individuelle de l'acheteur aurait diminué, mais que celle des autres personnes aurait augmenté dans la même mesure, et qu'il n'y aurait pas eu de changement. Mais si les commerçants ont refusé de conserver l'argent supplémentaire et l'ont transmis, et même si tout le monde a essayé de réduire sa richesse virtuelle, il ne faut pas croire que la richesse virtuelle de la communauté dans son ensemble aurait diminué.

Nous devons nous rappeler l'analogie de la chaise musicale. Les individus peuvent mettre en balance les plaisirs de la table et la satisfaction morale et esthétique qu'engendre le fait de jubiler devant de beaux exemples de l'art de la gravure, mais pour la communauté, c'est le choix de Hobson qui s'impose Quelqu'un doit posséder tout l'argent de la communauté et ne pas posséder la richesse qu'il peut acheter, qu'il le veuille ou non. La rapidité ou la réticence avec laquelle ils le transmettent, ou s'en séparent à contrecœur, à d'autres moins ou plus intelligents ou chanceux qu'eux, n'affecte pas nécessairement la richesse virtuelle ou le pouvoir d'achat de l'argent.

Ainsi, à monnaie totale constante, le désir de faire circuler l'argent plus rapidement qu'auparavant, s'il est général, signifie que les gens, dans l'ensemble, le reçoivent plus rapidement qu'auparavant. Leurs revenus monétaires augmentent, mais l'augmentation de leurs revenus réels dépend du fait que l'accélération de la demande entraîne une augmentation de l'offre.

Elle a cette tendance, car le détaillant qui voit ses stocks épuisés en commandera davantage, transmettant ainsi la stimulation de la demande, de sorte que plus de biens sont produits, plus de salaires et de profits sont gagnés, et l'argent revient plus rapidement pour acheter la production accrue. Mais, en général, il y aura probablement aussi une certaine hausse des prix et, dans cette mesure, une *diminution* conséquente de la richesse virtuelle globale en même temps qu'une certaine *augmentation des* revenus réels, causée par le désir de chacun de *diminuer* sa richesse virtuelle. Inversement, un désir général d'accroître la richesse virtuelle tend à l'augmenter, mais il *diminue* également *les* revenus monétaires et, dans une moindre mesure, probablement les revenus réels.

Ce point de vue met certainement en évidence l'effet du désir de chacun de posséder plus d'argent. La seule façon pour chacun de posséder plus d'argent est d'augmenter la quantité totale de monnaie. Si cela n'est pas fait, le désir opère *une réduction du* revenu monétaire national. La plupart des gens commencent à se rendre compte que la vie elle-même n'est pas une quantité mais un taux, et qu'il est bien plus important de posséder un revenu important qu'une grande somme d'argent. Si tous les gens agissaient à l'encontre de leurs penchants naturels et refusaient de conserver de l'argent plus longtemps qu'ils ne peuvent le faire, le revenu monétaire national augmenterait. Si le désir de posséder plus ou moins d'argent ne peut affecter la quantité totale d'argent, il peut affecter et affecte effectivement les revenus dans le sens inverse ; plus la nation dépense librement, plus elle a d'argent à dépenser, et moins elle dépense librement, moins elle a d'argent à dépenser. Le désir universel de *posséder de l'*argent ne doit pas être confondu avec le désir de loisir et la répugnance à travailler, mais il en est l'exact opposé. Les personnes qui possèdent de l'argent et souhaitent continuer à en posséder doivent renoncer à le dépenser plus vite qu'elles ne le reçoivent. Ceux qui ne travaillent que sous l'impulsion d'un garde-manger vide essaient de réduire leur argent, c'est-à-dire leur richesse virtuelle, à un minimum. Dans le système décrit, les individus seraient libres de conserver autant ou aussi peu d'argent qu'ils le souhaitent, sans interférer le moins du monde avec la circulation de l'argent ou la production de richesses. Il serait possible de maximiser cette dernière, de sorte que ni le travail ni le capital ne soient au chômage, même si les gens sont avares et peu enclins à transmettre l'argent qu'ils reçoivent.

Thésaurisation et crédit mutuel

Si le niveau des prix, plutôt que la quantité de monnaie, est maintenu constant, deux des principaux facteurs qui affectent la richesse virtuelle d'un pays, dans des directions opposées, sont premièrement la thésaurisation, qui l'augmente, et deuxièmement le crédit mutuel ou le prêt, qui la diminue. Sous une monnaie de métal précieux, le premier est un mal et le second un bien, mais sous une monnaie de papier stabilisée, la situation est inversée. Nous avons vu que la seule partie du crédit de la nation qui diffère du pouvoir d'endettement d'un individu est la richesse virtuelle. Augmenter cette dernière signifie que les gens s'abstiennent volontairement dans une plus grande mesure qu'auparavant, ce qui permet, et même devrait obliger, la nation à payer une partie de ses dépenses par l'émission de nouvelle monnaie. La thésaurisation en tant que pratique augmente la richesse virtuelle et permet à la nation de s'endetter sans payer d'intérêts. Il est évident que lorsque les réserves d'un avare sont remises en circulation, la richesse virtuelle est diminuée d'autant. Dans la catégorie opposée, les expédients financiers tant vantés dans l'économie de la monnaie diminuent la richesse virtuelle et la quantité de monnaie correspondant à un niveau de prix donné.

Il est instructif de considérer un exemple simplifié. Prenons le cas d'un agriculteur et de ses récoltes annuelles, et supposons que, juste avant la récolte, il n'ait ni argent ni richesse, finie et prête à être vendue. Lorsque la récolte est moissonnée, il a, disons, £H, lorsqu'elle est vendue, il a £H, et pendant un an, cette somme diminue régulièrement jusqu'à ce que, lors de la récolte suivante, elle soit à nouveau nulle. Il y a maintenant un marchand qui convient avec l'agriculteur de se faire mutuellement crédit, de sorte que juste avant la récolte, l'agriculteur, au lieu de n'avoir pas d'argent, doit £H/2 au marchand. Le marchand, grâce à la vente de la récolte de l'année précédente, aurait £H, mais comme le fermier lui doit £H/2, il n'a que £H/2. La récolte, une fois moissonnée, est donc vendue par le fermier au marchand pour £H/2. Au milieu de l'année, le fermier a épuisé son argent et le marchand a vendu la moitié de la récolte pour £H/2, qu'il prête à nouveau au fermier. De cette façon, il ne faut que la moitié de l'argent qui aurait été nécessaire s'il n'y avait pas eu de crédit mutuel. Si, de nouveau, le fermier se sépare de sa récolte, la moitié pour rembourser une dette de £H/2, le quart pour payer £H/4, et qu'il fasse crédit au marchand pour les £H/4 restants, il est clair qu'il ne faut qu'un quart de l'argent qu'il fallait auparavant. Ces arrangements mutuels entre individus prennent la place des arrangements exactement semblables entre l'individu et la communauté, que l'institution de la monnaie réalise. C'est une chose de considérer comme bienfaisantes ces méthodes d'économie dans l'utilisation de la monnaie , lorsque sa fourniture a entraîné beaucoup de gaspillage de travail dans la recherche des métaux précieux, mais c'en est une autre lorsque, sans aucun travail, les gens peuvent être libérés de la nécessité de contracter de telles dettes mutuelles et obtenir le confort de ne rien devoir à personne grâce à l'utilisation correcte du papier-monnaie. Bilgram (loc. cit.) estime que la somme totale des dettes sur lesquelles des intérêts doivent être payés est probablement quatre fois supérieure à la quantité de monnaie, y compris la monnaie de dépôt, utilisée aux Etats-Unis, et que les paiements annuels d'intérêts "absorbent" plus d'un quart de la monnaie totale. C'est sans doute excellent du point de vue des créanciers, mais il ne fait guère de doute non plus que les débiteurs préféreraient être moins dépouillés dans un système où l'argent ne serait pas aussi surchargé.

Analogie avec le régulateur d'une machine à vapeur

Heureusement, il n'est pas nécessaire d'approfondir tous ces paradoxes compliqués. "Nous nous perdrions dans des calculs sans fin. Il est aussi manifestement absurde d'essayer de calculer l'effet précis de toutes les circonstances pertinentes sur le niveau général des prix que de calculer l'effet sur la vitesse d'une machine à vapeur de chaque variation inconnue d'un moment à l'autre de la charge, de la lubrification et de l'alimentation en vapeur. Néanmoins, la vitesse d'une machine à vapeur se règle automatiquement avec la plus grande facilité. La vitesse de la machine, qui est le résultat intégré et déterminable de tous les facteurs qui interviennent dans le fonctionnement de la machine, ouvre ou ferme elle-même, au moyen d'un régulateur, l'étranglement qui admet la vapeur, en l'ouvrant si la vitesse diminue, et en le fermant si la vitesse augmente.

Selon cette analogie, le prix est le résultat intégré et déterminable de tous les facteurs distincts et indéterminables qui affectent le fonctionnement du système industriel et la richesse virtuelle de la communauté. Il est mesuré par l'indice qui exprime le coût de la vie en unités monétaires. Un gouverneur du niveau des prix augmenterait progressivement la monnaie en circulation au fur et à mesure que la machine industrielle serait de plus en plus sollicitée, tout comme le gouverneur d'une machine à vapeur, dans les mêmes conditions, augmenterait progressivement la quantité de vapeur admise par la chaudière.

Lorsque la quantité maximale de richesse que le système industriel peut produire est produite, tout comme lorsque la quantité maximale de vapeur que la chaudière peut fournir est utilisée, une demande plus importante augmentera les prix dans un cas et réduira la vitesse dans l'autre.

Une réponse à certains malentendus

En envisageant le système proposé, nous devons nous débarrasser de certaines des illusions induites par l'expérience du fonctionnement de l'ancien système. Il est indéniable que la richesse pourrait être augmentée et que des millions de travailleurs, beaucoup de terres et de capitaux sans emploi attendent la permission financière d'accroître la production. Il est indéniable que la science a augmenté, et continue d'augmenter, le facteur de l'efficacité humaine dans la production de richesses. Il est indéniable qu'une augmentation de la quantité d'argent en circulation sans une augmentation correspondante du taux de production de richesses entraîne une augmentation des prix. Mais l'expérience selon laquelle il est pratiquement impossible de réduire les prix en contractant la monnaie, sans en même temps contracter la production et ruiner ceux qui sont engagés dans l'industrie, est dérivée de notre système aléatoire.

Par hypothèse, dans le nouveau système, les prix *sont* maintenus constants, dans la mesure où toute variation est détectable par son effet sur l'indice. Des statisticiens compétents détecteraient la tendance à la hausse ou à la baisse avant que le public n'en prenne conscience dans leur commercialisation, tout comme le régulateur d'une machine à vapeur détecte la tendance à l'augmentation ou à la diminution de la vitesse avant qu'elle ne puisse être vérifiée à l'oeil nu ou autrement qu'au moyen d'un instrument très délicat. Les raisons pour lesquelles une contraction de la monnaie ne réduit pas, en fait, les prix ne jouent pas lorsque les prix sont maintenus constants par une régulation automatique de la monnaie par l'indice. L'industrie est ruinée non pas par la constance des prix, mais par leur chute, les stocks devenant invendables sauf à perte. Une contraction de la monnaie pour freiner une tendance à la hausse des prix ne ruinerait personne, bien qu'après que la tendance à la hausse se soit produite, la contraction soit impuissante à les faire baisser à nouveau sans imposer des maux encore plus graves.

Ainsi, bien qu'il y ait tout lieu de supposer, du moins tant que la science et l'invention continueront à se développer, que la tâche des statisticiens qui conseillent le volume de monnaie dont la nation a besoin, sera d'abord, et pendant longtemps, la tâche facile de conseiller l'émission de plus de monnaie, si la nécessité se présente de conseiller une contraction de la monnaie, il n'y a aucune raison d'anticiper les effets néfastes qui accompagnent maintenant la contraction de la monnaie *après que* les prix ont déjà beaucoup augmenté.

À une époque d'expansion scientifique et d'incitations puissantes à "l'épargne", une période de hausse des prix, dans un système monétaire libre, implique une période de guerre, de troubles civils, de peste ou de famine, au cours de laquelle le revenu de la richesse diminue, et non, comme c'est le cas actuellement, une période d'essor et de spéculation, due à l'augmentation arbitraire de la quantité de monnaie. Bien entendu, pour le spéculateur et le profiteur, mais probablement pas pour l'homme d'affaires solide, s'il en reste, le système semblera naturellement fonctionner dans le mauvais sens. Loin d'être considérée comme une calamité à éviter à tout prix, une période de hausse des prix sera considérée comme une période de prospérité expansive. M. Hartley Withers, discutant les propositions de l'auteur de , fait ce commentaire éclairant. [54] Après avoir approuvé le plan d'émission de la nouvelle monnaie nécessaire pour maintenir la

---

[54] *Les banquiers et le crédit*, p. 244.

constance des prix, de la dette de l'Etat, comme "une opération simple et peu coûteuse", il poursuit :

> "Mais lorsque c'est l'inverse qui se produit, et que la dette est émise de manière à contracter la monnaie à un moment où les prix augmentent, le processus semble susceptible d'être à la fois coûteux et impopulaire. Le gouvernement ne pourrait pas utiliser les devises reçues des souscripteurs du nouvel emprunt ; il faudrait les détruire pour réaliser le projet, et l'opération serait donc une perte sèche ; à une époque de prospérité expansive impliquée par les circonstances, le gouvernement devrait probablement payer un taux élevé obtenir son emprunt, et il devrait faire peser ce sacrifice sur les épaules du contribuable, sachant qu'ainsi, si la mesure réussissait, il freinerait la hausse des prix qui rend les milieux d'affaires si heureux."

Il s'agit d'un curieux commentaire sur la thèse de l'auteur selon laquelle le problème des classes dirigeantes du monde est qu'elles commencent par confondre dette et richesse, et finissent par considérer la pénurie comme une prospérité expansive. En même temps, ce passage illustre l'état de brouillard presque incroyable qui règne dans l'esprit de ceux qui sont censés être des experts financiers lorsqu'il s'agit de questions de finances nationales plutôt que de finances individuelles. Rembourser la dette nationale est un acte de droiture financière, prévu par les chanceliers de l'Échiquier honnêtes par le biais du fonds d'amortissement, dans lequel tout excédent d'argent extrait par la fiscalité est automatiquement versé. Mais détruire les billets du Trésor extraits par le même processus est une "perte sèche". C'est à se demander si ceux qui sont responsables des finances de la Nation se rendent compte que les titres nationaux et la monnaie sont à la fois une richesse du point de vue du propriétaire individuel et une dette du point de vue de la communauté. La seule différence est que l'un est une dette différée, non remboursable à vue, et l'autre une dette remboursable en richesse à vue.

CHAPITRE XI

L'ÉNIGME DU SPHINX

Une symbolique pour représenter les transactions économiques

Nous avons progressivement tiré les fils de notre analyse de la nature de l'argent et de la richesse jusqu'au point où il est nécessaire d'essayer d'obtenir une image mentale du système économique dans son ensemble et de son fonctionnement. Ce qu'il faut maintenant, c'est un symbolisme simple et instructif ou une sténographie pour représenter avec suffisamment de précision le système industriel et les principaux processus économiques de la production, de l'échange et de la consommation.

Ceux qui ne sont pas familiers avec les sciences mathématiques peuvent ignorer à quel point un symbolisme correct et instructif est une arme de recherche puissante. En ce qui concerne les opérations simples de l'arithmétique, sans nos systèmes de calcul, l'étude d'une vie entière ne serait pas de trop. Avant l'apparition des chiffres arabes - inventés en réalité par les Hindous - avec leur système de neuf chiffres et un zéro, les opérations de multiplication et de division étaient effectuées au moyen d'un système élaboré de règles empiriques sur un cadre de calcul appelé "abaque". Les calculateurs professionnels les plus compétents, après une vie de travail, ne pouvaient pas atteindre le niveau atteint par un écolier ou une écolière de dix ans dans le cadre du système moderne.

Faute de moyens simples pour exprimer les opérations de l'industrie et du commerce, surtout pour enregistrer la totalité des faits importants, au cours des changements de propriété dont elles sont essentiellement constituées, même les conséquences élémentaires, telles qu'elles résultent, par exemple, de la circulation continue de l'argent, sont susceptibles d'être imprévues jusqu'à ce qu'elles se produisent. La difficulté n'est pas réduite mais plutôt augmentée par le fait que presque tout le monde connaît et comprend parfaitement un aspect du système. Il est donc nécessaire de voir l'ensemble d'un seul coup d'œil. La première étape consiste à représenter les changements de propriété qui se produisent dans le cadre du troc. Cela peut se faire comme le montre la figure 2. Des lignes brisées épaisses sont utilisées pour indiquer le flux de richesse, la flèche pointant de la production à la consommation. Le troc serait alors représenté comme dans la figure, où deux flux de richesse se rencontrent dans un marché, A, dans lequel le propriétaire individuel d'un type de richesse s'en détache et s'attache à l'autre type de richesse. Les trajectoires des propriétaires arrivant au marché avec un type de richesse et repartant avec un autre type de richesse sont ainsi représentées par des lignes fines à côté des flux de richesse.

L'institution de la monnaie permet l'échange de propriété avec un seul type de richesse, alors que le troc exige que deux types se rencontrent au même endroit et au même moment. Pour représenter la monnaie, on utilisera des lignes épaisses ininterrompues, les flèches indiquant le sens de circulation de la monnaie. C'est ce que montre la figure 3, qui représente le propriétaire de l'argent, ou l'acheteur, se détachant à la fourche A de l'argent et s'attachant à la richesse, et le propriétaire de la richesse, ou le vendeur, s'attachant à l'argent et se détachant de la richesse.

Les lignes d'argent sont nécessairement, au final, des chemins fermés, le même argent *circulant* et non, comme la richesse, s'écoulant continuellement.

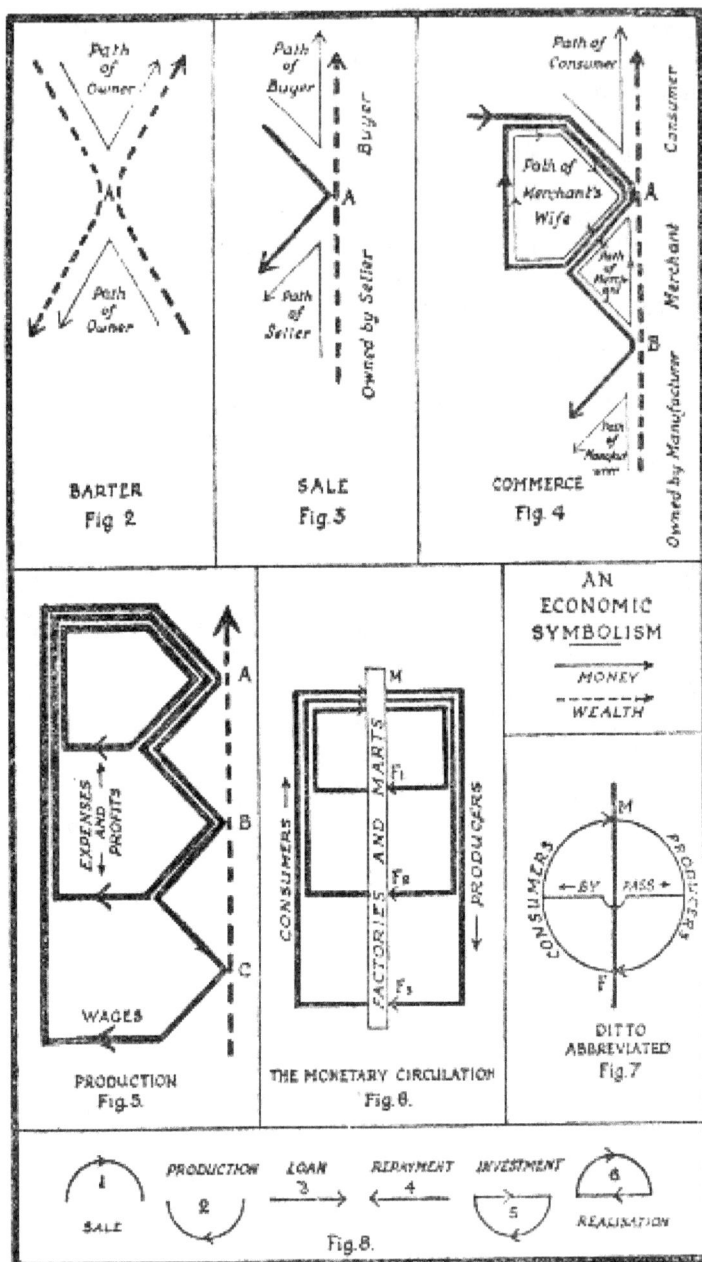

Path of Owner / Path of Owner — BARTER Fig. 2

Path of Buyer / Buyer / Owned by Seller / Path of Seller — SALE Fig. 3

Path of Consumer / Consumer / Path of Merchant's Wife / Path of Merchant / Merchant / Owned by Manufacturer / Path of Manufacturer — COMMERCE Fig. 4

EXPENSES AND PROFITS / WAGES — PRODUCTION Fig. 5

CONSUMERS / FACTORIES AND MARTS / PRODUCERS / M / F₁ / F₂ / F₃ — THE MONETARY CIRCULATION Fig. 6.

AN ECONOMIC SYMBOLISM
MONEY
WEALTH

CONSUMERS / PRODUCERS / BY / PASS / M / F — DITTO ABBREVIATED Fig. 7

SALE / PRODUCTION / LOAN / REPAYMENT / INVESTMENT / REALISATION — Fig. 8.

Le diagramme suivant (figure 4) représente le commerce, dans lequel l'acheteur de richesses destinées à la consommation, ou consommateur, achète par l'intermédiaire d'un intermédiaire ou marchand, et le producteur de richesses destinées à l'argent vend par l'intermédiaire de ce même intermédiaire. Le chemin de la richesse est continu, mais il passe maintenant par deux marchés, A et B, où il est rencontré par le flux d'argent. Après la première rencontre, A, le flux d'argent se divise. L'argent arrive au marché de détail A dans la poche du consommateur et repart dans la poche de l'intermédiaire. Une partie seulement se rend au marché de gros B et achète de la richesse au producteur. Une autre partie, représentant les dépenses et les profits du commerçant, retourne immédiatement au marché de consommation A. Le parcours *commercial* du commerçant est un parcours fermé qui voyage avec de la richesse et sans argent, puis avec de l'argent et sans richesse, dans une ronde sans fin, à l'intérieur du système productif. Il est difficile de représenter le marchand lui-même à deux endroits à la fois, mais nous pouvons surmonter la difficulté en supposant que c'est sa femme et sa famille qui trottent à nouveau vers le marché de consommation A avec les profits réalisés, afin d'acheter les produits de première nécessité. L'ensemble du système monétaire est un système de voies fermées similaires qui s'entrecroisent avec le flux de richesse. Mais la répétition des processus d'échange et d'une file d'intermédiaires parcourant des courbes fermées, descendant le flux de richesse avec de la richesse et descendant le flux d'argent avec de l'argent, n'ajouterait rien de nouveau à la représentation du processus au-delà de ce qui est illustré à la figure 4.

Il nous suffira de représenter la production de richesse exactement de la même manière que dans une usine, C (Fig. 5), où un flux d'argent appartenant au fabricant est versé sous forme de salaires et génère le flux de richesse à partir des matières premières et des énergies naturelles du globe. Nous avons déjà donné (chapitre VI) une analogie électrique du processus, mais cette représentation schématique extrêmement simple suffit pour l'instant. Nous distinguons l'argent *à l'intérieur du* système de production, dans les mains des marchands et des producteurs, dans les flux qui vont de A à B et à C, de l'argent *à l'extérieur du* système, dans les mains des consommateurs, dans les flux qui convergent tous vers A, le marché des consommateurs. Naturellement, il peut y avoir un nombre quelconque de marchés ou d'usines, ou des combinaisons des deux, dans lesquels la richesse est prise d'une usine précédente et un processus supplémentaire est effectué sur elle avant qu'elle ne soit transmise à l'usine suivante. Si maintenant, comprenant le symbolisme, nous simplifions encore en supprimant complètement le flux de richesse, nous arriverons à quelque chose comme la figure 6, représentant uniquement la circulation monétaire, dans laquelle à gauche du diagramme l'argent est entre les mains des consommateurs en dehors du système et à droite entre les mains des producteurs et des marchands à l'intérieur du système. Il s'agit simplement d'une série de circuits fermés, qui s'écoulent tous ensemble à travers le marché des consommateurs M vers le système productif et hors du système productif à travers un certain nombre de marchés de gros et d'usines , comme indiqué dans le diagramme par F, dans une ronde sans fin. Une plus grande familiarité avec le symbolisme entraînera une simplification encore plus poussée à quelque chose comme la figure 7, où le cercle fermé représente la circulation de l'argent dans le sens des aiguilles d'une montre, divisé par la ligne verticale en deux côtés, le côté des consommateurs et le côté des producteurs, et relié par un "by-pass" horizontal pour transférer l'argent d'un côté à l'autre.

Le système en équilibre

Nous allons d'abord considérer un tel système de production fonctionnant dans un état stable ou "d'équilibre" sous un niveau de prix constant, de sorte que les quantités monétaires constituent une véritable mesure des quantités moyennes de richesse. En d'autres termes, nous supposons qu'il existe une certaine répartition immuable de l'argent à l'intérieur et à l'extérieur du système, une certaine quantité immuable de richesse à tous les stades de la fabrication, du début à la fin du système, et une certaine quantité immuable de richesse encore non consommée en possession des consommateurs. Nous ne voulons pas dire que l'argent ou la richesse sont stagnants. Une condition d'équilibre est simplement une condition pour laquelle, si nous prenions deux photographies instantanées à des moments différents, elles montreraient le même résultat.

Bien que la production et la consommation se poursuivent à plein régime en permanence, elles atteignent le point où elles s'équilibrent, et bien que la circulation de l'argent se poursuive en permanence, à chaque instant autant d'argent entre dans n'importe quelle partie des circuits qu'il n'en sort.

Dans ce cas, nous n'avons pas besoin de postuler quoi que ce soit sur ce que peut être cette condition d'équilibre. Nous sommes uniquement concernés par *les effets des changements à partir de cette condition* considérée comme la ligne de référence ou le point de départ.

Nous traitons, à ce stade, uniquement du système monétaire en tant que circulation fermée et, jusqu'à ce que les implications de cette situation soient claires, de nombreuses autres questions, qui sont habituellement les seules à être prises en considération, ne peuvent pas l'être du tout. Nos études sont d'abord totalement indépendantes de la question de la répartition de la richesse et de l'argent entre les salaires, les profits et les intérêts. Même si nous laissons ces questions de côté et acceptons la répartition, quelle qu'elle soit, comme un fait, sans nous demander si les prix sont justes ou exorbitants et les services payés pour des raisons réelles ou imaginaires, il nous reste encore beaucoup à comprendre sur le fonctionnement du système monétaire.

Dans un premier temps, par souci de simplicité, nous ne tiendrons pas compte de la question tout aussi importante de savoir si des richesses permanentes ou périssables sont produites, mais nous supposerons plutôt que, comme c'est le cas actuellement, la communauté dispose à la fois de main-d'œuvre et de capital inemployés à mettre en service productif. En d'autres termes, nous supposerons que des richesses fluides ou consommables, qui sortent effectivement du système au niveau consommateurs, sont produites, par opposition au capital ou aux richesses fixes, qui restent dans le système industriel et n'en sortent jamais. Ou, par analogie avec un réseau d'eau, nous supposerons d'abord que les conduites sont capables de distribuer un plus grand volume d'eau sans être agrandies. La part relative du produit assurée par les travailleurs sous forme de salaires, par l'employeur ou le commerçant sous forme de profits, et par les prêteurs sous forme d'intérêts, peut être négligée. L'effet sur le système est indépendant de la question de savoir si l'argent qui arrive au marché des consommateurs provient des salaires, des profits ou des intérêts. Dans de nombreux cas, lorsqu'il s'agit simplement des principes généraux qui doivent être respectés pour que l'argent circule dans le flux de la richesse, les trois éléments peuvent être combinés sous le nom de "prix". Avec une telle simplification, il importe peu qu'un fabricant emprunte ou non de l'argent, pourvu qu'il s'agisse d'un véritable emprunt et non d'une création. Il suffit de représenter ses bénéfices comme étant divisés entre lui et son créancier, s'il exerce son activité avec de l'argent emprunté.

Le "prix" est distribué ainsi qu'extrait

Le point suivant est que, puisque nous ne faisons aucune hypothèse sur la façon dont les éléments du coût sont constitués, il n'y a aucune distinction entre le prix de revient, le prix de vente, le prix de gros, le prix de détail, et ainsi de suite. Chaque livre sterling qui quitte le circuit à F le fait sous forme de salaires, de profits, d'intérêts ou d'autres paiements pour des services, réels ou imaginaires. A niveau de prix constant, il entre en moyenne dans le système à hauteur de £1, et a besoin du passage de £1 à M pour en ressortir. Nous commettons tout au plus une erreur dans la séquence des événements. Ainsi, si nous considérons qu'une quantité £X qui a été introduite dans le système - et pour laquelle £X a été payée sous forme de salaires à F - est gâchée ou détruite à l'intérieur du système et n'en sort jamais, elle est compensée par une diminution correspondante des profits ultérieurs des fabricants ou des marchands. Si nous supposons qu'il se produit, en raison d'une cause spéculative, une augmentation des prix de vente de certains biens dans le système - et, à niveau de prix constant, une baisse en conséquence du prix des autres biens - plus de profits qu'autrement sortent du système dans ce cas et moins dans d'autres. En fait, nous définissons le coût non seulement comme le prix payé par le consommateur pour retirer de la richesse du système, mais aussi comme le prix payé au producteur pour l'y introduire. A long terme, s'il n'y a pas de changement dans la quantité de monnaie ou dans l'état du système, chaque passage de monnaie en M est équilibré par un passage égal en F. L'un est la mesure de la richesse retirée et l'autre de celle qui est introduite dans le système.

Si le niveau des prix ne varie pas, non seulement la valeur monétaire des stocks de biens manufacturés et partiellement manufacturés dans le système, en condition d'équilibre, est constante, mais les quantités moyennes réelles de biens sont également constantes.

Comment augmenter la production

Nous abordons maintenant une série de questions qui ne semblent pas avoir été étudiées correctement jusqu'à présent, mais qui sont vitales, dès lors que nous avons le courage de croire que, dans un État moderne industrialisé de l'ère scientifique, la production de richesses destinées à la consommation est physiquement presque indéfiniment extensible. Nous voulons savoir précisément comment un niveau ou un volume de production donné peut être porté à un niveau supérieur. Nous posons la condition nécessaire que le niveau des prix reste constant pendant l'opération et qu'il n'y ait pas de prêts fictifs. Les augmentations de la quantité totale de monnaie doivent être effectuées par la nation en fonction du niveau des prix en tant qu'indicateur. Il est clair que le moyen le plus simple de réfuter les affirmations selon lesquelles le crédit bancaire et les prêts fictifs, s'ils sont émis pour la production et non pour la consommation, n'augmentent pas les prix, est d'abord de trouver les conditions dans lesquelles les prix ne sont pas modifiés lors du passage d'un niveau de production à un autre.

Les économistes professionnels semblent avoir si peu envisagé la circulation continue de l'argent que des distinctions puériles et fantaisistes sont faites quant aux effets de l'introduction de l'argent dans le système en différents points du circuit et avec différentes intentions psychologiques, en général pour stimuler soit la "production", soit la "consommation". Ces distinctions se résument généralement à ceci : dans le premier cas, de nouvelles richesses sont produites contre de l'argent frais et, par conséquent, les prix ne peuvent pas augmenter, alors que dans le second cas, l'argent frais encourage la consommation et, par conséquent, les prix doivent augmenter.

Lorsque nous stipulons, comme premier élément essentiel, que les prix doivent rester constants, quels que soient les changements dans les flux d'argent et de marchandises, nous constatons que notre système est *extraordinairement obstiné*. Il lui faut à peu près autant de patience et d'intelligence que pour résoudre un mot croisé ou un acrostiche pour trouver la solution des problèmes que nous lui posons. Dans les formes très condensées présentées, les diagrammes (figures 6 et 7) sont capables de fournir beaucoup d'informations. Il est conseillé au lecteur de les dessiner sur une grande feuille de papier et, à l'aide de quelques pions de couleurs différentes ou de différentes sortes d'allumettes, représentant la richesse et l'argent, d'essayer par lui-même l'effet de tout projet proposé pour réhabiliter l'industrie. L'autorité encore inexplorée aurait alors beaucoup moins à se prononcer *ex cathedra*.

Voici quelques principes utiles qui émergeront à l'issue de ces essais.

Les six opérations possibles

Six types d'opérations sont possibles.

Deux, la consommation et la production, qui modifient la richesse et l'argent *dans*[55] le système dans des directions opposées, en laissant leur somme totale inchangée.

Deux, de simples transferts d'argent des consommateurs vers les producteurs, ou vice versa, qui laissent la richesse du système inchangée.

Deux, des combinaisons des éléments ci-dessus qui augmentent et diminuent la richesse dans le système, en laissant l'argent inchangé.

Elles sont présentées et symbolisées à la figure 8 :

(1) Vente à la consommation, dans laquelle la richesse du système est diminuée et l'argent augmenté| pour £.

(2) Production pour les salaires, etc., dans laquelle la richesse dans le système est augmentée et l'argent diminué| pour £.

La combinaison de (1) et (2) dans des proportions égales laisse inchangées la richesse et la monnaie dans le système.

(3) L'injection d'argent dans l'industrie, préparatoire à l'augmentation de la production.

(4) Retrait de l'argent de l'industrie, après avoir cessé la production.

(S) Combinaison de (3) et (2), où la richesse dans le système est augmentée et la monnaie inchangée.

(6) Combinaison de (1) et (4), où la richesse dans le système est diminuée et la monnaie inchangée.

Les opérations (1) et (2) - dans lesquelles la richesse et l'argent échangent £ contre| en laissant la somme totale, richesse + argent, complètement inchangée - ne peuvent provoquer que des fluctuations ou des oscillations temporaires sans effet durable sur les conditions

---

[55] Pour la signification de "dans le système", voir plus haut.

d'équilibre du système. Les autres opérations, qui augmentent ou diminuent de façon permanente le volume de production, sont tout à fait différentes et constituent les opérations importantes pour notre enquête.

Supposons en effet qu'à niveau de prix constant, la production soit accélérée au-delà de normale. Une surabondance de biens et une pénurie d'argent se produisent dans le système industriel.

Une fois de plus, une augmentation de la consommation entraîne une pénurie d'argent parmi les consommateurs.

Pour accélérer également les deux, il faut que la circulation monétaire soit plus abondante qu'auparavant, ce qui signifie soit plus d'argent *et* plus de richesses en cours de fabrication, soit un raccourcissement réel du temps nécessaire à la production, ce qui est une période naturelle et non arbitraire, *et* un raccourcissement du temps nécessaire pour que l'argent circule une fois dans le système, ce qui est également une période très conservatrice.

En d'autres termes, non seulement dans la production de richesses, mais aussi dans la circulation de l'argent, les temps et les quantités ont chacun leur importance. Les faits physiques ne sont pas suffisamment exprimés simplement par leur rapport. Il peut être correct de parler de la production de blé comme de tant de boisseaux par seconde, mais nous ne devons pas perdre de vue le fait que la période naturelle dans laquelle on peut exprimer la quantité produite est, dans ce pays au moins, une année. Il y a donc pour chaque type de richesse une période naturelle de production qui ne peut être réduite, même si elle peut être prolongée. Dans la circulation de l'argent, il n'y a pas seulement un taux de circulation dans lequel 1 livre par jour est identique à 365 livres par an.[56] En particulier, lorsque l'argent passe du système industriel à la poche des consommateurs, nous avons une succession de sauts - *pecunia facit saltum*. Les profits sont distribués trimestriellement, semestriellement ou annuellement ; les salaires hebdomadairement, bimensuellement ou mensuellement ; et ainsi de

---

[56] La "vitesse de circulation", ou rapidité de rotation, dans la théorie quantitative de la monnaie - qui est simplement le nombre moyen de fois que la monnaie totale *change de mains* en un an - semble n'avoir aucune signification importante. Une période plus naturelle serait la période moyenne de circulation complète jusqu'au point de départ.

suite. Si l'on essayait de faire fonctionner à double vitesse un système en équilibre, non seulement il en résulterait nécessairement un déficit permanent de richesses finies à vendre,[57] mais il faudrait que tous les bénéficiaires de revenus monétaires soient payés en moyenne autant qu'avant, deux fois plus souvent qu'avant. Sinon, il y aurait une pénurie d'argent.

La quantité nécessaire de monnaie

Revenons à l'examen d'un système en équilibre stable et supposons que toute consommation et tout achat à M pour la consommation soient soudainement arrêtés, mais que la production soit autorisée à continuer jusqu'à ce que tout l'argent du système industriel soit évacué par F. Tout l'argent se trouve alors à l'extérieur du système. Supposons à nouveau le contraire : la consommation et la production sont arrêtées, mais les achats à des fins de consommation se poursuivent à M jusqu'à ce que tout l'argent soit drainé des poches des consommateurs vers le système industriel. Dans ce cas, tout l'argent se trouve à l'intérieur du système. Aucune des deux opérations n'affecte la somme totale de l'argent et de la richesse, que ce soit (1) dans le système industriel ou (2) à l'extérieur de celui-ci. Les opérations imaginaires servent simplement à séparer la richesse et l'argent et à mettre tout l'un d'un côté et tout l'autre de l'autre. Dans un système idéal, probablement, la quantité d'argent devrait être égale à celle de la richesse finie. Si, avec le dernier demi-sou prélevé dans les poches des consommateurs, il y a encore de la richesse finie le système industriel, il n'y a pas d'argent pour l'acheter, et donc le système est surchargé. Si, avec tout l'argent dans les poches des consommateurs, il y a plus ou moins de richesses finies à acheter dans le système industriel, soit l'excès de richesses ou d'argent ne peut pas être échangé, soit, si l'échange avait lieu, la constance des prix ne pourrait pas être maintenue.

Ces considérations nous donnent une idée de la quantité correcte de monnaie dans un état de choses simple où l'argent et la richesse changent toujours de mains £ pour|. Cette quantité devrait être égale aux stocks totaux de richesses finies dans et hors du système - celles qui

---

[57] Prouvé antérieurement.

attendent d'être vendues dans le marché des consommateurs plus celles qui ont déjà été achetées et ne sont pas consommées. Nous pouvons l'appeler £Q ou| Q. Elle est affectée, en pratique, par la thésaurisation et l'octroi de crédits mutuels dans des directions opposées. Mais l'argent doit avoir un certain rapport avec la richesse. Dans un premier temps, pour des raisons de simplicité, nous négligerons ces facteurs. Dans un système aussi simple, la quantité de monnaie à l'intérieur du système est égale à la quantité de richesses encore non consommées à l'extérieur du système et la quantité de richesses finies à l'intérieur du système est égale à la quantité de monnaie à l'extérieur du système. Ainsi, si les consommateurs disposent de £X, ils auront| (Q - X) non consommé, et les producteurs auront £(Q-X) et| X prêt à être vendu. Q étant constant, X, comme nous l'avons vu, peut fluctuer sans affecter sérieusement le système.

L'effet de l'augmentation de l'argent

Nous essaierons d'abord de voir de manière générale l'effet d'une simple augmentation de la quantité de monnaie dans le système, en négligeant *les détails* concernant la manière dont la nouvelle monnaie est émise et le point particulier de la circulation où elle est introduite. Le point est fondamental et il est essentiel de comprendre clairement ce qui se passerait si le niveau des prix ne changeait pas. Nous simplifierons le processus de production en distinguant les biens finis prêts à être vendus et les biens non finis ou semi-fabriqués, et nous appellerons T semaines le temps moyen nécessaire du début à la fin pour les biens produits. Nous supposerons que, par un doublement de la monnaie, un système en équilibre double sa production et sa consommation. S'il produisait| A et dépensait £A par semaine en consommation auparavant, il produit et consomme désormais| 2A par semaine. La première semaine, *le* système produit| A de richesses *non finies* et consomme la même quantité de richesses *finies*. Après *T* semaines, ses stocks de richesses finies sont| AT *en dessous de l*'ancien niveau d'équilibre, tandis que ses stocks de richesses non finies sont| AT *au-dessus*. En supposant que les stocks de produits finis nécessaires existent, on pourrait penser que le danger de pénurie a été évité, puisque désormais, après la (T + 1) e semaine, un| A de produits finis supplémentaire est mis en vente chaque semaine.

Mais ce n'est pas le cas. Car, *toujours*, les stocks de richesses finies restent| AT en dessous de l'ancienne valeur d'équilibre et les stocks de richesses non finies| *AT* au-dessus, alors que le nouvel équilibre de la production et de la consommation exige que les stocks de richesses finies *soient doublés.* En fait, la communauté doit en permanence supporter des stocks de richesses à consommer inférieurs à ceux qu'elle avait avant l'augmentation de la consommation, et ces stocks ne pourront jamais être reconstitués tant que nous nous limiterons aux types (1) et (2), au simple échange de richesses et d'argent.

La nécessité de l'abstinence ou de sauver

Nous pouvons maintenant examiner comment les stocks de monnaie et de richesse dans le système de production sont augmentés et diminués. La circulation normale de l'argent les laisse, comme nous l'avons vu, inchangés, car pour chaque £1 qui entre et| 1 qui sort à M, £1 sort et| 1 entre à F. Pour les augmenter, le flux d'argent doit être contourné, pour ainsi dire, de l'extérieur vers l'intérieur du système, sans passer par le mart des consommateurs. L'argent entre alors dans le système sans en retirer de richesse et en ressort en y ajoutant de la richesse, ce qui a pour effet d'augmenter les stocks.

Ce processus a déjà été symbolisé

Nous avons déjà symbolisé ce processus de différentes manières, mais toutes se ressemblent en ce qu'elles exigent une *véritable abstinence de consommation.* Celui qui se rend au marché pour s'approvisionner doit être incité à prêter son argent à l'industriel et à s'abstenir, dans cette mesure, de sa consommation habituelle. Plus simplement encore, l'industriel lui-même peut renoncer à ses bénéfices et, au lieu de les distribuer, les réinvestir dans son entreprise avec le même résultat. Dans les deux cas, l'industriel augmente sa production, embauche davantage de travailleurs et réduit le chômage en distribuant l'argent prêté sous forme de salaires, etc..., introduisant ainsi l'équivalent de la richesse dans le système.

Si ni le public prêteur ni les producteurs ne peuvent être incités à s'abstenir de consommer dans ce but, ils peuvent être taxés. Or, jusqu'à présent, la fiscalité ne semble jamais avoir été conçue dans un but autre que le paiement des dépenses publiques. Cette n'est évidemment qu'un transfert de pouvoir d'achat des poches d'un groupe de consommateurs vers celles d'un autre, ce qui est tout à fait futile pour notre propos. Mais si le produit de la taxe n'était pas utilisé pour couvrir les dépenses de l'Etat, mais prêté aux producteurs, cela permettrait d'atteindre l'objectif visé. De même, un emprunt d'État pourrait être contracté auprès du public au lieu d'imposer une taxe et le produit prêté aux producteurs. Mais si nous nous débattons avec ce casse-tête, il n'y a pas d'échappatoire à l'abstinence initiale si un système de production doit être construit d'un niveau de production inférieur à un niveau de production supérieur. Nous reviendrons plus tard sur les conséquences probables d'une tentative d'éviter cette abstinence initiale. Il s'agit de l'effet produit sur un état d'équilibre par la modification arbitraire d'un seul facteur à la fois. La seule abstinence de consommation est capable d'augmenter les stocks de richesse dans le système. De même, si nous "contournons" l'usine et transférons l'argent dans la poche du consommateur sans passer par le système productif, il est évident que, dans cette mesure, nous prélevons l'équivalent de la richesse sur les stocks du système industriel.

Il s'agit d'une abstinence de production. Elle est symbolisée par le site ⟨⟩ et résulte normalement du retrait d'un producteur.

Le problème résolu

Essayons maintenant d'envisager les états d'équilibre initial et final du système dans lequel la production et la consommation ont été augmentées d'un facteur supérieur à l'unité - appelons-le r. C'est-à-dire que| rX doit maintenant être produit et consommé dans le même temps que| X. Il est clair que tout doit être modifié par le facteur r. Si auparavant £Q suffisait, maintenant nous devons avoir £rQ et donc £Q (r - 1) de nouvelle monnaie doit être émise. Il est clair que tout doit être modifié par le facteur r. Si auparavant £Q suffisait, maintenant nous devons avoir £rQ, et donc £Q (r - 1) de nouvelle monnaie doit être émise. Avant, les consommateurs avaient £X et| (Q - X) non consommés, les producteurs £(Q - X) et| X à vendre. Auparavant, il y avait également une certaine quantité - appelons-la| S - de richesse semi-manufacturée dans le système. Maintenant ces quantités doivent toutes être multipliées par r. Nous avons postulé un système dans lequel certaines quantités sont entrées dans une relation définie comme le résultat de l'expérience enseignant à chaque individu concerné le meilleur rapport entre l'argent et la richesse requis pour la conduite de ses affaires, et il est clair que si nous modifions simplement l'échelle, il suffit, en première approximation, de tout modifier proportionnellement. L'image d'une surabondance physique de richesses finies attendant les clients est plutôt une déformation de la vérité. En réalité, chaque fabricant connaît le rapport exact entre le volume de ses affaires et les stocks nécessaires pour les mener à bien de la manière la plus efficace , et il ne s'en écarte guère. Ce serait une perte sèche pour lui s'il essayait d'avoir un stock trop important et il arrête la production si ses stocks deviennent excessifs. De même, il pourrait, pendant une brève période, essayer de poursuivre son essor avec des stocks insuffisants, mais il augmenterait en pratique les prix s'il ne parvenait pas à ramener ses stocks au niveau requis pour la conduite efficace de l'entreprise.

La tâche d'accumuler un supplément de| Q $(r - 1)$ de stocks finis dans le système est donc accomplie par ceux qui, normalement, consomment et ont le droit de consommer, qui s'abstiennent et transfèrent leur pouvoir de consommation aux nouveaux travailleurs, qui investissent autant qu'ils consomment. Se contenter de thésauriser l'argent serait évidemment pire qu'inutile. Bien entendu, cela se fait progressivement, d'une manière que nous détaillerons plus loin, jusqu'à ce que les stocks soient constitués, de la matière première aux produits finis, et que les premiers d'entre eux soient prêts à être vendus. Dès que cela se produit, les nouvelles £ Q $(r - 1)$ nécessaires pour les distribuer doivent être imprimées et émises à l'intention du public consommateur afin de maintenir indéfiniment le nouveau volume de production et de consommation à un niveau plus élevé. L'émission se ferait normalement contre des dépenses publiques, payées de cette façon au lieu d'être financées par l'impôt. Dans la pratique, bien entendu, le taux d'émission et son montant exact ne dépendraient pas d'un calcul théorique ou complexe, tel qu'il a été tenté ici, mais, comme nous l'avons déjà expliqué, en fonction de l'indice réel du niveau des prix et dès que l'apparition d'un plus grand volume de nouvelles richesses sur marché justifierait la croyance qu'une nouvelle émission pourrait être faite sans entraîner une hausse du niveau des prix.

Mais nous pouvons tout aussi bien compléter la comptabilité dans le cas simple illustré par l'exemple. En fin de compte, sur les £ Q $(r - 1)$ délivrées aux consommateurs, £ $(Q - X)$ $(r - 1)$ seront définitivement *introduites dans le* système en échange de| $(Q - X)$ $(r - 1)$, et £ X $(r - 1)$ resteront entre les mains des consommateurs. Ainsi, les stocks à l'intérieur du système passent de £ X et £ S à £ rX, et £ rS, et de £ $(X - Q)$ à £ r $(Q - X)$ en monnaie, car ce sont les conditions d'équilibre qui se maintiendront d'elles-mêmes. Mais ce qui ne se réglera pas tout seul et qui doit être "géré", c'est (1) l'abstinence réelle initiale et le transfert du pouvoir d'achat du consommateur au producteur ; (2) l'émission de nouvelle monnaie. Le premier sans le second est un mal aussi grand que le second sans le premier.

En effet, cela signifie qu'en dépit de tous les efforts et sacrifices consentis, les marchandises achetées ne peuvent pas être vendues à un prix constant. L'argent nécessaire à la poursuite de la nouvelle échelle de production n'est plus injecté dans le système dès que les crédits cessent d'être accordés. Les travailleurs supplémentaires embauchés sur pour augmenter la production sont mis au chômage. Les stocks supplémentaires accumulés doivent être vendus et, pendant ce temps, il y a autant de chômage supplémentaire que d'emplois supplémentaires créés pendant leur accumulation. Ainsi, l'emploi tombe temporairement en dessous de ce qu'il était à l'origine, tout comme il l'avait temporairement dépassé au début. En fait, cette énigme insaisissable et pourtant suprêmement élémentaire a probablement été responsable d'une quantité aussi importante d'efforts humains futiles et de pertes de vies que toutes les tragédies plus visibles de la famine, de la peste et de la guerre réunies.

La relation entre l'abstinence et l'argent frais

La correction la plus importante à apporter au raisonnement qui précède consiste à tenir compte des effets de la thésaurisation et du crédit mutuel, et elle est très simple. Au lieu d'avoir besoin de £Q pour distribuer| Q de stocks finis, nous aurons besoin d'une autre quantité £KQ, où K est un facteur inconnu. Il ne changera que lentement avec les habitudes commerciales et domestiques des gens. Au lieu de l'émission de £Q (r - 1) de monnaie nouvelle, £KQ (r - 1) sera nécessaire. Mais ces considérations n'affectent en rien la nécessité de s'abstenir de consommer jusqu'à la fin[58] des stocks accrus de produits finis et semi-fabriqués. Dans la pratique, on serait, bien entendu, tout à fait indépendant de la nécessité de connaître à l'avance les valeurs numériques des diverses quantités et des divers facteurs en cause. Le niveau des prix est le seul indicateur nécessaire ; mais les chiffres du

---

[58] Une partie de cette abstinence peut provenir de l'abstinence involontaire des détenteurs d'argent et non d'un investissement conscient, comme nous allons le voir.

chômage et le fait que les usines travaillent ou non à pleine capacité sont, bien entendu, des guides précieux sur la question générale.

Dans le système idéal proposé, l'argent dans la poche des consommateurs - abstraction faite de la thésaurisation et des prêts mutuels - devrait être égal à la quantité de biens finis à vendre. L'augmentation de l'argent demandée doit en tout cas être proportionnelle, sinon égale, à l'augmentation des stocks finis. L'abstinence initiale est définitivement égale à l'augmentation des stocks totaux, finis et non finis, nécessaire à la construction du système à un niveau supérieur. Cela signifie que la nouvelle monnaie émise ne peut jamais rembourser plus qu'une partie - généralement faible - de l'abstinence initiale ; tout au plus le rapport entre les stocks finis et les stocks totaux de richesse.

Nous verrons plus loin que non seulement, comme ici, l'accumulation du capital fluide, mais dans tous les cas d'accumulation du capital, des dettes sont contractées envers des individus qui ne pourront jamais être remboursées et qui doivent donc porter un intérêt permanent.

Une illustration plus détaillée

Peu de gens qui n'ont pas essayé de trouver un moyen de le faire seront prêts à croire qu'il est absolument impossible d'augmenter les stocks de richesse dans un système industriel et de le faire passer d'un niveau de production inférieur à un niveau supérieur sans une certaine forme d'abstinence initiale ou d'"épargne" de la part soit des consommateurs, soit des producteurs. Nous avons suffisamment esquissé la solution générale du problème, mais il peut être instructif d'examiner un ou deux points plus en détail. Supposons que nous considérions la production d'une marchandise du début à la fin dans trois usines ou marchés successifs. Le premier fabricant, qui s'occupe des matières premières, aura besoin d'un premier prêt pour lui permettre d'augmenter sa production et de payer davantage de salaires, etc. Supposons qu'il reçoive un prêt de $£l_1$, qu'il verse sous forme de salaires et de profits, introduisant ainsi dans le système| $_{1(1)}$ de nouvelles richesses inachevées. Dès qu'il sera prêt à passer au second fabricant, celui-ci aura besoin d'un prêt de $£l_1 + {}_{1(2)}$, $£l_1$ pour acheter| $_{1(1)}$ à la première usine et $£l_2$ à verser sous forme de salaires, etc. pour sa transformation en $£l_1 + {}_{1(2)}$. Le premier fabricant n'a pas besoin d'un autre prêt parce que, recevant $£l_1$ par la vente de son produit, il peut répéter son augmentation de production une deuxième fois. Au cours de la troisième période, le troisième fabricant aura besoin d'un prêt de $£l_1 + l_{(2)} + l_{(3)}, | l_{(1)} + l_{(2)}$ pour acheter le matériau au deuxième fabricant et $£l_3$ pour ses coûts de transformation du matériau en $| l_{(1)} + l_{(2)} + l_{(3)}$. Sur les $£l_1 + l_{(2)}$, les $£l_2$ permettent au deuxième fabricant de transformer un deuxième lot de marchandises et les $£l_1$ au premier fabricant de produire un troisième lot.

Les prêts étant supposés authentiques, pendant tout ce temps, il n'y a pas d'épuisement des stocks normaux de richesses finies. Mais grâce à des prêts d'un montant de $£3l_1 + 2l_2 + l_{(3)}; | l_{(1)} + l_{(2)} + l_{(3)}$, des biens supplémentaires sont maintenant prêts à être vendus, et deux quantités distinctes de produits intermédiaires $£l_2 + l_{(1)}$ et $£l_1$ sont en cours d'acheminement. Les trois fabricants ont augmenté leurs salaires réguliers et autres paiements de $£l_1$, $£l_2$ et $£l_3$ respectivement.

Supposons que les prêts cessent maintenant. Les économes et les hommes d'affaires ont fait leur part du travail et la richesse apparaît dans le marché des consommateurs pour être vendue. Comment diable peut-elle être vendue ? Si elle n'est pas vendue, il est évident que les paiements supplémentaires $£l_1 + l_{(2)} + l_{(3)}$ ne peuvent être maintenus plus longtemps. Non seulement il est vrai qu'il ne peut être fabriqué, mais il est tout aussi vrai qu'il ne peut être *vendu* que si ces paiements sont maintenus. Jusqu'à présent, la consommation n'a pas été augmentée par l'accumulation, puisque les prêts, s'ils sont authentiques, ne font que transférer aux nouveaux travailleurs les produits finis que les prêteurs eux-mêmes auraient autrement achetés et consommés. Lorsque les prêts cesseront, la consommation n'augmentera pas, à moins que les nouveaux travailleurs ne soient maintenus. Puisque, auparavant, l'argent en circulation suffisait à distribuer l'ancien flux de richesse, il est évident qu'il doit maintenant être augmenté proportionnellement pour distribuer le flux accru, et cela peut être mis en circulation très facilement en remettant les impôts et en payant les dépenses du gouvernement avec l'argent nouveau émis. Si aucune nouvelle monnaie n'est émise pour acheter la richesse destinée à la consommation, l'ensemble du processus élaboré est réduit à néant. Les stocks ne peuvent pas être vendus, les salaires supplémentaires, les profits, les dividendes, etc. ne peuvent pas être payés, les travailleurs supplémentaires embauchés doivent être à nouveau licenciés pour reprendre leur chômage, et la haine de classe basée sur l'assurance que les classes dirigeantes du pays ne comprennent pas les éléments de leurs affaires ou tentent délibérément d'asservir les travailleurs est l'aboutissement naturel.

Le cas de l'encombrement existant

Si, dans le dernier exemple, il y avait initialement une surabondance suffisante de produits finis sur le marché, ce n'est qu'à ce moment-là que l'on pourrait se passer de l'abstinence initiale et que l'argent frais pourrait être émis immédiatement sous forme de prêts à l'industrie. Supposons, pour les besoins de l'illustration, que ces stocks de produits finis invendables s'élèvent à| M1. De la monnaie nouvelle est imprimée et émise progressivement, de manière à laisser les stocks de richesse au-dessus des besoins de l'ancienne échelle de production et capables de maintenir le niveau de production accru de façon permanente.

L'argent nouveau, une fois introduit dans le système, continue à circuler, bien sûr, pour toujours, sauf en cas de perte ou de destruction accidentelle de l'argent. Mais il apporte à chaque circulation autant de richesse qu'il en retire, toujours à condition que l'organisation existante soit capable, sans nouvelles dépenses en capital, de faire face à l'augmentation de la production et qu'il y ait suffisamment de travailleurs sans emploi. Si l'on part de l'hypothèse qu'*une seule* émission de ce genre peut faire tourner joyeusement les roues de l'industrie, la médecine ne doit pas être répétée. En revanche, une abstinence initiale suffisante, précédant l'émission de la nouvelle monnaie, permet de poursuivre définitivement le développement de l'industrie. La consommation des consommateurs, tout comme la circulation de l'argent, est éternelle et ne peut être satisfaite par de nouvelles émissions continues. Il s'agit donc d'une proposition totalement différente de celle d'un dividende national, qui ne pourrait être envisagé que dans une société communautaire, et non dans une société individualiste. Les circonstances qui rendraient possible une telle émission occasionnelle de nouvelle monnaie ne se produiraient évidemment jamais si la monnaie était nationale et régulièrement émise à la place de l'impôt pour maintenir les prix constants à mesure que la production nationale de richesses augmente.

Ainsi, l'argument selon lequel il serait insensé de sauver la société en "bricolant la monnaie", parce qu'une quantité relativement faible d'argent suffit à faire circuler une quantité indéfiniment grande de richesses, est en réalité à double tranchant. La société pourrait en effet être sauvée grâce à cela. Le degré d'abstinence requis, précédant cette petite question, est lui aussi presque aussi insignifiant, en tout cas là où le travail et le capital sans emploi existent en abondance. Il serait absurde de supposer que le sens des affaires ordinaire du monde industriel ne fournirait pas, à partir des bénéfices, les stocks de matériaux nécessaires si les marchés pour ceux-ci étaient assurés par l'émission appropriée de monnaie nationale.

Il a fallu insister sans concession sur la nécessité de l'abstinence *initiale*, mais celle-ci ne doit pas être confondue avec l'abstinence chronique et le slogan "travailler plus et consommer moins" de l'usurier. Précisément comme pour l'émission d'argent frais, l'abstinence n'est nécessaire qu'une seule fois. Si l'on accorde au travail et au capital sans emploi, l'abstinence, tout au plus dans la mesure des stocks fluides de richesse dans le système, *doublerait le* pouvoir de consommation de chacun en moyenne pour *toujours par la suite.*

Ce qu'en penserait un banquier

Nous venons d'examiner le seul cas où une émission d'argent nouveau pourrait créer une prospérité permanente sans abstinence initiale, à savoir lorsqu'il y a surabondance de produits finis invendables sur le marché. Mais si nous examinons la condition essentielle qui a amené cet état de choses, nous constaterons qu'elle est due à l'abstinence et à rien d'autre, forcée et involontaire il est vrai, mais abstinence tout de même.

Les propriétaires individuels ont investi leurs biens ou leurs revenus dans l'industrie si les stocks se sont accumulés, et sont arrivés au bout de leurs ressources. Ces personnes sont généralement les producteurs eux-mêmes, et l'investissement prévu pour être temporaire est devenu irréalisable. Les biens sont là, leur appartiennent et attendent d'être vendus, mais ils ne peuvent pas l'être.

Avant de conclure hâtivement que le pouvoir des banques de créer de l'argent et de le prêter à l'industrie est justifié par cet exemple, il convient de se demander précisément si ce sont là les conditions dans lesquelles les crédits bancaires seraient, en fait, étendus ou restreints.

L'industrie est saturée de produits invendables. Il y avait un marché pendant la période où les fabricants payaient, sur leurs propres ressources, des salaires, etc. pour produire l'accumulation et maintenir un marché. Les producteurs ont transféré leurs droits sur le marché aux nouveaux travailleurs qui ont produit l'accumulation. Mais maintenant qu'ils sont au bout de leurs ressources limitées et que leur capital est entièrement immobilisé dans des produits manufacturés, le processus d'accumulation s'arrête, et avec lui la demande sur le marché pour les produits de ceux qui étaient auparavant engagés dans la création de cette accumulation. Le marché s'effondre. Les stocks gonflés et dépréciés doivent être vendus lorsqu'il n'y a pas d'acheteurs. C'est à ce moment psychologique que l'industriel doit s'adresser au banquier pour obtenir l'argent frais qui permettra à l'industrie de continuer. Il peut faire valoir que la production a largement dépassé la consommation, qu'il y a eu, selon la terminologie bancaire, un grand boom spéculatif, qu'il n'y a aucun marché pour les choses qu'il produit et qu'il pourrait continuer à produire indéfiniment s'il pouvait les vendre, et demander alors humblement des crédits pour faciliter la production ! Le banquier le prendrait pour un fou. Il lui dirait : "N'est-il pas évident que votre production a déjà dépassé les marchés) et que, jusqu'à ce que la surabondance de stocks soit éliminée, les crédits doivent être réduits et non étendus ?" La production est donc forcée d'être aussi inférieure à la normale que pendant la période initiale d'accumulation où elle était supérieure à la normale. Les accumulations sont éliminées par le processus élaboré de transfert du pouvoir d'achat, à partir de n'importe quel endroit où se trouve l'argent restant du pays à ce moment-là, par le biais de la taxation pour maintenir les chômeurs et continuer d'une manière ou d'une autre, et ensuite, dès que les effets de l'abstinence initiale ont été complètement dissipés, c'est le moment psychologique où le banquier va gonfler.

Les conséquences de l'abstinence fictive

Les conséquences ont déjà été suffisamment indiquées. Les stocks de richesses finies sont épuisés et les stocks de produits intermédiaires seulement sont augmentés jusqu'au nouveau niveau pour maintenir le boom. Il y a à la fois une pénurie de richesses à vendre et une augmentation de l'argent pour les acheter. La hausse des prix est inévitable dans ces conditions. Mais il ne faut pas croire que la hausse des prix de détail, en amenant chaque livre sterling au marché des consommateurs à prendre une quantité absolue moindre de biens finis, augmentera les stocks. Il n'en est rien. Les bénéfices sont simplement accrus. Si le niveau des prix augmente de 10 %, chaque livre sterling n'absorbe que 10/11e de l'unité de marchandises qui valait auparavant 1 livre sterling, mais sur ces 1 livres sterling, 1/11e constitue un profit supplémentaire et revient immédiatement pour absorber le reste. Le prix d'un article est parfois défini comme ce qu'il rapportera. Il est indéniable qu'il ne s'agit pas seulement de ce qu'il rapporte aux consommateurs, mais aussi de ce qu'il met dans la poche des producteurs. Mais le producteur est aussi un consommateur, et la partie qui dépasse le coût pour le vendeur, le profit, est considérée par lui comme sa propriété privée en tant que consommateur. Le reste a déjà été payé, ou sera payé, aux autres personnes engagées dans la production, qui le considèrent à leur tour comme une propriété privée à dépenser dans la poche des consommateurs.

Le symbolisme devient plus flou si le niveau des prix varie, mais cela n'enlève rien à l'utilité de cette façon d'aborder le problème. En effet, là encore, ce n'est que dans la mesure où ces profits non gagnés sont réinjectés dans l'entreprise que les quantités ou les valeurs monétaires des stocks de richesses finies peuvent augmenter.

Au départ, il s'agit simplement d'une modification de la répartition entre le consommateur et le vendeur, également consommateur. Ce que l'un perd, l'autre le reçoit. Mais lorsque la hausse des prix est transmise à l'usine par l'intermédiaire du système industriel et commence à affecter les salaires et les paiements pour les services ainsi que les profits, la quantité absolue de richesse introduite dans le système par le paiement d'une livre sterling est réduite. Les stocks de richesse dans le système, jusqu'alors inchangés en quantité par la hausse des prix, commencent maintenant à diminuer en quantité. Ils continuent à diminuer en quantité - et à augmenter en valeur monétaire par unité de quantité - jusqu'à ce que la quantité accrue de monnaie en circulation ne paie plus que la même quantité de production qu'avant l'augmentation - sauf dans la mesure où, en s'abstenant de distribuer les profits excédentaires, les producteurs eux-mêmes ou d'autres investisseurs authentiques peuvent ajouter aux stocks de richesse dans le système.

L'existence de la richesse est la preuve que quelqu'un l'a produite et ne l'a pas encore consommée. La richesse existante est l'excédent de la production sur la consommation et se décompose depuis le début des temps. La totalité de cette richesse - à l'exception de la partie du capital communal fixe, comme les ports, les routes et autres - a des propriétaires individuels qui se sont abstenus de consommer jusqu'à ce point. Au-delà, une abstinence d'une valeur égale à la totalité de l'argent du pays est exercée par les propriétaires d'argent, qui s'abstiennent volontairement, mais la plupart du temps involontairement, non seulement de consommer, mais aussi de posséder.

Ce serait s'enfoncer trop loin dans le marasme de l'incertitude économique que d'aborder question des conséquences d'un changement de niveau des prix et de tout ce qu'il implique. Mais on peut indiquer la nature générale de l'effet d'une hausse des prix. Indépendamment de toute *augmentation du* niveau de prospérité avant même que le niveau antérieur puisse être *retrouvé*, après la hausse des prix, des pertes équivalentes aux bénéfices excédentaires réalisés pendant la hausse doivent être supportées par quelqu'un. Naturellement, tous ceux qui participent à la production, employeurs et salariés, s'y opposent énergiquement, ce qui explique la difficulté de réduire le niveau des prix après qu'ils ont augmenté. Il suffit de montrer que la simple émission de monnaie nouvelle, que ce soit par l'Etat, les banques ou la contrefaçon, bien qu'elle stimule temporairement la production et la consommation, en épuisant les réserves de richesses finies, entraîne une hausse des prix et, sauf dans la mesure où elle est contrecarrée par des investissements réels fournissant les réserves manquantes, finit par faire tomber le système au-dessous de son niveau antérieur de production réelle à un prix exagéré.

Ce qui a limité jusqu'à présent la production et la consommation

Mais, une fois de plus, on peut poser la question maintes fois répétée : "Qu'est-ce qui, dans le système en vigueur au siècle dernier, a limité l'expansion de la production de richesses ? - cette fois pour y répondre. La hausse des prix est l'expression de la pénurie de produits finis. Elle conduit naturellement à tenter de les fournir en les important de l'étranger. Il n'y a pas de biens prêts à être exportés en retour. En d'autres termes, la hausse des prix rend cette activité non rentable. Mais il y a la seule forme de richesse finie qui est artificiellement maintenue à un prix monétaire constant, à savoir l'or, et le pays est donc vidé de son or pour payer l'excès d'importations.[59] Cela a automatiquement rendu la position du banquier incertaine et sa banque susceptible d'être brisée par un appel à la monnaie légale, du moins avant la guerre et le moratoire, si ce n'est plus maintenant. On fait donc appel au crédit, on

---

[59] Toute une bibliothèque a été écrite sur ce thème, traité comme une cause plutôt que comme un effet.

détruit de l'argent et on réduit le volume de la production à une limite sûre pour le banquier, mais insuffisante pour soutenir la nation. Comme nous l'avons déjà vu, dans la mesure où il y a eu une inflation simultanée de la monnaie dans tous les pays, de sorte que l'or n'a pas eu tendance à circuler d'un pays à l'autre, il s'est produit une hausse permanente du niveau des prix dans tous les pays et la restriction de la monnaie n'est pas automatique. Mais les intérêts financiers du banquier sont surtout ceux de la classe des créanciers. Il ne travaille pas, il ne file pas, il vit d'intérêts. La hausse des prix, qui ne peut être évitée tant que personne ne renonce à l'argent qu'il crée pour prêter, est donc une conséquence très fâcheuse. Recevant des intérêts monétaires fixes, le détenteur d'obligations et la classe purement créancière en général voient leurs revenus réels diminuer proportionnellement à la hausse des prix. D'autre part, si l'industrie est ruinée, leurs créances sont les *premières* à être réglées. C'est pourquoi la monnaie est restreinte et l'on tente de faire baisser les prix, même s'il n'y a pas de risque d'insolvabilité pour les banques, du fait que le mécanisme est entièrement contrôlé par ceux qui ont peu à perdre et beaucoup à gagner dans cette politique désastreuse.

Le seul moyen d'éviter l'abstinence initiale

Il est intéressant de noter aussi, dans un autre sens, combien la psychologie du banquier est incompatible avec les facteurs physiques de la production des richesses. Il est clair que, pour un niveau de prix donné et pour tout taux donné de production et de consommation de richesses, plus il y a d'argent dans le pays, moins il doit circuler rapidement. S'il fallait le même temps pour circuler une fois dans le système que, en moyenne, pour produire de la richesse, la quantité de monnaie pourrait être la même que les stocks totaux de richesses finies et semi-fabriquées, et aucune autre abstinence ne serait requise que l'abstinence volontaire et non rémunérée des propriétaires de monnaie. L'argent pourrait être émis "contre les marchandises" dans le système industriel, comme on le demande parfois. Au lieu de cela, toute la *raison d'être de* la banque, dérivée de l'époque où les métaux précieux étaient la seule monnaie, est d'"économiser" la quantité d'argent nécessaire et d'augmenter sa vitesse de circulation dans la plus large mesure possible, afin qu'il ne reste jamais "stérile" et "oisif", mais qu'il soit mis sans cesse à "l'usage productif".

Tandis que, si l'on pouvait seulement ralentir la circulation pour la rendre conforme au temps naturel de la production des richesses, on pourrait émettre proportionnellement à cet accroissement de production sans augmenter les prix. Il paierait à lui seul l'abstinence nécessaire à l'augmentation des stocks.

Qui gagne et qui paie ?

La production de richesses étant essentiellement une science finie, c'est une insulte à notre intelligence que de la considérer, comme la météo, comme étant hors de portée de l'esprit des mortels pour ce qui est de la contrôler ou de la comprendre. Il faut mettre fin à l'alternance fiévreuse du cycle commercial. Elle devrait céder la place à une prospérité uniforme, qui réduirait les famines et les sécheresses à leur véritable signification locale et permettrait au monde entier de coopérer dans l'intérêt mutuel. Il y a beaucoup de gens, dotés de dons exceptionnels, à qui ce genre de choses ne plairait pas. Mais ce sont eux qui profitent du chaos actuel, et non ceux qui en souffrent. C'est le consommateur qui paie pour tous les jeux d'argent et les spéculations brillantes ainsi que pour l'ignorance et l'incompétence fondamentales qui font du système individualiste ce qu'il est. Lorsque la démocratie aura compris que, de nos jours, la production de richesses est vraiment une affaire d'ingénierie scientifique, et non pas principalement une question de savoir comment faire fructifier des morceaux de papier, et qu'il est non seulement inutile mais très dangereux pour la science d'accroître ses richesses si la monnaie n'est pas proportionnellement dépensée pour être utilisée, elle aura appris quelque chose qui, tout à fait factuellement, est à peu près aussi proche de la racine de la liberté économique qu'il est actuellement possible de l'être. Elle s'en rapproche certainement beaucoup plus que les croyances partisanes de la politique, qu'il s'agisse des anciennes questions d'individualisme et de socialisme, ou des curieux hybrides qui se développent en Russie et en Italie. Jusqu'à présent, nous n'avons guère progressé dans ces domaines au-delà de l'idée de l'Irlandais qui nourrissait son cochon, l'engraissait un jour et l'affamait le lendemain pour obtenir du bacon entrelardé. Le cochon est mort, et notre civilisation du gras et du maigre est dans un état aussi extrême que désastreux.

CHAPITRE XII

ACCUMULATION OU DISTRIBUTION

L'accumulation du capital

Dans l'étude précédente de la question de savoir comment favoriser la production et supprimer le chômage, nous avons souligné le rôle clé joué dans le problème des prix par l'abstinence initiale de consommation jusqu'à ce que les marchandises produites soient prêtes à être consommées. Nous nous sommes limités à l'accumulation des stocks nécessaires de richesses fluides dans le système, en supposant que le travail et le capital sans emploi étaient disponibles. Mais des considérations identiques régissent également l'accumulation du capital fixe. Nous pouvons imaginer que le flux de la richesse se déroule dans des artères aux parois solides, et nous pouvons faire la distinction entre la richesse fluide et la richesse fixe - par le premier terme, nous entendons la partie qui sort effectivement du système et apparaît dans le marché des consommateurs pour la vente, et par le second, les organes de production eux-mêmes, qui doivent être introduits dans le système par des processus identiques à ceux de la richesse fluide, mais qui n'en sortent jamais ou ne peuvent en sortir pour la consommation. Il est vraiment plus juste de considérer dans cette catégorie de richesse fixe la proportion de la richesse fluide qui est nécessaire pour remplir les artères, car, bien qu'elle passe toujours, il en reste nécessairement toujours une certaine quantité dans le système, qu'on ne peut réduire sans diminuer définitivement le rendement. Il est vrai qu'il y a une différence si nous envisageons une continuation des alternances passées du niveau des prix et de la production, mais il n'y en aurait aucune avec un système raisonnablement stable. Il n'y a aucun sens à se donner la peine et l'effort de construire le système dans l'intention de le démolir à nouveau plus tard. En revanche, s'il s'agit de l'accumulation de capital fixe, non seulement elle ne sort jamais du système au niveau du marché des consommateurs, mais elle ne peut jamais en sortir. Tôt ou tard, il arrive à la fin de sa vie utile au sein du système lui-même.

En termes généraux, la *seule* façon possible d'augmenter les stocks de richesse dans le système, que ce soit pour augmenter la production ou pour accumuler du capital en premier lieu, est de faire passer l'argent par le marché des consommateurs, de sorte qu'il passe par le système productif deux fois dans sa circulation au lieu d'une. Cela permet d'introduire dans le système deux fois la valeur de la richesse qu'il en retire. Mais cela crée des dettes à l'égard des individus qui abandonnent leur pouvoir d'achat et, quelle que soit notre difficulté à résoudre le problème, nous devons arriver à la conclusion que *ces dettes ne pourront jamais être réellement remboursées*.

C'est un postulat indéniable que toute la richesse introduite dans le système, calculée en termes de coûts de production, non seulement n'en sort pas, mais ne peut pas en sortir.

Comme l'argent, le capital est une richesse individuelle richesse individuelle et dette collective

Certains types de richesses, il est vrai, peuvent servir à des fins différentes et peuvent constituer le capital fixe d'une industrie et la matière première de la richesse fluide d'une autre. Dans une très faible mesure, une communauté peut "vivre sur sa bosse" comme un chameau, épuisant son accumulation de capital pour la consommation. Mais cela est exceptionnel. Aucune communauté primitive n'envisagerait de manger ses charrues si elle manquait de pain. La mentalité financière de l'homme moderne empêche que ces considérations élémentaires soient appréciées à leur juste valeur. La production et la distribution étant réglées par des billets d'argent, on ne fait pas de distinction entre la charrue et le pain, car l'une et l'autre s'échangent également contre de l'argent. L'économiste ne l'a pas éclairé sur les deux catégories de richesses totalement distinctes. L'homme moderne a donc tendance à penser qu'il peut consommer la même chose, que ce qui est produit soit consommable ou non ! Il ne peut le faire que s'il peut échanger une richesse contre l'autre par le biais du commerce extérieur.

Indépendamment du fait que l'équivalent de la richesse introduite dans le système doive ou non en sortir, tous les coûts encourus doivent être prélevés dans les poches du consommateur, soit au niveau du marché des consommateurs, soit *en cours de route* vers celui-ci. Si cela est fait au marché des consommateurs, autant de richesse est retirée du système qu'il en est réinjecté lorsque l'argent circule hors du système productif. Le montant prélevé sur le consommateur est nécessairement plus élevé que le montant qu'il reçoit, dans une très large mesure si le capital, non échangeable contre de la richesse consommable, est accumulé, mais invariablement pour compenser le gaspillage et la dépréciation.

Il ne s'agit pas simplement d'une déclaration banale selon laquelle le consommateur paie plus que le prix de revient pour ses marchandises, car il faut se rappeler, dans cette méthode d'approche du sujet, que tous les profits sont considérés comme faisant partie des coûts au même titre que les salaires et que rien n'est hypothéqué quant à savoir si les coûts sont raisonnables ou exorbitants, nécessaires ou évitables. Cela signifie que l'argent doit toujours être introduit dans le système sans passer par le martingale des consommateurs, ce qui fait qu'il y a plus de richesses introduites que de richesses retirées.

Ainsi, dans le cas du gaspillage, si un lot de marchandises d'une valeur totale de X livres sterling est gâché en cours de fabrication, les profits sont réduits de X livres sterling et, au lieu que cet argent se retrouve dans la poche des consommateurs, il est réinjecté dans le système aux points nécessaires pour provoquer une nouvelle production de X. Il en va de même pour les nouvelles extensions de capital financées par les profits. Il en va de même pour les nouvelles extensions de capital financées par les bénéfices. Les nouvelles entreprises et les grandes extensions sont financées par de nouveaux prêts, et s'il s'agit de véritables prêts, l'opération est de même nature et peut être brièvement décrite àcomme le contournement du marché des consommateurs.

Toutes ces opérations impliquent la création de dettes à l'égard des particuliers. Certaines d'entre elles, comme le rattrapage des gaspillages et des dépréciations, sont immédiatement traitées comme des créances irrécouvrables. Elles sont passées par pertes et profits au fur et à mesure qu'elles sont contractées et ne produisent pas d'intérêts. D'autres, comme le financement des extensions de capital à partir des bénéfices, n'impliquent pas la création de nouvelles dettes formelles, mais portent intérêt sous forme de paiements accrus sur des dettes existantes. Mais les nouveaux prêts impliquent la création de nouvelles charges de la dette, et il est tout aussi vrai pour ces dernières que pour les dettes passées en pertes et profits qu'elles ne pourront jamais être remboursées. La propriété de ces dettes change de mains précisément comme pour la richesse consommable. L'intérêt est un paiement pour l'utilisation du capital, mais n'est en aucun cas un *remboursement*, la dette n'étant pas affectée par le montant déjà payé. Le remboursement au la reconversion du capital en richesse consommable est, sauf exception, impossible et, en fin de compte, ces dettes doivent être dépréciées et annulées au fur et à mesure que la richesse pourrit dans le système.

A première vue, rien n'est plus facile, après avoir augmenté durablement les recettes, que de rembourser ceux à qui l'on doit l'épargne initiale avec une partie de la richesse produite. Mais on oublie que la richesse produite a des propriétaires individuels, qui peuvent échanger les biens qu'ils produisent contre la propriété du capital accumulé. Mais cela ne fait que transférer la dette, cela ne la rembourse pas. Il est vrai que la nationalisation, dans laquelle le capital est remboursé par l'impôt ou une autre forme de prélèvement général, confère la propriété à l'ensemble de la communauté. Mais, même dans ce cas, il s'agit en réalité d'un transfert de la propriété de la dette des individus à la communauté et non d'un remboursement en termes de richesse.

L'héritage douteux de la science

Les conséquences de ce point insuffisamment apprécié se manifestent dans les conditions dans lesquelles celui qui a eu la chance de naître dans une ère scientifique doit maintenant entrer dans le monde. On estime qu'il faut accumuler un capital de 1.000 livres sterling, et probablement plus, pour fournir au nouveau venu, une fois adulte, l'équipement nécessaire à un travail efficace et une maison dans laquelle il est possible d'élever une famille. A un taux d'intérêt de 5 %, ces aspirants au privilège d'être les héritiers de tous les âges doivent payer au moins 50 livres sterling par an sur le produit de leur travail à perpétuité, ce qui constitue assurément un héritage douteux. Mais c'est l'une des plus grandes futilités de l'économie individualiste que de ne pas fournir de moyens pour le remboursement de ces dettes, auxquelles la communauté ne peut échapper si elle veut développer son revenu de richesse et accroître sa population.

L'inutilité de la fiscalité

Les impôts, les droits de succession et autres, comme on le verra si l'on en calcule l'effet sur le diagramme, ne font normalement que transférer la propriété d'un groupe de personnes à un autre, et ne modifient que les individus particuliers qui arrivent au marché des consommateurs avec de l'argent. Sauf dans les rares cas où elle est prélevée pour accorder des prêts à l'industrie, comme, par exemple, lorsque des millions de livres sterling de fonds publics ont été prêtées à 3 % pour la construction du *Lusitania* et du *Mauretania*, elle ne contourne pas le marché des consommateurs. Au contraire, en réduisant l'excédent d'argent entre les mains des consommateurs, elle peut les empêcher de l'investir.

L'Etat constate que, pour sa survie, il est vital d'alléger le poids de la main morte du passé, afin que ses citoyens ne soient pas réduits à l'état d'esclaves sous le fardeau de la dette dans laquelle ils sont nés. Les canons d'une société individualiste, qui ne lui permettent pas de posséder des entreprises productrices de revenus, et qui ont limité ses pouvoirs d'imposition à la fourniture de services dont on ne peut tirer un profit monétaire, la rendent impuissante. Il peut s'attaquer aussi sauvagement qu'il le souhaite au capitaliste individuel, mais les supertaxes et les droits de succession ne font que transférer sa propriété à d'autres individus. Dans la mesure où les dettes, contrairement à la dette nationale, représentent des richesses immobilisées de façon permanente dans les artères du système productif, elles défient la répudiation et ce remède facile de l'homme d'État qu'est la dépréciation de la monnaie. L'imposition selon ces principes ne fait que transférer la propriété des détenteurs originaux à un nouveau groupe et a pour résultat de substituer à un diable aristocratique sept diables plébéiens.

L'Etat, qui ne possède aucune entreprise productrice de revenus, ne peut pas, si la valeur de l'argent ne doit pas être dépréciée, subventionner une industrie, doter la maternité, accorder des pensions aux veuves, aider les universités et les hôpitaux, ou accorder à tous un dividende national, sauf à puiser directement dans les poches des contribuables de la communauté. Outre sa richesse virtuelle, le crédit auquel elle fait appel est tout simplement sa capacité à s'endetter. En cela, elle est certainement supérieure à n'importe quel individu ou société, mais simplement parce qu'elle peut taxer ses citoyens pour couvrir les intérêts. Même le gigantesque crédit de l'État est maintenant, sans aucun doute, presque *épuisé*.

Mais, sans posséder les industries, ni même les banques ou les terres, l'Etat pourrait, s'il contrôlait l'émission de la monnaie et toutes les formes de crédit par lesquelles de l'argent nouveau est créé, mettre de l'ordre dans ses affaires et s'attaquer efficacement aux monopoles sous toutes leurs formes. Il pourrait donner la liberté économique à ses citoyens dans la mesure où il assurerait à chacun le droit de gagner sa vie.

Nous abordons ici certaines questions soulevées par le Major Douglas et l'école des réformateurs du Crédit Social.[60] Il faut dire tout de suite que, bien qu'il y ait des points de ressemblance évidents entre plusieurs des points de vue exposés dans ce livre et ceux de l'école Douglas, surtout en ce qui concerne le diagnostic de l'impasse industrielle et l'existence d'erreurs fondamentales dans la comptabilité nationale, distincte de la comptabilité individuelle, la ressemblance s'arrête là.

La situation agricole de ce pays

Il n'y a pas de désaccord entre nous quant à la possibilité physique d'abolir complètement la pauvreté et le chômage en assurant et en créant, par opposition au financement, un niveau de vie beaucoup plus élevé pour les masses tout autant que pour le petit nombre, et quant au fait que l'une des clés du problème réside dans l'émission d'une demande effective, c'est-à-dire d'argent, afin de distribuer pour l'usage et la consommation le revenu presque indéfiniment extensible capable d'être produit à l'ère scientifique. A cet égard, bien que les produits agricoles appartiennent à une catégorie différente de celle des produits manufacturés et des capitaux, même pour les premiers, il ne semble pas y avoir de bonnes raisons de douter que l'offre suivra et suivra longtemps la demande, et que c'est seulement la demande effective qui fait défaut. Bien entendu, cela n'est pas encore vrai pour notre pays en tant que communauté isolée dans l'état actuel de l'agriculture. Les experts en économie agricole semblent tout au plus disposés à admettre

---

[60] Comparez *Economic Democracy et Credit Power and Democracy*, C. H. Douglas ; *The Community's Credit*, C. Marshall Hattersley ; *The Flaw in the Price System*, P. W. Martin, et d'autres ouvrages récents ; et la revue hebdomadaire *The New Age*, qui est l'organe du mouvement.

que le pays pourrait fournir, sur une base économique, environ la moitié de la nourriture qu'il consomme. Les extraits suivants de *Food Production in War*, par T. H. Middleton, sont pertinents pour cette question.

P. 320, note de bas de page : "Un million de calories équivaut approximativement à une année d'énergie pour une personne ; les chiffres peuvent donc être lus comme des personnes nourries".

P. 322 : "Le gain net que le pays a tiré des produits de la récolte de 1918 n'a pas été inférieur à 4 050 000 millions de calories.

"... L'approvisionnement alimentaire moyen du Royaume-Uni en 1909-1913 a fourni 49 430 000 millions de calories, et le produit total du sol national a été de 16 872 000 millions de calories. L'augmentation de la production alimentaire nationale en 1918 a donc été d'environ 24 %. En d'autres termes, alors que le pays avait commencé la guerre avec des réserves fournies par son propre sol qui auraient suffi pour 125 jours sur 365, l'année de la signature de l'armistice, il avait obtenu une récolte qui aurait suffi pour 155 jours sur 365. Les récoltes ont été faites et les stocks nourris dans des conditions tout à fait anormales ; mais le surplus de production de la terre a été équivalent à la fourniture de 30 jours de nourriture pour la nation vivant sa vie normale.

"Il convient de noter que le mois supplémentaire d'approvisionnement en nourriture que la récolte de 1918 a représenté est loin de correspondre à la quantité totale de nourriture humaine que la récolte de 1918 aurait pu fournir si la prolongation de la guerre nous avait obligés à étendre nos ressources au maximum. Comme il a été dit à l'époque, si nous avions réservé au bétail la récolte d'avoine d'avant la guerre, mais moulu de près toutes les autres céréales et les avions utilisées pour le pain, et si nous avions utilisé pleinement les pommes de terre comme une nation affamée peut le faire, nous aurions pu, avec nos céréales et nos pommes de terre, fournir une quantité de nourriture équivalente à quarante semaines de consommation de pain, et en abattant notre bétail, nous aurions pu fournir les aliments supplémentaires dont la population avait besoin pendant cette période. Mais, heureusement pour nous, il n'a pas été nécessaire de recourir à des méthodes aussi radicales".

Discutant de la question de savoir si ce pays pourrait nourrir toute sa population, l'auteur conclut que, du point de vue purement agricole, il n'y aurait pas de difficulté particulière, c'est-à-dire que la population serait nourrie par un contrôleur alimentaire comme un fermier nourrit son bétail ; mais il rejette la suggestion comme absurde s'il s'agit d'une proposition réalisable dans le cadre du système économique existant, à laquelle la population consentirait et pour laquelle elle paierait.

"Mais entre les 34 % de nos besoins alimentaires fournis par nos terres en 1909-1913 et 100 %, il y a une large marge, et si la main disparue du contrôleur des denrées alimentaires pouvait être rétablie et s'il nous obligeait à satisfaire de 40 à 50 % de nos besoins totaux à partir de nos propres terres, ce ne serait peut-être pas une mauvaise chose".

Mais la situation particulière de ce pays, où l'agriculture, au lieu d'être soigneusement encouragée, a été laissée à l'abandon, ne doit pas être considérée comme réglant cette question. Il s'agit simplement de l'inverse de la situation qui prévaut à l'étranger. Dans les pays les plus récents, nous entendons dire que le maïs et d'autres denrées alimentaires, après des récoltes trop abondantes, sont utilisés comme le combustible le moins cher, que les agriculteurs sont ruinés par une surproduction de récoltes et de stocks et qu'ils sont obligés de restreindre sévèrement leur production pour conserver leurs moyens d'existence, que la production de caoutchouc est également limitée pour maintenir les prix au niveau auquel il est rentable pour le producteur de continuer à produire, et ainsi de suite - tous ces horribles exemples pratiques de l'effet fatal de la baisse du niveau des prix sur la restriction de la production. Le problème, s'il y en a un, est un problème d'échange et non de production. Ce pays doit être capable de produire l'équivalent d'autres types de richesses à offrir en retour sur aux pays plus récents où la production alimentaire est encore supérieure à la consommation.

En d'autres termes, si la production domestique en général était libérée de l'emprise de la finance, tout le problème pourrait être résolu. Dans un avenir lointain, si la population dépasse l'amélioration de l'efficacité de l'agriculture grâce à de nouveaux progrès scientifiques, il ne fait aucun doute qu'un véritable problème se posera. Mais ce moment, dans le pire des cas, est encore loin.

Analyse du schéma Douglas de la réforme du crédit social

Mais en ce qui concerne les propositions concrètes à adopter pour réaliser l'ère nouvelle et, plus important encore, en ce qui concerne l'interprétation théorique et physique du fonctionnement d'un système économique, l'Ecole de Douglas est, pour l'essentiel, non seulement en divergence, mais en contradiction flagrante avec les conclusions exposées ici.

L'erreur principale, à l'origine du naufrage du système, est le passage, avec le développement de la banque moderne, de la prérogative de l'émission de monnaie de la nation à des mains privées pour l'usure comme mode de subsistance, et la dislocation fatale consécutive à la destruction de l'argent lorsque la production dépasse les marchés et à l'émission lorsque la demande dépasse l'offre. On prétend qu'au-delà d'une certaine quantité de richesse, appelée richesse virtuelle, que les propriétaires d'argent s'abstiennent volontairement de posséder - dont la valeur monétaire est mesurée par la monnaie en circulation et qui est fonction du nombre de la population et de sa prospérité économique - le "crédit national" ne peut être distingué de celui d'un individu, étant simplement un pouvoir de s'endetter et de payer des intérêts à partir des impôts. Le salut, si la société doit rester individualiste, doit venir en imposant une abstinence initiale *réelle* des individus égale à la croissance du coût-valeur de l'ensemble du mécanisme industriel au fur et à mesure de son expansion, moins seulement la partie relativement insignifiante représentée par l'augmentation de la Richesse Virtuelle mesurée par le total de l'argent en circulation.

L'école Douglas semble chercher son salut dans la direction exactement opposée. Ils considèrent le crédit national comme un moyen de distribuer un nouveau pouvoir d'achat et, loin de reconnaître la nécessité d'une abstinence initiale, ils vont même jusqu'à stipuler que ces émissions nationales doivent être constituées d'argent nouveau et *non d*'économies passées. Ils prétendent que, comme seule une petite partie des coûts de l'industrie est distribuée sous forme de paiements aux consommateurs, les marchandises doivent être vendues en dessous du prix de revient pour compenser la différence. Ou encore, les dividendes nationaux devraient être payés à partir du crédit national à tout le monde, indépendamment de leur participation à la production - tout comme les subventions sont maintenant payées, mais à partir de l'impôt, aux chômeurs. Fondant leur position sur la proposition indéniable que l'industrie existe pour produire des biens dans la plus grande quantité possible et de la manière la plus rapide et la plus efficace plutôt que pour faire travailler des travailleurs inutiles et souvent très inefficaces et réticents, et que l'industrie pourrait, si on la laissait faire, produire plus qu'il n'en faut pour tout le monde, ils s'opposent à la fiscalité et, en général, à la limitation des revenus importants pour subvenir aux besoins des personnes dans le besoin, qu'ils considèrent comme totalement inutile et politiquement, sinon éthiquement, erronée.

Ils attendent de l'État qu'il distribue l'argent plutôt qu'il ne l'enlève. Ils semblent vaguement envisager d'instaurer un état de choses dans lequel la richesse retrouverait l'importance qui lui revient dans la vie économique, pour l'utilisation et le maintien de la vie, plutôt que, selon l'expression de Ruskin, le "pouvoir sur la vie et le travail d'autrui". Chacun ayant ses besoins physiques abondamment satisfaits, les riches ne pouvaient ni consommer au point de causer des désagréments aux autres, ni augmenter indûment leur consommation en employant une suite de serviteurs et d'assistants personnels engagés pour répondre à leurs besoins, puisque personne ne serait contraint de travailler pour eux en raison d'un besoin économique réel. S'ils avaient besoin de serviteurs, ils devraient les payer généreusement et les traiter correctement. De même, dans l'industrie, il n'y aurait pas besoin de contrainte économique pour que le travail soit fait. Les machines et l'intelligence croissante feraient de l'industrie une profession, recherchée par ceux qui désirent se consacrer à son service et évitée par les dégradés et les serviles qui, même aujourd'hui, font plus de mal que de bien.

On reconnaîtra probablement qu'il s'agit là d'un exposé sympathique, bien qu'imparfait, des principes et des aspirations de cette nouvelle école de pensée économique très intéressante. On en entendra encore parler. Elle possède une vision et pourrait un jour devenir une véritable force motrice en politique. Elle a déjà fait renaître une partie de la passion et de l'enthousiasme originels des premiers réformateurs, avant que l'influence stérilisante et paralysante de l'économie mercantile n'entraîne les dirigeants du mouvement progressiste dans des voies détournées et des dénonciations insincères "à tort et à travers", tandis que leurs partisans "sortaient toujours par la même porte que celle par laquelle ils étaient entrés".

Ceux qui sont d'accord avec les conclusions essentielles de ce livre ne trouveront aucun compromis possible sur certains principes fondamentaux relatifs à la nature physique de l'argent, du crédit et du capital. En outre, l'école qui néglige complètement les faits de la propriété existante de la richesse, n'affronte pas honnêtement les obstacles réels à sa distribution plus abondante sur le site. En outre, l'idée que tous les coûts de production ne sont pas déjà distribués, sous forme de paiements pour des services réels ou imaginaires, et qu'ils sont récupérés auprès du consommateur, semble relever d'un malentendu. Dans la même catégorie se trouve l'argument selon lequel, étant donné que toute la richesse produite n'est pas distribuée au consommateur, mais est payée par lui, il est physiquement possible de combler le déficit à partir de le crédit national. Le système Douglas semble supposer un peu prématurément l'existence d'un Etat communautaire plutôt qu'individualiste, dans lequel il n'y a pas de dettes, pas de droits de propriété et pas de propriété privée du capital, et dans lequel tout l'attirail existant de la production de richesses doit être considéré en toute lucidité comme ayant été accumulé dans le but premier de la production plutôt que dans celui d'être loué à des fins de production. En revanche, ce travail se limite à des thèmes moins ambitieux et peut être considéré comme une tentative de découvrir ce que l'état individualiste de la société peut offrir de mieux s'il est intelligemment administré.

Le risque de discréditer la nouvelle économie

Ces propositions relativement douces et pratiques ne satisferont pas un "nouvel économiste" extrémiste. Il dira avec force Vous admettez le déplacement continuel du travail humain par les machines et toutes les formes d'économie de travail qui, si elles ne sont pas encore allées aussi loin dans l'agriculture que dans les métiers de l'ingénierie, ont pour cette raison encore plus de chemin à parcourir. Vous admettez donc qu'avec l'augmentation de la production potentielle, les titres de consommation se trouveront dans des mains de moins en moins nombreuses. Comment comptez-vous répondre à cette difficulté fondamentale, ou comment ce que vous avez proposé y répond-il ?

La seule réponse que l'on puisse donner à cette question est que la situation prévue est encore très loin de s'être produite et que si nous ne comprenons pas comment le système existant fonctionne et où il échoue, nous risquons de l'aggraver au lieu de l'améliorer. Ceux qui souhaitent le versement immédiat à tous d'un dividende national - et les femmes en particulier sont attirées par cette forme du plan Douglas comme moyen d'échapper à la situation de dépendance économique vis-à-vis de l'autre sexe - devraient affronter franchement la question de savoir d'où viendra ce dividende et qui y renoncera.

Car même la science ne peut pas créer de la richesse avec la même facilité qu'il est possible de créer des dettes. L'impôt est une source ; le crédit illimité, ou l'endettement indéfini, en est une autre ; la dépréciation progressive de la valeur de la monnaie, une troisième ; l'expropriation, la propriété publique de toutes les sources de revenus et l'abolition totale de la propriété privée, avec la propriété commune du revenu national, en sont d'autres ; et toutes ont leurs partisans avoués ou secrets. Mais l'idée que la nation est en possession d'un mystérieux talisman appelé crédit qui, lorsque l'industrie n'est pas en mesure de payer le lancement d'une nouvelle production, peut lui fournir tout ce qui est nécessaire sans que personne ne renonce à quoi que ce soit, et que ce crédit national consiste dans le résultat accumulé de tous les siècles passés d'efforts passés, alors que tout le problème est que ces accumulations sont la propriété de particuliers, c'est pousser la confusion entre dette et richesse à des longueurs qui auraient surpris même l'auteur de la *Théorie du crédit*.

D'autre part, même pour la science moderne, le nettoyage de l'écurie d'Augean d'une nation industrialisée n'est pas une mince affaire. Il y aurait très peu de gens, pendant longtemps encore, incapables de trouver dans des occupations utiles les titres à consommer si la nation s'attelait sérieusement à la tâche. Des millions de personnes ont besoin d'un approvisionnement largement accru en produits de première nécessité et en produits ordinaires, sans parler de l'accumulation de capital dans des stocks plus importants. Il nous faut aussi des maisons pour vivre, des villes entières de taudis doivent être reconstruites et des régions frappées par la pauvreté doivent être réanimées, les chemins de fer modernisés et les routes construites, des centrales électriques superpuissantes créées dans les champs de charbon pour distribuer de l'énergie électrique dans tous les coins du pays, et il y a des demandes croissantes à satisfaire pour l'enseignement supérieur, tant pour les jeunes que pour les adultes, et des universités devront être construites pour subvenir aux besoins de l'armée croissante de chercheurs en quête de connaissances. Tous ces projets impliquent une production bien supérieure à la consommation, un travail acharné et l'abstinence pour tout le monde. Il serait en effet étonnant que, pendant longtemps encore, dans ce pays, il soit possible de se passer des services de tout membre utile et volontaire de la communauté. D'ici là au moins, si les suggestions faites dans ce livre étaient adoptées, la nation serait déjà en possession d'une grande partie de son capital par le processus de rachat que nous allons décrire, et pourrait commencer à envisager sérieusement la question d'un dividende national. Dans l'état actuel des choses, ce serait à la fois prématuré et irréalisable, et son échec colossal, en discréditant la nouvelle économie, ferait reculer le progrès d'une génération.

En même temps, il n'est pas nécessaire de suivre les erreurs des économistes orthodoxes dues à leur ignorance de la science moderne de la production et à leur attachement à des doctrines qui, bien qu'applicables à l'époque d'Adam Smith et de Ricardo, sont aujourd'hui, avec le développement de la science physique et biologique, très largement dépassées. Même dans l'agriculture, il n'est pas possible de considérer le problème uniquement "avec l'oeil de l'agriculteur". Il existe une forme de "Power-Farming", un thème sur lequel M. Henry Ford s'exprime avec éloquence dans son livre *My Life and Work* (Heinemann, 1923). M. Ford, qui considère l'agriculture avec l'œil de l'ingénieur, conclut : "Au cours des vingt prochaines années, le développement de l'agriculture sera aussi important que celui de l'industrie manufacturière au cours des vingt dernières années". Même dans ce pays, le changement qui s'est opéré dans ce domaine est déjà très marqué.

CHAPITRE XIII

REMBOURSEMENT DU CAPITAL

La production de capital implique
Moins de consommation

Ceux qui sont d'accord avec la conception physique, par opposition à la conception métaphysique, de la nature de la richesse n'auront pas besoin de consacrer beaucoup de temps à des propositions visant à compenser pour le consommateur, au moyen de crédits à la consommation, la partie du prix ou du coût des marchandises dans le marché des consommateurs due à l'accumulation de biens d'équipement qui n'est pas distribuée au consommateur. Si les gens consacrent leur temps et leur énergie à la production de biens d'équipement, il peut y avoir des questions à résoudre quant au propriétaire légitime des biens d'équipement accumulés, mais il ne peut y avoir aucune question concernant la diminution des biens de consommation. La proposition de réduire les prix en dessous du coût au moyen de crédits à la consommation est, physiquement, comme essayer de liquéfier les conduites d'un système d'approvisionnement en eau pour fournir plus d'eau aux consommateurs - pourquoi payer pour la pose des conduites ainsi que pour l'eau, mais à qui aucune des conduites n'est livrée avec l'eau.

Dans une communauté individualiste, la communauté ne possède rien ou presque de ce qui produit la richesse. Dans une communauté où la production de richesses serait socialisée et où la communauté serait propriétaire des organes de production et des richesses produites du début à la fin de la fabrication, les dividendes nationaux et les crédits à la consommation seraient une proposition pratique. Mais dans l'état actuel des choses, ils ne signifieraient qu'une augmentation de la dette nationale, qui ne pourrait être réduite que par des impôts supplémentaires couvrant non seulement le principal mais aussi les intérêts.

En revanche, si l'on socialise ou nationalise la production, la difficulté n'est pas résolue, car il est impossible de socialiser la consommation, qui est essentiellement une affaire individuelle. La monnaie ou un autre instrument serait toujours nécessaire pour distribuer le produit et pour accorder aux individus le titre de propriété des biens produits. Sans un système monétaire équitable et rationnel, le millénaire toujours aussi éloigné sous le socialisme. Nous devons donc d'abord nous demander si le système monétaire proposé ici fonctionnerait équitablement dans cette question de l'effet sur la valeur des salaires réels du détournement d'une partie des efforts de la communauté de la production de biens consommables vers la production de capital.

L'effet sur les salaires réels

Nous pouvons opposer deux modes de fonctionnement du système. Il peut être exploité de manière à maintenir ses organes de production en pleine utilisation conformément à ses besoins, mais sans les augmenter. Dans ce cas, la quantité de biens de consommation distribués est le maximum possible de ce qui peut être maintenu en permanence, et le niveau de vie moyen est le maximum possible. Ou bien nous pouvons supposer que le même système est travaillé de manière à consacrer une grande partie de tout son effort, non pas à la production de choses qui peuvent être consommées dans la vie réelle, mais de celles qui ne peuvent être utiles que dans le mécanisme productif lui-même. La quantité de biens dans le panier des consommateurs est alors inférieure à ce qu'elle était auparavant et le niveau de vie moyen est proportionnellement réduit. Puisque, dans un système individualiste, le travailleur est impuissant à choisir entre le genre de travail qui produit la richesse dont il a besoin pour sa consommation et celui qui ne la produit pas, il faut s'assurer que, dans le système proposé, la valeur réelle de son salaire n'est pas affectée par cette considération. Dans le système actuel, où les prix augmentent avant les salaires et ne peuvent être réduits qu'en diminuant les salaires, il est clair qu'elle l'est. L'abondance future de la richesse dépendra beaucoup de l'accumulation ou non de nouveaux capitaux, et nous avons déjà examiné les lois qui régissent ces questions et le point à partir duquel une nouvelle accumulation de capitaux réduit plutôt qu'elle n'augmente la gentillesse moyenne de la communauté. Mais personne ne peut soutenir aujourd'hui que cela dépend beaucoup de la propriété du capital accumulé. L'efficacité d'une entreprise ne dépend pas du nom de ses actionnaires. Si le capital est produit pour l'exportation en échange de biens de consommation, le cas est le même que si les biens de consommation étaient produits à l'intérieur du pays. S'ils sont exportés sans contrepartie immédiate, c'est-à-dire échangés contre des créances sur la richesse future des autres pays qui les reçoivent, de la nature de paiements d'intérêts, l'effort de production ne contribue en rien à la richesse distribuable du pays ni à son pouvoir futur de production de richesses. Mais ils forment un fonds réalisable, comme en temps de guerre, pour liquider les dettes contractées par l'importation de marchandises.

Si l'on examine cette question en profondeur, on constate que le salaire réel du travail n'est pas affecté si les prix sont maintenus constants. En résumé, les prêts fictifs étant exclus, le capital ne peut être accumulé que par une véritable abstinence de la part des individus ayant le droit de consommer. Leur décision de produire des biens d'équipement au lieu de biens de consommation se fait au détriment de leur propre consommation et non au détriment de collectivité en général. L'injustice, s'il y en a une, est d'une autre nature, si le choix repose entièrement sur les individus qui ont de l'argent à investir.

La dépréciation du capital et le transfert de la charge sur le public

On fait souvent valoir que le capitaliste n'est pas idiot au point d'investir de l'argent dans du capital au-delà de la mesure dans laquelle il peut être utilisé et produire un revenu. Le fait est que s'il a plus d'argent qu'il ne veut en dépenser, il doit le faire, et sa décision de dépenser ou d'"épargner" est davantage dictée par sa propre situation que par la question de savoir si la nation a besoin de plus de capital ou non. S'il y en a plus qu'il n'en faut, le taux d'intérêt peut être temporairement abaissé, mais le prix des marchandises ne l'est pas nécessairement. S'il y a deux fois plus de capital qu'il n'en faut, le consommateur pourrait être bien mieux loti en payant un taux plus élevé pour l'utilisation de la moitié du capital qu'un taux plus bas pour l'utilisation de tout le capital à la moitié de sa capacité. Mais la concurrence est une phase passagère, et elle est de plus en plus remplacée par une combinaison qui maintient le taux d'intérêt. Un excès de capital non désiré dans la production en temps de paix trouverait, en temps de guerre, un débouché pour sa capacité inutilisée. C'est ainsi que naît l'incitation au militarisme et à l'agression dans la politique internationale, afin de s'assurer des marchés, ou alternativement, comme servant le même objectif, de se battre à leur sujet.

Les intérêts de la propriété sont parmi les plus puissants de toutes les forces politiques et, face à une perte, les propriétaires de biens remueront ciel et terre pour inventer un moyen de transférer le fardeau sur les épaules du public. L'ère de la concurrence fait place à celle de la combinaison, suivie, à un âge avancé, par celle de la nationalisation.

Inévitablement, avec le temps et l'évolution des connaissances scientifiques, le capital se déprécie et devient obsolète. Si le montant investi est suffisamment important pour constituer un intérêt politique puissant, la charge est de plus en plus transférée à la communauté. Grâce à l'action politique, un moyen ancien et inefficace de conduire une industrie ou un service peut être prolongé longtemps après qu'il aurait dû l'être, en raison de la grande perte que subiraient autrement ceux qui ont investi leur argent dans le capital. C'est donc une vision bien trop naïve du monde réel que de considérer l'investisseur comme agissant à ses risques et périls et supportant entièrement la perte lorsque le capital accumulé est trop important ou qu'il est rendu obsolète par le progrès scientifique. Il faut donc substituer à l'idée fausse de l'accroissement spontané du capital l'idée vraie de sa diminution continue, et prévoir une méthode de rachat continu du capital par les revenus.

L'origine des intérêts sur le capital

Quelques-unes des considérations traitées dans ce chapitre se rapportent à l'éternelle question de l'origine de l'intérêt, c'est-à-dire du paiement d'un loyer pour l'utilisation des organes de production dans la production, plutôt que de l'intérêt monétaire, dont une grande partie provient simplement de la restriction artificielle du moyen d'échange. La théorie conventionnelle selon laquelle il s'agit d'une récompense de l'abstinence n'a pas besoin de nous retenir longtemps. Un homme qui s'abstient de consommer peut raisonnablement s'attendre à pouvoir consommer ce qu'il s'est abstenu de consommer, mais il n'y a aucune raison *a priori* pour qu'il s'attende à pouvoir consommer davantage. À quelques rares exceptions près - peut admettre celle des grands crus - la richesse, comme on le sait, se déprécie en se conservant. Ce n'est pas tant l'intérêt qui incite à épargner que l'arrivée de la vieillesse et la nécessité de subvenir aux besoins des personnes à charge, dans un premier temps, puis, dans un second temps, les besoins particuliers d'une classe de retraités héréditaires et son incapacité évidente à survivre en tant que classe, avec une généalogie continue, sans une institution commode. On peut logiquement souscrire à la doctrine de la nécessité de l'existence d'une classe de retraités dans les périodes troublées pour entretenir le flambeau de la culture et de l'apprentissage. À mesure que les temps deviennent moins troublés, le désir de rendre sa survie moins anormale peut même contribuer à maintenir en vie toutes sortes d'antipathies civiles, religieuses et raciales mieux enterrées. Mais prétendre attendre le jour où le monde entier se constituera en une classe de nantis et vivra éternellement d'intérêts, c'est trahir l'ignorance élémentaire des lois de la nature que la classe de nantis avait à l'origine pour *raison d'être de* corriger.

L'inévitabilité de l'intérêt dans une communauté individualiste

D'après la conception de la nature de la richesse exposée ici, il n'y a aucun mystère quant à l'origine de l'intérêt sur le capital en propriété privée. L'histoire nous apprend que le capital a toujours pu exiger le paiement d'un intérêt pour son utilisation, et il est important de savoir si, comme la gravitation, c'est un phénomène inévitable, ou si, avec le développement d'une véritable science de l'économie nationale, il disparaîtrait, comme l'intérêt sur l'argent, dans la mesure où il peut être dû à une pénurie artificielle et à un monopole du moyen d'échange. La réponse est que, dans une société individualiste, l'intérêt sur le capital privé est inévitable ; car, si puissante et n'ayant guère besoin d'être incitée par la récompense de l'abstinence que soit la passion humaine d'acquérir et d'épargner, la toute dernière chose à laquelle un individu consacrerait ses économies serait les organes de production, autres que ceux dont il a besoin lui-même, s'il n'y avait pas d'intérêt à payer pour leur utilisation. Le capital, que nous avons rangé dans la deuxième catégorie des formes de richesse permanente - la richesse II, comme on l'a appelée - est déjà, à certains égards, entièrement consommé. L'énergie employée pour le produire a déjà été gaspillée et, aussi inévitable et nécessaire que soit son utilisation pour la production, il n'est bon ni à manger ni à posséder, et il ne peut pas être transformé en d'autres variétés de richesse. De sorte que si la dépense initiale engagée pour le fabriquer et l'accumuler n'est pas récupérée sous forme d'intérêts, en tant que frais de location pour son utilisation, elle ne peut pas être récupérée du tout. La charge de la dette créée par sa production ne peut être remboursée à moins d'un miracle physique tel que la conversion d'une charrue en pain. L'une des principales difficultés du sujet est qu'il ne semble pas y avoir de méthode évidente pour mettre en équation la somme totale des heures de travail passées, consacrées à sa production, et la dépense d'effort présente nécessaire pour le rendre productif. En d'autres termes, il n'existe pas de principe éthique simple auquel on puisse faire appel pour déterminer le taux d'intérêt juste. Dans la pratique, le taux d'intérêt, comme le prix d'un article, est fixé en fonction de "ce qu'il rapportera" et, en la matière, l'ignorance et les idées fausses jouent un rôle aussi important que les considérations purement physiques.

Mais il est intéressant de noter en passant l'attitude du banquier à l'égard d'une somme d'argent en termes de taux d'intérêt, telle qu'elle est exposée par MacLeod, bien qu'il s'agisse d'un point de vue ayant une justification purement mathématique plutôt que physique. En supposant une croissance continue de la monnaie avec le temps, le capital peut être considéré comme la somme totale de tous les paiements d'intérêts futurs sur une infinité de temps, actualisés à leur valeur d'aujourd'hui. Mais cela est nécessairement vrai *quel que soit le taux d'intérêt*, et ce point de vue n'est donc d'aucune utilité dans notre quête actuelle. [61]

Argument scientifique contre la propriété privée continue et non réglementée des capitaux

Dans la vision énergétique de la richesse, l'argument contre la propriété privée continue et non réglementée des organes de production,

---

[61] En symboles mathématiques, la théorie de MacLeod est $C = \int_0^\infty i C_0 z^{-it} \cdot dt$ où C est le capital et i le taux d'intérêt fractionnaire par an. Alors $i\, C.\, dt$ est l'intérêt couru dans l'élément de temps dt (années). La valeur actuelle de l'élément qui s'accumule au temps futur t années est $i\, C.\, s^{-it}.\, dt$, et le capital est la somme des valeurs actuelles de tous ces éléments à partir de maintenant jusqu'à l'infini.

à l'exception de ceux qui sont exploités par les propriétaires eux-mêmes, est en pratique aussi important que l'argument contre l'autorisation des "pouvoirs ininterrompus de l'usure". Elle permet aux membres individuels de la communauté et à leurs héritiers de faire ce qu'il est physiquement impossible de faire pour la communauté dans son ensemble, à savoir vivre indéfiniment des fruits d'une quantité définie d'efforts par un processus de servitude économique permanente d'autres individus. Ce livre ne se prononce ni pour l'individualisme ni pour le socialisme), et s'efforce simplement de trouver la cause principale des troubles modernes et les méthodes les plus simples pour les corriger et les éliminer. Après système monétaire honnête, la nécessité d'un remboursement continu du capital productif de revenus à partir des revenus semble être le pas le plus important vers la réforme. L'Etat devrait également exercer un contrôle général sur la question de l'équilibre à préserver entre la production de biens d'usage et de consommation et l'accumulation de capital frais, comme il l'a fait pendant la guerre.

Les perspectives profondes de l'économie individualiste

Ces recherches pénibles et minutieuses, il faut le craindre pour le lecteur général, auront été bien employées si elles servent à lever le voile sur les futilités profondes du système économique individualiste qui ont jusqu'à présent empêché tout progrès matériel général vers la liberté économique. Non seulement il est vrai de l'argent, mais il est également vrai du capital qu'il s'agit d'une dette collective autant que d'une richesse individuelle, impliquant autant de pauvreté d'un côté que de richesse de l'autre. Ce n'est pas le cas de la richesse au sens des biens consommables et périssables qui nourrissent et maintiennent la vie. Mais alors que dans le cas de l'argent, bien compris, la dette n'a jamais besoin d'être remboursée et est entièrement bénéfique à toutes les personnes concernées, la dette dans le cas du capital, quel que soit le montant payé, ne peut jamais être remboursée et, dans un monde employant de plus en plus de capital par travailleur, doit être considérée comme un fardeau de plus en plus lourd pour les sans-propriété. Si l'on veut que ce type de civilisation continue à fonctionner, les objectifs pour lesquels les impôts sont prélevés doivent être radicalement étendus et utilisés non plus seulement pour couvrir les dépenses courantes de l'Etat, mais aussi pour encourager et développer l'industrie et pour rembourser les dettes en capital.

L'Etat doit commencer à exercer, en tant que fiduciaire des sans-propriété, la même prévoyance et la même perspicacité que l'individu pour lui-même. La passion soudaine pour la nationalisation des industries, comme les chemins de fer et les mines de charbon, qui se manifeste dans les milieux les plus inattendus, suggère le désir d'imposer à la communauté des propositions qui ne sont plus financièrement lucratives.

Un système de remboursement composé du capital

La suggestion pratique suivante vise à répondre à la situation en tant qu'alternative à la nationalisation des industries *en bloc*, dont le financement ne signifie qu'une augmentation de la dette nationale. L'impôt sur le revenu prélevé sur les revenus non gagnés devrait être affecté à l'amortissement du capital et à son achat par la communauté, et non pas comme source de revenus pour couvrir les coûts du gouvernement. On peut facilement calculer que si un impôt sur les revenus non gagnés de 4s. par £ était utilisé pour acheter le capital, et que les intérêts accumulés lors des achats précédents étaient consacrés au même but, la totalité du capital serait ainsi achetée et passerait à la propriété de la communauté dans une période de temps deux fois plus longue que celle nécessaire pour que les paiements d'intérêts soient égaux au capital - c'est-à-dire en quarante ans pour un titre payant 5 pour cent, en cinquante ans pour un titre payant 4 pour cent, et ainsi de suite.

Dans le cadre de ce système, le contribuable pourrait avoir le choix entre un titre exonéré d'impôt sur le revenu prenant fin à la période appropriée et le paiement de l'impôt sur le revenu d'une année sur l'autre, comme c'est le cas aujourd'hui. Dans ce dernier cas, les courtiers du gouvernement achèteraient l'équivalent de titres similaires sur le marché libre. Dans le premier cas, bien qu'aucun changement ne soit nécessaire en ce qui concerne l'actionnaire jusqu'à ce que le titre prenne fin, la participation de l'Etat dans l'entreprise serait naturellement reconnue par une représentation au sein de l'organe directeur des actionnaires.

Ce cas peut être qualifié de "rachat composé", lorsque les intérêts sur les achats passés ainsi que les taxes actuelles sont utilisés pour le rachat.

Remboursement simple

Il est évident que cette méthode ne peut s'appliquer qu'aux titres générateurs de revenus. Dans le cas d'une dette simple, comme la dette nationale, l'intérêt est lui-même dérivé de l'impôt, et il serait probablement excessif d'attendre du public qu'il continue à le fournir après que la dette ait été remboursée. Dans ce cas, ce que l'on peut appeler le rachat simple s'appliquerait, dans lequel seule l'imposition est disponible pour le rachat, et les dettes telles qu'elles ont été acquises seraient détruites. On peut calculer qu'il faudrait environ soixante-dix ans pour rembourser la moitié de la dette, et les délais pour les autres proportions sont indiqués dans l'annexe sous forme de tableau ci-dessous.

Naturellement, dans ce cas, à mesure que la dette diminue, le taux de remboursement diminue dans la même proportion, alors que dans le cas du remboursement composé, le taux de remboursement augmente à mesure que le remboursement est effectué. Ceci fait ressortir de façon frappante et quantitative les avantages du rachat composé par rapport au rachat simple, et la mesure précise du préjudice causé à l'Etat par une économie fondée sur les intérêts d'une classe de possédants, qui refuse à l'Etat le droit de propriété productive.

Le seul changement impliqué dans ces propositions est l'affectation de l'impôt sur les revenus non gagnés au remboursement du capital et la couverture des dépenses du gouvernement par d'autres sources. La nature de ces dépenses a déjà été indiquée.

Un système monétaire national raisonnablement honnête permettrait déjà, comme on l'a vu, de réaliser d'importantes économies directes pour le contribuable, et la prospérité nationale considérablement accrue qui résulterait de la vente de biens et de la capacité à les produire rendrait la tâche d'un futur chancelier de l'Échiquier relativement aisée.

Si cela était possible, un avantage non négligeable résulterait du marché stable produit pour tous les titres par le remboursement annuel continu d'au moins 1 % du total. Les investisseurs placeraient leurs économies beaucoup plus volontiers si leurs titres pouvaient être vendus sans risque de perte inutile en raison de la nature limitée du marché qu'ils commandent et avec un peu de l'empressement d'un mandat postal ou d'un certificat d'épargne de guerre. Le gouvernement achèterait en permanence, et si la valeur marchande des actions augmentait, la valeur de la partie détenue par l'État augmenterait également. Le système semble répondre à la nécessité largement ressentie de faire en sorte que le paiement des intérêts, à l'instar de la durée de la vie humaine, soit résiliable plutôt que perpétuel. Cela se produit après le remboursement de deux fois le principal, en franchise d'impôt, pour toutes les catégories de titres productifs, environ un quart du remboursement étant effectué par l'impôt et trois quarts par l'achat de l'intérêt de la partie déjà remboursée (ou alternativement par l'intérêt sur l'impôt différé), avec un impôt de 4s. dans la livre sterling.

Dans une annexe, les mathématiques de ces processus et certains tableaux qui s'y ont été élaborés.

ANNEXE MATHÉMATIQUE

PRÉSENTATION MATHÉMATIQUE DU RACHAT COMPOSÉ.

Si i est le taux d'intérêt fractionnaire par an, p la proportion prélevée par l'impôt, et G la fraction acquise par le gouvernement à tout moment t (années) depuis le début, nous avons

$$d\,G/dt = ip\,(1 - G) + iG$$

dont le premier terme représente le remboursement par l'impôt présent, et le second celui par l'intérêt du capital déjà remboursé. La solution

$$t = \frac{1}{i(1-p)} \log_? \left\{ 1 + G\left(\frac{1}{p} - 1\right) \right\} \text{ or } G = \frac{p}{1-p} \left(\varepsilon^{it(1-p)} - 1 \right)$$

$1/\,i$ est la période d'années au cours de laquelle l'investissement rapporte le capital sous forme d'intérêts, et peut être remplacé par le symbole P. Si la taxe est de 4s. en £, $p = 0\text{-}2$, et l'expression

$$t = 2{,}875P\,\{\log_{10}(1+4G)\}$$

Ainsi, si G est égal à 1, $t = 2\text{-}0125\,P$, soit, pour un investissement de 5 %, 40-25 ans. Le tableau suivant indique les durées pour différentes valeurs de G :

G	0·1	0·2	0·3	0·4	0·5	0·6	0·7	0·8	0·9	1·0
t/P	0·42	0·725	0·98	1·19	1·37	1·53	1·66	1·8	1·91	2·0125
t	8·4	14·5	19·6	23·8	27·4	30·5	33·2	35	38·2	4·25 years

Les chiffres de la dernière colonne se réfèrent à une sécurité de 5 pour cent, avec un impôt sur le revenu de 4s. par £.

Dans le cas d'un rachat complet ($G = 1$), l'expression

$$\frac{t}{P} = \frac{1}{1-p} \log_? \left(\frac{1}{\mathrm{p}}\right)$$

et le tableau suivant indique le moment du remboursement complet pour différents taux d'imposition, en fonction de la période *P*. Cela représente également le rendement total pour l'investisseur de l'investissement résiliable exonéré d'impôt en termes de capital initial.

Tax	6s.	5s.	4s.	3s.	2s.	1s. in the £
t/P	1·73	1·84	2·01	2·23	2·25	3·29

Il est également intéressant de déduire les expressions montrant les proportions remboursées respectivement par l'impôt et par l'intérêt sur la partie déjà remboursée. Nous désignerons par G_r la première, et par G_1, la seconde, soit $G = G_{(r)} + G_{(1)}$.

Nous avons alors

$$\frac{dG_r}{dt} = ip\left(1 - G\right) \quad \text{and} \quad \frac{dG_1}{dt} = iG$$

En introduisant la valeur précédemment trouvée pour G et en intégrant, on obtient

$$G_2 = \frac{p}{1-p}\left[\frac{p}{1-p}\left(1 - e^{it(1-p)}\right) + it\right]$$

$$G_1 = \frac{p}{1-p}\left[\frac{1}{1-p}\left(e^{it(1-p)} - 1\right) - it\right]$$

Pour le cas particulier où la totalité du capital est remboursée, c'est-à-dire $G = 1$, en désignant par T et I les parties dans ce cas remboursées respectivement par l'impôt et les intérêts, on obtient

$$T = \frac{1}{1-p}\left[\left(\frac{p}{1-p}\log_{?}\frac{1}{p}\right) - p\right]$$

$$I = \frac{1}{1-p}\left[1 - \left(\frac{p}{1-p}\log_{?}\frac{1}{p}\right)\right]$$

Si l'on donne à p la valeur 0-2 (4s. en £), on obtient pour T 0-254 et pour I 0-746, c'est-à-dire que dans ce cas, environ un quart est remboursé par l'impôt et trois quarts par le paiement d'intérêts sur la partie déjà remboursée. Les valeurs pour d'autres taux d'imposition sont données dans le tableau :

Tax	6s.	5s.	4s.	3s.	2s.	1s. in the £
I	0·69	0·72	0·746	0·735	0·827	0·89
T	0·31	0·28	0·254	0·215	0·173	0·11

PRÉSENTATION MATHÉMATIQUE DU RACHAT SIMPLE

Ici $dG/dt = ip(1 - G)$ et $t = -\{1/(ip)\}\log_e(1 - G)$

Si $i = 0.05$ et $p = 0.2$ $t = -230\log_{10}(1 - G)$

Avec ces valeurs de i et p, nous obtenons :

G	0·1	0·2	0·3	0·4	0·5	0·6	0·7	0·8	0·9	0·99
t	10·5	22·2	35·7	51	69·5	92	121	161	230	460 years

CHAPITRE XIV

LES RELATIONS INTERNATIONALES

Les éléments du commerce extérieur

Il est maintenant généralement compris et admis, à la suite de la guerre, que la position dans laquelle ce pays est tombé devient de plus en plus précaire en raison de sa dépendance excessive à l'égard du commerce extérieur pour le maintien de son approvisionnement alimentaire. Il semble inévitable qu'à mesure que le monde se remplit et que de nouveaux pays se développent, ils auront de plus en plus tendance à consommer les denrées alimentaires et les matières premières qu'ils produisent et à fabriquer de plus en plus leurs propres produits d'usine. Ainsi, notre mode de vie actuel, dans lequel nous avons laissé dépérir l'agriculture de notre pays et nous sommes concentrés sur la fabrication d'articles qui deviennent de plus en plus difficiles à vendre à l'étranger, ne pourra pas être maintenu indéfiniment, et ce pour une double raison. Cependant, en dehors du danger de guerre, le problème n'est pas pressant.

Cette question est tellement présente dans l'esprit de nombreuses personnes qu'elles refusent presque, avec une naïveté inconsciente, de considérer la question de la réforme interne. Ils semblent attribuer au système irrationnel et aléatoire un avantage mystérieux et indéterminé pour la conduite du commerce extérieur qui serait compromis par la nationalisation de l'argent et la stabilisation de la monnaie. Mais à moins que ces mesures ne rendent le commerce extérieur et l'échange de produits manufacturés contre des denrées alimentaires plus aléatoires et plus difficiles qu'à l'heure actuelle, il n'y a pas lieu de s'opposer à la réforme interne. Dans la vie réelle, on ne refuse pas d'envisager un remède à une maladie sous prétexte qu'il ne s'agit pas d'une panacée universelle.

La plupart des gens commencent à se rendre compte, notamment grâce à l'expérience de la guerre, que le commerce extérieur, tout comme les réparations, n'est pas du tout une question d'argent. Le commerce extérieur étant essentiellement du troc, la monnaie apparaît dans toute sa nudité comme une simple reconnaissance de la dette de la communauté qui l'émet, remboursable sur demande en richesses uniquement à l'intérieur de ce royaume et tout à fait dépourvue du principe de la richesse virtuelle qui lui donne tant d'importance dans son propre pays. Un étranger peut vouloir une provision de notre monnaie pour l'utiliser *ici*, tout comme nous pouvons vouloir une provision de la sienne pour l'utiliser *là-bas*, mais une provision de notre monnaie là-bas ou de sa monnaie ici n'est que la reconnaissance d'une dette payable à vue en richesse, mais dans un lieu et un royaume éloignés, sans aucun avantage pratique pour personne. Il est inutile d'envoyer une réserve d'argent à l'étranger pour payer des marchandises.

Tout doit revenir avant d'être utilisé comme pouvoir d'achat. Une petite illustration, mais non dénuée d'intérêt, de ce principe est celle d'un correspondant étranger qui joint une enveloppe timbrée à sa réponse !

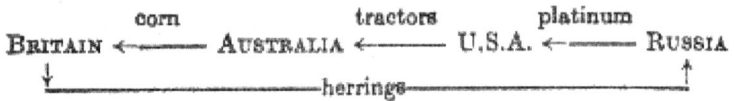

```
               corn              tractors        platinum
BRITAIN ◄——— AUSTRALIA ◄——— U.S.A. ◄——— RUSSIA
  ↓                                                 ↑
  └————————————————————herrings——————————————————————┘
```

La balance commerciale

L'essentiel du commerce extérieur est en fait réalisé par les acheteurs et les vendeurs de chaque pays, qui règlent séparément leurs comptes entre eux, ne laissant qu'un éventuel solde à régler. Ces soldes commerciaux sont facilement réglés en expédiant de l'or d'un pays à l'autre. Ainsi, un acheteur britannique de marchandises étrangères règle son compte non pas directement au vendeur étranger, mais au vendeur britannique de marchandises à des acheteurs étrangers, par l'intermédiaire d'agents appropriés qui exercent ce type d'activité. Il en va de même pour d'autres pays, et il n'est pas nécessaire de s'attarder sur les détails techniques. Par l'intermédiaire d'agences internationales appropriées, il est également fait en sorte que les soldes impayés ne soient pas réglés entre un pays et un autre, mais seulement entre chacun d'eux et le reste du monde pris dans son ensemble. Ainsi, si nous demandons du maïs à l'Australie, des tracteurs australiens aux Etats-Unis, du platine américain à la Russie et des harengs russes à notre pays, des valeurs égales de chacun peuvent être et sont échangées sans qu'il soit nécessaire d'avoir recours à l'argent.

Ce n'est donc pas l'équilibre commercial entre deux pays qu'il faut maintenir, mais l'équilibre entre un pays et l'ensemble du reste du monde.

Telles sont les réalités du commerce extérieur, et le rôle qu'y joue la monnaie est plus apparent que réel. Si, comme dans tous les pays ayant les monnaies internationales sur la base de l'or, l'or est doté d'une fixité d'échange en termes de monnaie, les valeurs relatives des monnaies ne peuvent pas varier beaucoup dans le temps, c'est-à-dire que les échanges extérieurs de ces pays sont stables. Si l'or n'était pas envoyé pour corriger la balance commerciale, les échanges varieraient dans de larges limites, car, alors, les marchandises qui entrent paient celles qui sortent, quelle que soit la proportion relative. Si les importations dépassent les exportations, le change se retourne contre le pays, jusqu'à ce que toute nouvelle importation dans ce pays ne soit plus rentable, tant pour l'importateur national que pour l'exportateur étranger vers le pays dont la monnaie est relativement dépréciée.

L'aspect international de la richesse et de la dette

La fonction de l'or qui consiste à maintenir automatiquement, par son entrée et sa sortie, la valeur de la monnaie en termes d'or constant et à préserver la stabilité des échanges extérieurs entre tous les pays sur la base de l'or, sans autre régulation automatique de la quantité de monnaie en circulation, a déjà été traitée en détail. Il corrige ainsi la balance du commerce extérieur, mais si la monnaie était stabilisée sur le nombre d'indices, la fonction de l'or dans le commerce extérieur serait réduite à celle d'un simple troc et ne pourrait faire l'objet d'aucune objection. Aujourd'hui encore, le négociant étranger qui utilise l'or pour les paiements internationaux s'en sert simplement comme d'une marchandise et n'est nullement responsable de l'enchaînement complexe et souvent désastreux des conséquences qu'il entraîne dans le monde des affaires en "concertant" le crédit. L'homme d'État transfère sa responsabilité pour la monnaie au banquier, et le banquier à son tour transfère l'odieux de ses erreurs à l'importateur.

Le proverbe du diable parmi les tailleurs suggère souvent la véritable origine de nombreuses controverses, et cela s'applique au moins à un aspect non seulement des conflits internationaux modernes pour les marchés, mais aussi des controverses internes sur le libre-échange *par rapport à la* protection dans tous les pays. Il est facile de voir que, lorsque l'exportation d'or est utilisée comme moyen, non seulement de régler les balances commerciales, mais aussi de contracter des crédits et de contrôler "la hausse des prix qui rend le monde des affaires si heureux", il doit apparaître que les intérêts du commerce d'exportation et du commerce d'importation sont diamétralement opposés. L'un est utilisé pour nuire à l'autre. Mais un instant de réflexion sur le thème que le commerce extérieur est un troc et que le meilleur moyen d'augmenter les exportations est d'augmenter les importations et vice versa, devrait suggérer que les intérêts des importateurs et des exportateurs sont identiques.

La nature fondamentale du problème

Pourtant, ces questions soulèvent des problèmes fondamentaux et, à l'heure actuelle, presque entièrement insolubles. Elles nous amènent à nous demander si l'homme vit pour travailler ou travaille pour vivre. Le Canada produit des denrées alimentaires en surabondance. L'industrie de la chaussure prétend qu'elle pourrait chausser la Grande-Bretagne pour l'année avec quelques jours de travail dans nos usines. Quoi de plus naturel que de proposer un échange de chaussures contre de la nourriture ? Dans la pratique, nous constatons que les industries canadiennes de la chaussure font pression pour obtenir un tarif douanier afin de préserver leur marché national de nos importations, tout comme nos agriculteurs cherchent à se protéger du maïs étranger. Si nous envisageons un troc libre et sans restriction entre les pays, c'est l'agriculteur canadien qui obtiendrait les bottes et nos bottiers le blé, mais le bottier canadien et l'agriculteur britannique n'en bénéficieraient pas, dans la mesure où il y a une véritable pléthore de blé et de capacité de production de bottes. Alors que ce dont chacun et tous ont besoin, dans ce cas, c'est de loisirs, de travailler moins tout en consommant plus, et de consacrer une part croissante de leur vie à d'autres activités que le gain d'un moyen de subsistance et l'accumulation de "richesses". Il n'y a finalement pas d'autre solution aux problèmes posés par la fécondité de la science. Le nombre croissant de personnes qui, aujourd'hui, ne contribuent que peu ou pas du tout à la production de la richesse et qui tirent leur droit de participation de la permission de la laisser se produire plutôt que d'une contribution positive, qui ne pourrait être mieux assurée sans eux, ainsi que, à l'autre bout de l'échelle, le nombre croissant de personnes qui tirent une pitance des deniers publics, racontent tous la même histoire de l'abondance prodigue qui ne peut être dissimulée même par tous les gaspillages et les conflits insensés qui accompagnent le système actuel.

Lorsque l'on considère un pays comme les Etats-Unis, dont on a calculé qu'il pourrait facilement répondre à la quasi-totalité des besoins du monde entier sans se surmener, un pays qui a peu de besoins réels qu'il ne pourrait pas aussi bien satisfaire sur son propre territoire, et qui a donc peu besoin d'importations, mais une capacité presque infinie d'exportations, le problème semble franchement insoluble.

Outils tranchants

Car il ne faut pas oublier qu'en économie internationale comme en économie nationale, les dettes en capital ne sont pas vraiment remboursables et impliquent un "pouvoir sur la vie et le travail" d'autres pays, bien que l'objectif ne soit sans doute pas plus sinistre que dans le cas de l'"épargne domestique". Le commerce d'exportation , lorsqu'une nation n'a pas de besoins équivalents à satisfaire par des importations, concerne des "importations invisibles" sous forme d'intérêts sur des dettes en capital, et peut être, et est généralement, encouragé en prêtant à la nation débitrice l'argent nécessaire pour payer, ce qui signifie renoncer au paiement en échange de paiements d'intérêts continus à l'avenir. Ainsi, pendant un certain temps, les industries nationales sont "protégées" contre la concurrence des importations, mais on tremble à l'idée de ce que signifiera réellement le jour des comptes entre de grandes et puissantes nations, l'une désireuse de rembourser et l'autre incapable de permettre le remboursement.

L'expression "*caveat emptor*" a une application internationale singulièrement sinistre. "L'acheteur doit se garder d'importer à crédit et insister sur le fait que les importations doivent être compensées par les exportations, sous peine de troquer un héritage contre un panier de crabes.

Au début du siècle dernier, notre pays a exporté beaucoup plus qu'il n'a importé et a acquis d'importantes participations à l'étranger, qui lui ont rapporté un revenu annuel lui permettant, vers la fin du siècle, de recevoir beaucoup plus qu'il n'a exporté, sans que la balance commerciale ne soit défavorable. La guerre a considérablement réduit ces avoirs à l'étranger et la balance commerciale pour 1925 a été estimée à seulement 28 millions de livres sterling en notre faveur, compte tenu des revenus de nos investissements étrangers restants Au cours du siècle qui a précédé la guerre, nos exportations, qui, au début, représentaient presque le double de la valeur de nos importations, n'ont augmenté que deux fois, tandis que les importations ont été multipliées par sept. Mais ces deux chiffres ont été réduits à une insignifiance relative par les chiffres gonflés des dépenses nationales depuis la guerre.

M. Withers,[62] citant un discours de M. McKenna en octobre 1922, qui a dit :

"Pendant plus de deux siècles, les capitaux britanniques ont été prêtés à d'autres pays. Année après année, l'Angleterre produisait plus qu'elle ne consommait elle-même ou qu'elle ne pouvait échanger contre les produits d'autres nations, et elle ne pouvait obtenir un marché pour le surplus qu'en accordant à l'acheteur un long crédit. Les emprunts étrangers et les émissions étrangères de toutes sortes ont été contractés en Angleterre, et le produit a été dépensé pour payer l'excédent de production" - il poursuit en affirmant que le paiement des réparations de l'Allemagne devrait être recherché de la même manière.

"L'Allemagne, dotée de grandes ressources naturelles et d'une puissance de travail et d'application inégalée, [devrait] produire un excédent exportable très considérable si elle faisait les efforts nécessaires et mettait à profit sa force de production".

Par une "pénétration pacifique" en Italie, au Mexique, au Brésil et dans d'autres pays où elle est susceptible d'être considérée comme une menace pour notre commerce et notre suprématie financière, elle pourrait, suggère-t-on, acquérir des investissements et les remettre à ses créanciers. La plupart des gens conviendront certainement qu'il s'agit là d'un jeu avec des outils tranchants et qu'il ne vaut guère la peine de semer les graines d'une nouvelle guerre pour payer la dernière et de déprimer ainsi nos propres industries.

---

[62] *Les banquiers et le crédit*, Hartley Withers, 1924.

Liberté économique VERSUS Servitude

Ainsi, dans le domaine international tout autant que dans nos affaires intérieures, nous devons décider si c'est la richesse ou la dette que nous désirons vraiment, si nous devons utiliser les richesses autrement embarrassantes de l'époque pour promouvoir la liberté économique ou la servitude parmi les nations aussi bien que parmi les individus. Les rivalités et les antagonismes internationaux seraient plus compréhensibles s'ils avaient désormais un fondement économique réel, distinct du christianisme. A l'époque où la population tendait toujours à dépasser les disponibilités alimentaires, avant que l'occupation effective du monde entier et les méthodes de culture intensive n'aient réduit la loi des rendements décroissants dans l'agriculture à sa juste signification locale, les nations en croissance étaient toujours confrontées à l'alternative de la guerre ou de la famine. Mais aujourd'hui, c'est l'inverse qui se produit. La lutte n'est pas pour la richesse, mais pour en disposer avantageusement pour ses propriétaires, pour convertir la richesse présente en une créance sur la richesse future, pour la vendre si possible, mais, sinon, pour la prêter de manière à pouvoir obtenir du débiteur un tribut permanent d'intérêts dans l'avenir. Les anciennes guerres de conquête avaient souvent des objectifs similaires, mais la conscription universelle et la militarisation de nations entières, en conséquence de leur capacité à produire plus de richesses qu'elles ne peuvent en consommer, en échanger ou même en prêter, est un phénomène tout à fait nouveau et curieux dans l'histoire.

La lutte n'est que nominalement entre les nations et, par la survie d'un instinct de troupeau profondément ancré, elle est orientée selon ces voies traditionnelles. En réalité, elle oppose les débiteurs et les créanciers de toutes les nations en commun, et aucune solution, qu'il s'agisse d'un conflit social ou international, n'est possible tant que les dettes ne sont pas résiliables et qu'une partie des intérêts versés sur ces dettes n'est pas consacrée, en tant que fonds d'amortissement, à leur remboursement sur le site. Qu'il est de la compétence exclusive de chaque nation de déterminer pour elle-même, pour ses propres ressortissants comme pour ses investisseurs étrangers, et que, s'il n'y a pas de discrimination préférentielle à l'égard de l'étranger, il ne peut en résulter aucune cause légitime de querelle internationale. Les biens d'un particulier ou d'une société investis dans un pays étranger sont soumis aux lois de ce pays en matière d'imposition.

Mais les dettes internationales, du type de celles que la guerre a laissées dans son sillage, constituent une menace bien plus grave pour la paix du monde. Elles ne sont pas remboursables, sauf en portant préjudice à la classe débitrice de la nation créancière, à ses travailleurs, à ses industries et à son commerce, et elles ne sont pas transférables entre individus comme le sont les dettes privées.

Elles sont comme des eaux usées, conservées pendant la sécheresse, après que les pluies sont arrivées et que les rivières ont repris leur cours normal, aussi malsaines qu'inutiles.

Le problème pratique

Pour revenir aux affaires pratiques à partir de ces réflexions générales, étant donné qu'aucune nation n'est fondée à s'immiscer dans les affaires intérieures des autres, il n'est possible d'examiner le problème du commerce extérieur que dans la mesure où il concerne une seule nation. Tout en reconnaissant qu'il fait partie d'un problème plus vaste de débiteurs et de créanciers, il ne diffère pas, du moins en ce qui concerne l'investisseur privé, du problème interne. L'investisseur, dans la mesure de ses avoirs dans un pays étranger, est en fait un citoyen de ce pays et serait soumis aux mêmes dispositions que les ressortissants de ce pays, s'il en existait, en ce qui concerne le remboursement du capital.

Il est certain que dans une société individualiste, comme dans une société communautaire, il est inutile de produire ou d'essayer de produire des choses qui ne sont pas demandées. Dans une société individualiste, il incombe à ceux qui, en raison de l'évolution des conditions, ne sont plus en mesure de gagner leur vie avec leur ancien métier, de changer de métier. Au chapitre III, il a été souligné qu'il s'agissait, dans les conditions modernes, d'un changement beaucoup moins grave qu'autrefois, à condition toujours qu'un nombre suffisant d'autres emplois rentables soit assuré pour tous les travailleurs. Il peut être nécessaire de reconnaître des cas exceptionnels et de ménager des périodes de réajustement trop rapide, mais, en général, nous ne pouvons échapper à la conclusion que les échanges entre nations devraient être libres et sans restriction, et qu'il est souhaitable que chaque pays se spécialise dans la fourniture des catégories de marchandises les mieux adaptées à ses ressources naturelles et à ses aptitudes.

En stabilisant la monnaie sur l'indice, nous ne fixons pas de prix particuliers, mais seulement la moyenne générale, de sorte que si certaines marchandises sont plus ou moins demandées que d'autres, leur prix augmentera ou diminuera par rapport aux autres jusqu'à ce que la tendance soit freinée par une augmentation ou une diminution de l'offre, exactement comme maintenant, sauf que l'or ne serait plus une exception à cette règle. L'or n'aurait plus besoin d'être utilisé comme monnaie interne, mais il trouverait toujours, en tant que marchandise, exactement la même utilisation qu'aujourd'hui pour corriger les balances du commerce extérieur.

La fonction de l'or

Chaque pays reçoit de l'étranger des biens de même valeur que ceux qu'il envoie à l'étranger. Il est dans la nature des choses que ces échanges s'équilibrent sur des périodes suffisamment longues, sauf dans la mesure où les dettes peuvent être converties en investissements à long terme non remboursables sur demande. La différence sur de courtes périodes, ce que l'on appelle la balance commerciale favorable ou défavorable, ne peut jamais être importante et l'or, en tant que marchandise, est un excellent moyen de compenser ces différences. Tous les pays, même ceux qui ne sont pas basés sur l'or, accepteront volontiers l'or comme forme pratique et satisfaisante de paiement temporaire. Si l'or était démonétisé et ramené au rang de simple marchandise, le stock disponible dans un pays fournirait une indication précise de sa balance commerciale.

Il est largement reconnu que la position anormale actuelle de l'or constitue une menace pour les relations internationales. L'Amérique s'est assurée, par la guerre, la plus grande partie des réserves mondiales, et si l'or était remis en circulation, les systèmes monétaires existants s'en trouveraient bouleversés. D'autre part, il pourrait être utilisé comme monnaie internationale comme aujourd'hui, mais sur la base des matières premières, et servir à stabiliser les échanges en ce qui concerne les fluctuations violentes et temporaires, les laissant trouver leur propre niveau graduellement en fonction des normes monétaires et des systèmes monétaires adoptés dans les différents pays.

Puisqu'il y a tout lieu de prévoir que l'or se dépréciera désormais régulièrement en tout état de cause, d'autant plus rapidement qu'il sera moins utilisé comme monnaie et que sa démonétisation sera plus rapide et plus large, et puisque toutes les nations l'ont thésaurisé ou ont essayé de le faire sous l'impression erronée qu'elles faisaient ainsi des "économies", il semblerait opportun que la Société des Nations parvienne à une convention équitable et amicale sur l'utilisation future de l'or.

Ils pourraient se mettre d'accord sur la proportion dans laquelle les stocks devraient normalement être détenus à l'avenir dans les différents pays en tant que réserve nationale pour stabiliser les échanges et éviter des fluctuations inutiles et nuisibles. Mais il faut espérer qu'ils ne confieront pas les destinées du monde aux soins de trois ou quatre des banques les plus puissantes pour qu'elles décident ce qu'il leur plaît le mieux de faire de temps à autre, et qu'ils n'inst021itueront pas un étalon-or frauduleux, la valeur du métal n'étant que ce que les intéressés veulent bien en faire en décidant de la quantité ou de la quantité de monnaie qui sera émise. C'est une chose pour une nation de consentir à jouer le rôle qui lui revient dans la recherche d'une utilisation et la prévention d'une dépréciation trop rapide de l'or excédentaire et de prendre sur ses épaules le risque de perte en consentant à maintenir pendant un certain temps une quantité limitée comme réserve spéciale. Mais c'est une tout autre question que de perpétuer la mainmise que quelques personnes aux instincts et à la mentalité antisociaux ont, en accaparant et en contrôlant la monnaie, assurée sur la vie et les activités des nations industrialisées et commerçantes.

L'étalon de valeur devrait être fixé de manière à ne pas pouvoir être altéré par quiconque, aussi bien intentionné et bienveillant soit-il. Mais l'or à sa valeur marchande, quelle qu'elle soit, pourrait encore servir à stabiliser les monnaies internationales et à conférer au commerce extérieur certains des avantages qui découleraient d'une unité monétaire interne invariable.

Une suggestion pour la régulation statistique de la balance commerciale

La question du commerce extérieur, qui entraîne nécessairement une restriction apparemment arbitraire de la liberté des individus, est difficile. On peut toujours retrouver, dans les récits des crises commerciales aiguës du passé, le sentiment d'indignation et d'irritation engendré par des spéculateurs étrangers "antipatriotiques" vidant le pays de ses réserves d'or au moment où il en a le plus besoin à l'intérieur. L'économie individualiste n'a jamais résolu de façon satisfaisante la difficulté fondamentale d'équilibrer les importations et les exportations, lorsque chacune d'elles n'est soumise à aucune réglementation et est laissée à l'initiative privée des individus. Si nous voulons assurer le maximum de stabilité et de liberté de commerce à l'intérieur de nos frontières, il n'est évidemment pas souhaitable de les laisser exposées à une concurrence violente et intermittente de l'étranger, en fonction de l'état des échanges extérieurs. Des questions telles que la protection *contre le* libre-échange et la taxation des importations ou la subvention des exportations devraient, de l'avis général, être retirées complètement de la sphère politique et laissées à une réglementation statistique de la même nature que celle qui a été proposée pour la réglementation de la quantité de monnaie.

Nous avons vu que si l'or était démonétisé en tant que monnaie interne et utilisé uniquement comme marchandise pour rectifier les balances commerciales et stabiliser le change, le stock disponible dans le pays servirait de baromètre précis de sa position commerciale internationale. Si ces taxes n'étaient imposées que lorsque le baromètre de l'or montrait qu'elles étaient généralement nécessaires, et dans une mesure permettant de maintenir le stock d'or dans des limites définies, ces questions pourraient être retirées du champ de bataille de la politique partisane, et la principale objection à leur encontre, à savoir qu'elles créent du "lobbying" et de la corruption, serait supprimée. Ainsi, un pays pourrait décider que ses réserves d'or ne doivent pas dépasser un certain maximum ni tomber en dessous d'un certain minimum. Si tel était le cas, une taxe sur les exportations utilisée pour encourager les importations, dans le premier cas, et une taxe sur les importations utilisée pour encourager les exportations, dans le second cas, sembleraient être une méthode impartiale et statistique pour maintenir le juste équilibre.

Une monnaie nationale stabilisée aiderait, et non retarderait le commerce extérieur

Les suggestions faites en vue de la nationalisation et de la stabilisation de la monnaie nationale n'entravent en rien la conduite du commerce extérieur et ne la rendent pas plus onéreuse. Il serait difficile d'indiquer un seul avantage qui serait conféré au commerce intérieur et à l'industrie d'un pays et qui ne serait pas d'une importance et d'un avantage égaux pour son commerce extérieur.

Notre dangereuse dépendance à l'égard du commerce extérieur pour l'approvisionnement en denrées alimentaires est elle-même due en grande partie à notre système bancaire privé et à son refus ou à son incapacité d'accorder des crédits à suffisamment long terme sur la base de la sécurité de la production future, ce qui est une nécessité pour l'agriculture, susceptible, dans les meilleures circonstances, de subir des revers temporaires en raison d'un échec de la récolte. Si le manque de sécurité et les changements perpétuels des perspectives commerciales sont néfastes pour l'industrie, ils le sont encore plus pour l'agriculteur, qui est concerné par des processus essentiellement à long terme. A moins qu'il ne puisse bénéficier de conditions raisonnablement stables, il serait insensé de sa part de consacrer des années d'efforts non rémunérés à des développements qui, de par leur nature même, ne peuvent produire un rendement qu'à une date relativement éloignée.

Existe-t-il une conspiration financière ?

La croyance est très répandue qu'il y a eu quelque chose qui s'apparente à une véritable conspiration financière pour asservir le monde. [63] L'Occidental n'est pas exactement le plus rapide à comprendre le principe insaisissable de la richesse virtuelle. Il a échappé aux économistes théoriques, qui semblent être restés totalement inconscients des changements profonds qui s'opèrent sous leurs yeux dans la nature même de l'argent. Conspiration ou pas, il ne fait aucun doute que le pouvoir que ces découvertes ont mis entre les mains des financiers leur permettra, s'il n'est pas contrôlé, de conquérir efficacement le monde à leur rythme et selon leur choix.

Jusqu'à présent, dans ce domaine de la haute finance, le semi-Oriental, bercé dans le champ de bataille entre l'Orient et l'Occident, a été suprême. Avant le développement de la science, le flot de demi-vérités mystiques qui inondait le monde occidental depuis ce quartier l'avait effectivement subjugué intellectuellement. En essayant d'assimiler et de digérer ce régime spirituel exotique, l'Occidental a entièrement perdu - et, en fait, a considéré qu'il avait bien perdu - toute indépendance intellectuelle. Il a été fasciné et hypnotisé par la bulle irisée des croyances soufflées autour du monde par la hiérarchie

---

[63] Comparez, par exemple, *les Protocoles des Sages de Sion,* du russe de Nilus, traduits par V. E. Marsden, The Britons Publishing Co. 1925.

hébraïque, et même aujourd'hui, longtemps après que la lancette de la science a piqué la bulle et laissé entrer la lumière, les prétendues actions du peuple élu il y a des milliers d'années sont toujours considérées comme une partie essentielle de l'éducation de chacun, quel que soit le reste de l'histoire et de l'accomplissement de l'humanité à omettre. Il serait imprudent de sous-estimer l'influence d'une force dominante de cette ampleur sur la vie des gens pour expliquer l'inversion de la science, et cela explique beaucoup de choses, autrement incompréhensibles, sur la terrible époque victorienne.

Mais conspiration consciente ou non, et qu'une race plutôt qu'une autre soit responsable, il ne fait aucun doute que la finance a déjà plus de la moitié asservi le monde et que peu d'individus, d'entreprises ou même de nations peuvent se permettre de déplaire à la puissance monétaire. En 1916, le président Woodrow Wilson a déclaré

"Une grande nation industrielle est contrôlée par son système de crédit. Notre système de crédit est concentré. La croissance de la nation, par conséquent, et toutes nos activités sont entre les mains de quelques hommes... Nous en sommes arrivés à être l'un des gouvernements les plus mal gouvernés, l'un des gouvernements les plus complètement contrôlés et dominés du monde civilisé - non plus un gouvernement par la libre opinion, non plus un gouvernement par la conviction et vote de la majorité, mais un gouvernement par l'opinion et la contrainte de petits groupes d'hommes dominants".

Nous avons renoncé à croire aux miracles physiques pour nous laisser piéger par les miracles métaphysiques. Tant que le miracle apparent de la richesse virtuelle ne sera pas compris et maîtrisé par ceux qui tentent d'influencer le destin des nations, celles-ci resteront comme de l'argile entre les mains du financier astucieux. C'est la conséquence de ce miracle que la science a doté les goules et est devenue le faiseur de roi de Cacus, offrant aux hommes le choix entre la liberté d'être travaillés et exploités ou le loisir de mourir de faim à l'époque la plus riche que le monde ait jamais connue, et aux nations l'armement et la conscription pour se détruire les unes les autres afin de créer une sécurité nationale et des titres, de sorte que la pieuse postérité puisse éternellement honorer leur sacrifice et ne jamais cesser de payer le tribut de la dette nationale.

Dans cette situation, on se méfie de la capacité de la Société des Nations à tenir son rang et à instaurer une paix réelle. Leur suggestion d'établir une sorte d'étalon-or, dont la valeur pourrait être fixée par les éminents banquiers et financiers qui les conseillent, est une initiative sinistre et inquiétante, car elle confie franchement le contrôle réel du monde à la puissance monétaire. Il va sans dire que les suggestions contenues dans cet ouvrage sont aux antipodes de cette démarche, qui ressemble à une parodie du rêve d'unir le monde sous une religion plus catholique - une version révisée du veau d'or, avec un vêtement "non pas d'or mais doré", et sous un étalon "non pas d'or mais de gain". Ce serait l'étape finale, qu'une conspiration existe ou non, de l'asservissement du monde entier par une puissance financière centrale.

Alors qu'il est évident que la sécurité nationale réside précisément dans la direction opposée, dans le fait que chaque nation comprenne et contrôle entièrement son propre mécanisme financier et récupère les pouvoirs qu'elle a si involontairement abandonnés et qu'elle a légèrement laissés s'échapper par défaut. Ce n'est qu'à ce moment-là que l'on peut s'attendre à ce qu'il soit utilisé pour le bien général et que la science la plus riche soit utilisée pour promouvoir la richesse plutôt que la dette.

La véritable conspiration

Qu'il y ait ou non une conspiration du "peuple élu" pour rétablir par l'or la domination qu'il avait coutume de tenir de Dieu - et l'histoire biblique (Exod. XXXII) rappelle une tentative strictement parallèle, frustrée par l'action énergique de son législateur en chef - il faut admettre que ce serait une revanche sur la science pour ses tendances iconoclastes, non sans un certain humour sardonique, si nous nous réveillions un jour et trouvions à la place des dix commandements une seule règle d'or. Ce sont là des hypothèses, et sans doute, comme au temps de Moïse, y a-t-il encore des juifs et des juifs. Espérons-le, du moins.

Mais l'existence d'une véritable conspiration - une conspiration du silence - sur tous les problèmes monétaires , dans la presse et sur les tribunes politiques, parmi les rédacteurs, les éditeurs et les économistes qui, plus que tout autre, devraient être conscients et éveillés à leur importance infinie, ne peut être mise en doute. Il existe, et quiconque a essayé d'attirer l'attention sur les maux du système actuel l'affirmera. M. H. G. Wells aurait dit :

"Écrire sur la monnaie est généralement reconnu comme pratique répréhensible, voire presque indécente. Les rédacteurs en chef imploreront l'écrivain, presque avec larmes, de ne pas écrire sur l'argent, non pas parce que c'est un sujet inintéressant, mais parce qu'il a toujours été profondément dérangeant".

Ce fut en effet une révélation pour l'auteur, habitué à penser que la bataille pour la liberté de pensée en matière scientifique avait été menée et gagnée il y a des siècles, à l'époque de Galilée et de l'Inquisition, de constater qu'en économie, par opposition à la physique, elle n'avait pas encore été gagnée du tout. S'il avait été biologiste, il n'y a pas de doute qu'il aurait fait remonter la date à la controverse entre Huxley et les évêques. D'un autre côté, s'il avait été mathématicien pur, il aurait peut-être souri à l'idée même que quelqu'un doive se battre pour, disons, la vérité des propositions d'Euclide.

Ce qui revient à dire que la liberté de pensée est une croissance évolutive plutôt qu'une naissance soudaine, s'étendant dans l'ordre des affaires de l'intellect à celles de l'âme, et seulement finalement, si jamais, aux affaires de la poche. A cet égard, il n'a pas été sans humour de trouver dans les récentes condamnations dans ce pays de la campagne contre l'enseignement de la doctrine évolutionniste dans certains Etats de l'Union américaine certains parallèles inquiétants avec l'attitude précisément similaire de nos propres *savants* libéraux à l'égard de la recherche psychique, de l'enseignement des méthodes de contrôle des naissances, ou, comme on aurait pu le citer en exemple, à l'égard de la nouvelle doctrine de l'Economie Physique. La liberté de pensée dépend encore beaucoup des circonstances.

On peut comprendre les raisons qui poussent à dissimuler et à obscurcir les mystères du sujet de l'argent, tout en condamnant le danger et la folie que cela représente. Si l'économie était vraiment une science, elle n'aurait pas besoin de se protéger des critiques par une conspiration du silence. Dans n'importe quel domaine scientifique, une critique responsable donnerait lieu à une réponse immédiate, et non à la politique de l'autruche qui consiste à enfouir la tête dans le sable dans l'espoir d'étouffer les oreilles et de jeter de la poussière dans les yeux de celui qui la poursuit.

Chaque proposition de réforme du système est toujours accueillie par des intérêts puissants qui prétendent que la réforme proposée est la vieille hérésie du salut économique par la création de monnaie. Précisément, alors, si lorsqu'il est pratiqué par le gouvernement ou le faux-monnayeur privé, c'est un remède de charlatan, pourquoi les banques sont-elles constituées en praticiens dûment qualifiés de ces remèdes de charlatan et dégagées par leur fonction de toute responsabilité pour la ruine qu'elles causent ?

Il se peut que nos publicistes se taisent pour la même raison qu'un médecin qui hésite à informer son patient qu'il souffre d'une maladie mortelle qui déconcerte toutes les recherches scientifiques. Que peuvent-ils donc répondre à cette accusation selon laquelle le patient est rendu et maintenu malade par l'administration de médicaments dont tout le monde sait qu'ils sont nocifs et mortels ? Il se peut que le danger ne soit pas pour le pays, si ce n'est, en effet, le danger ou le rétablissement de son état actuel d'impuissance et d'assèchement, mais pour nos fonctionnaires et nos officiels qui, à moins qu'une amnistie ne leur soit accordée, pourraient raisonnablement s'attendre à être mis en accusation si un véritable gouvernement politique venait à être rétabli. Enfin, il se peut, et c'est probablement le cas, que nos prétendus dirigeants et experts en ces matières complexes soient eux-mêmes dans un épais brouillard et, ne sachant que dire d'autre, continuent à répéter ce qu'on leur a enseigné dans leur jeunesse à l'université en tant que science économique. Quelle qu'en soit la raison, si cette tentative de cacher au public les faits réels du système monétaire existant et d'étouffer toute critique publique et tout argument de bon sens en faveur de sa réforme se poursuit, l'opinion déjà très répandue de l'existence d'une conspiration traître contre l'État par les dirigeants de la finance ne manquera pas de fondement. Complot conscient ou non, le danger est exactement le même. Un système monétaire corrompu porte atteinte à la vie même de la nation.

CHAPITRE XV

RÉSUMÉ DES CONCLUSIONS PRATIQUES

Il peut être utile au lecteur de rassembler et de résumer les principales conclusions pratiques auxquelles il est parvenu, en les distinguant de l'analyse théorique sur laquelle elles se fondent.

(1) La production de richesse, distincte de la dette, obéit aux lois physiques de la conservation et le raisonnement exact des sciences physiques peut être appliqué. La richesse ne peut être produite sans dépenses, et un approvisionnement continu de richesse ne peut être fourni comme le résultat d'une dépense une fois pour toutes, car il s'agit d'une forme d'énergie, ou du produit de sa dépense sous une direction intelligente. Sa production exige un apport continu d'énergie fraîche et une diligence humaine continue, de nos jours, plutôt qu'un travail physique. L'échelle à laquelle il peut être produit n'est pratiquement limitée que par l'état des connaissances techniques de l'époque. Il n'y a plus de justification physique valable au maintien de la pauvreté. Le phénomène du chômage et de la misère en même temps aujourd'hui est uniquement dû à l'ignorance de la nature de la richesse et des principes de l'économie, ainsi qu'aux confusions entre la richesse et la dette qui ont jusqu'à présent déconcerté ce sujet, même parmi ceux qui ont tenté de l'étudier et de l'élucider scientifiquement.

(2) Il existe deux catégories distinctes de richesses qui doivent leur valeur aux qualités opposées de périssabilité et de permanence. Toutes deux se ressemblent dans leur mode de production. Mais dans la formation de la première catégorie de richesse périssable, l'énergie nécessaire est stockée pour être utilisée plus tard dans la vie, lorsque la richesse est consommée. Cette catégorie comprend les aliments, les combustibles, les explosifs, les engrais et tous les matériaux dont l'utilité dépend du changement qu'ils subissent à l'usage. Ils ne peuvent être utilisés qu'une seule fois et servent généralement de source d'énergie et de support à la vie.

Dans la deuxième catégorie de richesse permanente, l'énergie nécessaire à la production n'est pas stockée dans le produit - ou, si elle l'est, elle agit au détriment de la durabilité lors de l'utilisation - mais a déjà été gaspillée au cours du processus. Elle permet et facilite la vie, mais ne lui donne pas de pouvoir. Il permet d'éviter de dépenser davantage de temps de vie dans une mesure indéfinie, mais ne soutient pas la vie. Cette catégorie comprend toutes les classes de biens permanents, de tous les degrés de durabilité réelle, mais se distingue de la première catégorie par le fait que leur destruction est accessoire et non la raison de leur utilité, et qu'il s'agit d'une perte sèche. Cette catégorie comprend l'ensemble du capital au sens où nous l'entendons dans cet ouvrage, à savoir les organes de production utilisés dans la production.

(3) Le capital, en économisant dans une mesure indéfinie la dépense de temps humain dans la production , semble fournir un revenu continu de richesse sans travail supplémentaire, mais l'origine de la richesse produite est dans l'utilisation continue du capital par des agents humains, et non dans le capital lui-même. Il n'y a pas de principe éthique auquel on puisse faire appel pour mettre en balance le temps consacré à l'accumulation et la dépense continue nécessaire pour la rendre productive, ou pour déterminer le juste partage de la richesse produite entre le capitaliste et le travailleur.

(4) L'argent est désormais une forme de dette nationale, possédée par l'individu et due par communauté, échangeable sur demande contre de la richesse par transfert à un autre individu. Sa valeur ou son pouvoir d'achat n'est pas directement déterminé par une quantité positive ou existante de richesse, mais par la quantité négative, ou déficit de richesse, dont les propriétaires de l'argent s'abstiennent volontairement de posséder et de jouir sans payer d'intérêts, pour satisfaire leurs affaires et leurs convenances personnelles. L'ensemble de ce déficit est appelé richesse virtuelle de la communauté et mesure la valeur de tout l'argent possédé par la communauté, qui est forcée, par la nécessité d'échanger ses produits, d'agir comme si elle possédait cette quantité de richesse plus qu'elle ne la possède en réalité. La richesse virtuelle d'une communauté n'est pas une quantité de richesse physique mais une quantité de richesse imaginaire négative. Elle n'obéit pas aux lois de la conservation, mais est d'origine

psychologique. Elle augmente avec le nombre d'habitants et le revenu national et varie sur de longues périodes avec les habitudes des gens et la manière dont ils conduisent leurs affaires commerciales et monétaires domestiques. Ce n'est que lorsque la richesse virtuelle est constante que le niveau général des prix est directement, et le pouvoir d'achat de la monnaie inversement, proportionnel à la quantité de monnaie en circulation.

(5) Les banques créent et détruisent l'argent arbitrairement et sans comprendre les lois qui établissent une corrélation entre sa quantité et le revenu national. Elles ont été autorisées à se considérer comme les propriétaires de la richesse virtuelle que la communauté *ne* possède *pas*, à la prêter et à percevoir des intérêts sur le prêt comme si elle existait réellement et qu'elles la possédaient. La richesse ainsi acquise par l'emprunteur impécunieux n'est pas par les prêteurs, qui reçoivent des intérêts sur le prêt mais ne cèdent rien, mais elle est abandonnée par l'ensemble de la communauté, qui subit en conséquence la perte par une réduction générale du pouvoir d'achat de l'argent.

(6) Les banques ont usurpé la prérogative de la Couronne en ce qui concerne l'émission de monnaie, et corrompu l'objectif de la monnaie, qui n'est plus un moyen d'échange mais une dette portant intérêt, mais le véritable mal est que nous avons maintenant un concertina au lieu d'une monnaie. Ces pouvoirs leur ont été conférés à la suite de l'invention et du développement du système des chèques, imprévu avant qu'il ne devienne un fait établi. Ce système a été conçu par des politiciens de tous les partis, qui ont trahi le peuple et, à son insu et sans son consentement, ont abdiqué la fonction la plus importante du gouvernement et ont cessé d'être les dirigeants de *facto* de la nation. L'émission et le retrait de l'argent devraient être restitués à la nation pour le bien général et devraient cesser complètement de fournir une source de subsistance aux sociétés privées. L'argent ne doit pas porter intérêt du fait de son existence, mais seulement lorsqu'il est véritablement prêté par un propriétaire qui le cède à l'emprunteur.

(7) La valeur de la monnaie ne doit pas dépendre de la quantité d'une seule marchandise, comme l'or, et l'étalon de valeur doit se référer à la moyenne générale des biens consommés et utilisés dans la vie. En d'autres termes, l'indice du niveau général des prix, ou sa réciproque, le pouvoir d'achat de la monnaie, doit être maintenu constant en régulant la quantité totale de monnaie en circulation.

L'indice devrait être vérifié en permanence par une autorité statistique nationale qui communiquerait ses conclusions à l'autorité nationale chargée de l'émission de la monnaie, afin que l'émission puisse être réglementée de manière à maintenir constant l'étalon de valeur, tout comme le Laboratoire national de physique de ce pays est chargé de la normalisation des poids et mesures.

(8) Lorsque la quantité de monnaie est constante, sa valeur ou son pouvoir d'achat est proportionnel à la Richesse Virtuelle, et lorsque sa valeur ou son pouvoir d'achat est constant, la quantité de monnaie est une mesure de la Richesse Virtuelle. L'émission de monnaie devrait donc être régulée par son pouvoir d'achat, de manière à maintenir celui-ci constant, une plus grande quantité étant émise si le pouvoir d'achat tend à augmenter ou l'indice à diminuer, et une partie étant retirée de la circulation si le pouvoir d'achat tend à diminuer et le niveau général des prix à augmenter, tout comme la vitesse d'une machine à vapeur soumise à une charge variable est automatiquement régulée par l'admission de vapeur par le régulateur lorsque la vitesse tend à diminuer, et par l'arrêt de celle-ci lorsqu'elle tend à augmenter.

La monnaie émise doit servir à couvrir les dépenses nationales en lieu et place de l'impôt, ou à rembourser la dette nationale portant intérêt. Le retrait et la destruction de la monnaie doivent se faire par le biais de l'impôt ou d'un emprunt national.

(9) Il est reconnu que l'étalon de valeur invariable proposé est un étalon débiteur-créancier pour faciliter les engagements commerciaux à long terme et supprimer l'élément spéculatif introduit dans ces engagements par les variations de la valeur de la monnaie. Mais à une époque où l'efficacité humaine dans la production de richesses s'accroît, un étalon de prix débiteur-créancier n'est pas nécessairement un prix "juste". Mais aucun progrès social ne peut être assuré tant que le pouvoir d'achat de la monnaie n'est pas rendu invariable.

(10) Pour mettre en place le système, il faudrait annuler quelque 2.000.000.000 de livres sterling de dette nationale portant intérêt et émettre la même somme d'argent national (dette nationale ne portant pas intérêt) pour remplacer le crédit créé par les banques. Le contribuable serait ainsi libéré du paiement de 100 000 000 £ par an d'intérêts sur des prêts purement fictifs. Cet intérêt annuel est un paiement du contribuable aux détenteurs d'obligations pour l'argent prêté à l'État, et il est transféré dans le système actuel aux banques pour leurs services de création d'argent nouveau sous forme de crédit bancaire et de son attribution aux détenteurs d'obligations contre leurs obligations en tant que garantie collatérale. Les impôts sont donc payés à la banque pour avoir fait ce que les impôts ont été imposés pour empêcher de faire, à savoir l'augmentation de la monnaie. Autrement, l'Etat n'aurait eu aucune raison d'emprunter à intérêt s'il n'avait pas voulu empêcher l'augmentation de la monnaie.

(11) La loi devrait obliger les banques à conserver la monnaie nationale, £ pour £ de leurs engagements pour les "dépôts" des clients en compte courant, et ne les autoriser qu'à prêter de l'argent réellement déposé auprès d'elles par ses propriétaires, qui en abandonnent l'usage pour la durée stipulée du prêt et reçoivent des reçus sous forme légale soumis à des droits de timbre sur une échelle conçue pour rendre relativement peu rentable le fait de prêter pour des périodes de fin de mois.

(12) L'incapacité des nations à utiliser pleinement, pour l'enrichissement de la vie, les vastes pouvoirs que leur confère le progrès des connaissances scientifiques et techniques est due principalement à l'émission privée d'argent et aux principes erronés qui la régissent. Les crédits doivent être émis et non annulés (c'est-à-dire que la monnaie en circulation doit être augmentée et non diminuée), lorsque l'offre dépasse la demande.

Une véritable abstinence de consommation, ou "épargne", est le préalable indispensable à toute augmentation de la monnaie en circulation si l'on ne veut pas que le niveau des prix augmente.

(13) Pour faire passer un système productif quelconque d'une échelle de production à une échelle supérieure sans provoquer de changement dans le niveau des prix, et pour absorber ainsi le travail et le capital sans emploi, il faut une abstinence initiale de consommation égale à l'augmentation des stocks de produits semi-finis et finis dans le système, suivie d'une émission de monnaie d'un montant inférieur proportionnel à la valeur des stocks finis supplémentaires, mais normalement inférieur à cette valeur. Dans la pratique, l'émission serait déterminée par le niveau des prix en tant qu'indicateur, avec les taux de chômage et la situation de l'industrie en tant qu'indications directrices.

(14) Si l'émission de monnaie précède l'abstinence, les stocks de richesse finie dans le système sont définitivement épuisés et ne peuvent être reconstitués. Cela fait monter les prix et tend, après une courte période, à réduire l'emploi et la production même en dessous du

niveau initial, à une évaluation monétaire gonflée proportionnellement à l'augmentation de la monnaie.

La hausse des prix draine l'or hors du pays, de sorte que les crédits sont à nouveau réduits et que les industriels doivent diminuer leur production.

(15Si l'abstinence n'est pas suivie d'une augmentation de la quantité de monnaie, les stocks supplémentaires accumulés ne peuvent être vendus sans réduire la production et, par conséquent, l'emploi de la main-d' œuvre et du capital dans une mesure aussi inférieure au niveau initial que l'abstinence initiale l'a temporairement augmenté au-dessus de ce niveau. À la lumière de ces conclusions, nous critiquons les objectifs et les propositions de l'école Douglas de la réforme du crédit social.

(16) La mise en place de tout système industriel et, en général, l'accumulation de capital permanent, impliquent des dettes envers des particuliers qui ne pourront jamais être remboursées et qui doivent donc porter intérêt jusqu'à ce qu'elles soient annulées ou remboursées. Dans une société individualiste, si l'on ne veut pas que les citoyens soient réduits à l'état d'esclaves sous le fardeau croissant de l'endettement en capital, l'impôt devrait être étendu au-delà de l'objectif de couvrir les dépenses du gouvernement afin de pourvoir au remboursement du capital. Les lois mathématiques pour le remboursement simple et composé des dettes en capital sont élaborées. De cette manière, la nation serait impliquée dès le départ et non pas après que les industries aient cessé de payer, comme c'est le cas dans les propositions de nationalisation actuelles.

(17) La fiscalité, telle qu'elle a été limitée jusqu'à présent à la prise en charge des dépenses publiques, est totalement inutile en tant qu'instrument d'amélioration sociale permanente et devrait être utilisée conjointement ou alternativement à l'émission d'emprunts d'État, à d'autres fins spécifiques, telles que la constitution d'un volume de production plus important, la reconstruction de l'agriculture, le maintien d'un rapport correct entre la production destinée à la consommation et la production de nouveaux capitaux et, en général, pour influencer plus activement le bon développement du pays, sur la base des informations fournies par l'autorité nationale chargée des statistiques.

(18) Une monnaie nationale basée sur l'indice et l'expansion intelligente du système industriel jusqu'à sa pleine capacité de

fonctionnement favoriseraient le commerce extérieur au même titre que le commerce intérieur, et permettraient mieux à la nation d'obtenir par l'importation les denrées alimentaires dont elle a besoin en échange de ses exportations.

(19) Il est suggéré d'étendre l'utilisation de l'or comme matière première pour les transactions internationales, afin d'ajuster la balance commerciale entre les nations.

La Société des Nations devrait entreprendre, pour les nations qu'elle comprend, de déterminer la proportion du stock total d'or que chaque nation doit garder en réserve, plutôt que d'essayer d'établir un étalon-or frauduleux, dont la valeur peut être adaptée aux besoins de quelques banques centrales puissantes par une politique consistant à accélérer ou à retarder sa démonétisation à leur gré.

(20) Bien que l'objectif principal soit d'éliminer la menace que les immenses accumulations d'or excédentaire font peser sur les relations internationales et de permettre sa démonétisation complète en toute sécurité par tout pays désireux d'adopter un étalon de valeur invariable basé sur le nombre d'indices, l'utilisation de l'or comme réserve nationale servirait utilement à stabiliser le niveau des prix internationaux et à atténuer les fluctuations violentes des échanges extérieurs dues aux variations temporaires de la balance commerciale. Mais il n'est pas proposé de les fixer ou de les "arrimer", mais de les laisser trouver leur propre niveau en fonction des normes de valeur et des systèmes monétaires adoptés dans les différents pays.

(21) La réserve nationale d'or, qui sert de baromètre indiquant le rapport entre les importations et les exportations, devrait être maintenue, par des moyens appropriés, entre des limites de variation déterminées. Comme moyen possible, il est suggéré que, sur la base des informations fournies par l'autorité statistique nationale, les importations soient contrôlées par des droits et les exportations encouragées par des primes en cas de baisse du baromètre, et inversement en cas de hausse.

(22) On prétend que ces réformes suggérées, bien qu'elles ne répondent pas entièrement aux causes économiques profondes de l'agitation sociale, sont des étapes nécessaires si une société individualiste doit continuer et si la nation doit à l'avenir être en mesure de faire face à un nouveau déplacement des hommes par les machines et les méthodes de production de masse, et distribuer des titres monétaires de consommation en proportion de la quantité de richesse capable d'être produite, plutôt qu'en fonction du nombre de travailleurs employés dans la production.

Conclusion

L'aiguillon de l'économie, saisi avec audace, n'a plus besoin d'obstruer le chemin du réformateur social qui veut donner la paix et la liberté économique au monde. Son pouvoir de piqûre ne réside que dans des confusions stupides que le monde a dépassées et que, à l'ère de la science et de la mécanique, même un enfant intelligent pourrait être sûr de voir clair. Il ne faut plus jamais craindre un désaccord désintéressé sur la nature et la solution du paradoxe de la pauvreté et de la richesse.

Ces vieilles confusions éliminées, d'une matière comme l'astrologie ou l'alchimie, l'économie deviendra une science. Déjà, la séparation de son objet entre le physique - la *richesse* - et le psychologique - la *dette* - apporte la plus étonnante des simplifications. Il y aura, bien sûr, beaucoup de gens qui soutiendront que le psychologique est aussi important que le physique. Mais peu auront l'audace de prétendre que la compréhension de l'aspect psychologique peut compenser les erreurs physiques initiales grossières entre la richesse et la dette et l'erreur vulgaire du mouvement perpétuel des anciens économistes. De telles erreurs auraient précisément l'effet qu'elles ont déjà produit dans un monde administré et composé de surhommes et d'anges.

Jusqu'à présent, la démocratie n'a fait que saisir l'ombre et n'a pas encore saisi la substance de la souveraineté, sous peine d'être discréditée à jamais. Son premier pas doit être de mettre fin à la conspiration du silence dans ses organes de publicité et d'instruction concernant la seule prérogative du gouvernement qui sous-tend et contrôle toute action politique efficace, et d'insister pour que son système monétaire soit aussi public et ouvert à la critique et à l'altération consciente que son système politique.

Avec une connaissance adéquate des réalités physiques qui dominent les affaires économiques des peuples, la voie est libre pour un progrès illimité et la réalisation de la paix et de la prospérité universelles. Les maux qui, dans le passé, ont paralysé le cœur même des nations, sont patents et ne peuvent être dissimulés. Ils sont donc hors d'état de nuire. Seule la forme de courage la plus rare - l'intrépidité intellectuelle et l'honnêteté de regarder les choses en face, telles qu'elles sont et non telles qu'elles apparaissent - est nécessaire pour abolir la pauvreté et la dégradation économique de notre milieu en moins de temps qu'il n'en a fallu à la guerre pour s'achever. Tandis qu'à l'horizon international se dessine l'espoir de trouver une solution rationnelle au problème de la guerre moderne et de un meilleur usage du don prodigue de la science que de détruire le surplus de richesse et de population dans la recherche de marchés et l'accroissement des dettes nationales.

L'argent, la soif de pouvoir et l'essence distillée de toutes les superstitions qui ont jamais influencé l'esprit des hommes s'opposent-ils au développement de la connaissance, qui peut douter de la question ultime ? La route est ouverte à tous les hommes et à toutes les femmes de bonne volonté pour qu'ils avancent vers leur but.

Au cours des huit années qui se sont écoulées depuis la Paix, les nuages de l'obscurité sont de nouveau descendus, et déjà les gens savent dans leur cœur que ce n'est qu'une question de temps avant qu'une autre guerre ne survienne, plus grande et plus terrible que la dernière dans la mesure où elle est retardée. Pas un iota des causes économiques fondamentales qui ont produit la dernière n'a été modifié. La paix a abondamment semé les graines d'un futur conflit national inévitable. L'énorme potentiel de productivité du monde industrialisé, en particulier dans les industries mécaniques et chimiques, doit trouver un débouché. Si, par folie financière, ce débouché lui est refusé dans la construction et la reconstruction de la vie domestique des nations, il reste une incitation directe et puissante à la fomentation de la guerre.

Si quelqu'un en doute, qu'il visite, par exemple, une usine sidérurgique moderne - il y en a beaucoup dans ce pays, chacune d'entre elles étant capable, selon les estimations de , de répondre à elle seule à l'ensemble des besoins nationaux dans l'état d'appauvrissement où nous nous trouvons actuellement. Même s'il avait la chance de se trouver un jour où l'usine fonctionne à plein régime, il ne verrait qu'un homme ici et là qui ne fait presque rien, alors qu'il y a seulement une génération, l'endroit aurait été animé par une armée d'ouvriers presque nus se pressant autour de l'usine et surveillant le flux d'acier incandescent en mouvement. Quelques moteurs de 15.000 chevaux, , fonctionnant avec le soleil des étés de l'ère paléozoïque, ont affranchi le travailleur humain des loisirs de la rue, pour qu'il vive de l'aide sociale et élève sa famille en prévision du jour où la nation aura de nouveau besoin d'eux et où la guerre, le consommateur, transformera toute cette richesse potentielle en dette nationale. Pourtant, nous affectons d'être choqués par les coutumes des anciens, qui exposaient nus leurs jeunes superflus aux rigueurs de la nuit d'hiver, ou les sacrifiaient avec musique et ferveur religieuse sur les autels de Moloch et de Mammon.

La lumière des sciences exactes peut atteindre même les recoins les plus sombres et les plus secrets de l'âme humaine. Depuis l'aube de la civilisation, le profond instinct de troupeau qui pousse à amasser des "richesses" est en conflit avec l'impossibilité physique de le faire. C'est ainsi qu'est apparu "le principe de la mort", que Trotter[64] a reconnu comme étant incorporé dans la structure et la substance mêmes de tout effort social constructif de l'homme. Comme les civilisations antérieures, la nôtre, semble-t-il, s'est laborieusement hissée à son apogée dépourvu de sens pour retomber dans l'obscurité, condamnée, comme elles, peut-être, à ne laisser aucune trace dans la mémoire humaine, ou seulement le murmure faible et douteux de la tradition.

Les roues de Dieu grincent peu, mais elles grincent très lentement. Ô avenir, nous, les mourants, nous te saluons ! La route est tracée, la course est presque terminée. Le temps, le destructeur, est sur nos talons. Notre jeunesse est épuisée, et vieilles et faibles sont les mains marionnettes que l'or choisit pour diriger notre destin. Rendez-nous, ô puissances de la lumière, une heure encore avant que le pendule de la nuit ne redescende. La lampe est allumée, mais son faisceau a besoin de temps pour devenir avant que ceux qui viendront puissent espérer avancer à tâtons. Ralentissez le coucher du soleil et accélérez l'arrivée de l'aube, de peur que la jeunesse qui renaît n'arrive trop tard.

---

[64] *Instincts of the Herd in Peace and War*, W. Trotter, 1919, p. 241, "The Instability of Civilisation".

SUR LE RÉCENT MASSACRE,

(Après Milton.)

Venge, Seigneur, tes fils massacrés, les ruines de l'ancien monde,
riches de leurs ossements dispersés.
Le vieux monde s'enrichit de leurs ossements dispersés ;
Même ceux qui ont gardé ta vérité, les moqueurs les possèdent,
Quand tous nos pères adoraient des dieux d'or.
La quête généreuse de la jeunesse et de la science a été vendue,
L'excédent a été échangé contre des prêts à long terme,
Les rivages jonchés d'épaves et les zones dévastées
De la guerre n'oublient pas, ressuscitent leur moule.
La fleur que le feu a fauchée, les racines se décomposent,
La poussière et les cendres de la moisson sont semées
Dans toutes les chaumières et les fermes où règne encore
Le tyran de l'argent, afin qu'à partir d'eux se développent
Centuple, qui, ayant appris ton chemin
Pour qu'ils échappent tôt au malheur de Babylone.

F. S.

Autres titres

ÉDITIONS LE RETOUR AUX SOURCES

ZBIGNIEW BRZEZINSKI

VISION STRATÉGIQUE
L'AMÉRIQUE ET LA CRISE DU POUVOIR MONDIAL

Une expertise inégalée en matière de politique étrangère...

ÉDITIONS LE RETOUR AUX SOURCES

L'EFFONDREMENT
des SOCIÉTÉS COMPLEXES

JOSEPH TAINTER

L'auteur passe en revue une vingtaine de cas d'effondrement...

ÉDITIONS LE RETOUR AUX SOURCES

Stratediplo

Le quatrième cavalier
l'ère du coronavirus

Préface de Piero San Giorgio